新编常用法律文书全书

文书释义 范本实例 写作技巧
典型案例 律师提醒 法律政策

平云旺◎著

中国法制出版社
CHINA LEGAL PUBLISHING HOUSE

图书在版编目（CIP）数据

新编常用法律文书全书：文书释义、范本实例、写作技巧、典型案例、律师提醒、法律政策 / 平云旺著 .—5 版 .— 北京：中国法制出版社，2020.12

（商务全书系列 / 徐宪江等主编）

ISBN 978-7-5216-1480-0

Ⅰ.①新…　Ⅱ.①平…　Ⅲ.①法律文书—写作—中国
Ⅳ.① D926.13

中国版本图书馆 CIP 数据核字（2020）第 233755 号

责任编辑：吕静云（lvjingyun0328@sina.com）　　封面设计：周黎明

新编常用法律文书全书：文书释义、范本实例、写作技巧、典型案例、律师提醒、法律政策

XINBIAN CHANGYONG FALÜ WENSHU QUANSHU: WENSHU SHIYI、FANBEN SHILI、XIEZUO JIQIAO、DIANXING ANLI、LÜSHI TIXING、FALÜ ZHENGCE

著者 / 平云旺

经销 / 新华书店

印刷 / 三河市紫恒印装有限公司

开本 / 730 毫米 ×1030 毫米　16 开　　印张 / 20.5　字数 / 262 千

版次 / 2020 年 12 月第 5 版　　2020 年 12 月第 1 次印刷

中国法制出版社出版

书号 ISBN 978-7-5216-1480-0　　定价：88.00 元

值班电话：010-66026508

北京西单横二条 2 号　邮政编码 100031　　传真：010-66031119

网址：http://www.zgfzs.com　　**编辑部电话：010-66054911**

市场营销部电话：010-66033393　　**邮购部电话：010-66033288**

出版说明

法律是社会的产物，我们的生活离不开法律。法律文书作为司法行政机关、当事人、律师等在解决诉讼和非讼案件时使用的规范文本，以及法律事件的记载凭证，在我们的生活中起着不可估量的作用。但是，法律文书的撰写具有很强的专业性，不懂得法律专业知识的人一般是很难编写法律文书的，而我们在生活中又经常会遇到撰写各种法律文书的情形。为此，我们编写了《新编常用法律文书全书》，该书一经推出即受到了读者的广泛好评，上市不久即销售一空，为了满足广大读者的需求，我们特意对该书进行了修订升级，希望能给您带来更大的帮助。

本书的主要内容和特征如下：

（一）收录各类常用法律文书，空前广泛

本书收录了各类最新、最常用法律文书，涉及刑事诉讼类、民事诉讼类、行政诉讼类、婚姻家庭协议类、经济往来协议类、知识产权类以及仲裁类等。

（二）阐述文书相关法律知识，专业实用

本书在介绍各种文书的具体写法之前，均做了相关法律知识的介绍，并配以关联法律条文，让您更专业、更直接地理解文书背后所依托的法律知识。

（三）直观文书范本下载模式，拿来即用

本书在实例演示的基础上，提炼了各种文书的格式范本，当您需要的时候，拿来就可以拿来“填空”，简单易懂，方便快捷。

（四）结合实例演示文书写法，生动形象

为了使您更形象地了解各种文书的写法，我们专门选取了生活中常见的案例或事项进行相关文书范本的撰写，相信一定会让您在借鉴使用时更具有可操作性。

（五）针对各类文书进行特别提醒，安全贴心

本书在介绍各类法律文书的基础上，不忘再次提示您在撰写各类文书时应当注意的问题，确保您在处理事务时更加妥当、更有效率。

我们坚信，拥有本书，一定能使您在撰写法律文书时更加得心应手！

目　　录

第一章　民事诉讼法律文书

一、民事起诉状

（一）基本知识

1. 什么是民事起诉状？

民事起诉状，是指与民事案件有直接利害关系的公民、法人或者非法人团体，为维护其民事权益，就有关民事权利义务的争议，向人民法院提起诉讼，请求追究被告人的民事责任所使用的法律文书。

我国《民事诉讼法》第一百二十条规定："起诉应当向人民法院递交起诉状，并按照被告人数提出副本。书写起诉状确有困难的，可以口头起诉，由人民法院记入笔录，并告知对方当事人。"说明老百姓打民事官司不论是作为个人还是作为企业、法人，都应当有书面的起诉状。

2. 民事起诉状包括哪些基本内容？

（1）首部

①标题：写"民事起诉状"。

②当事人基本情况：包括原告和被告的姓名、性别、年龄、民族、职业、工作单位和住所，法人或者其他组织的名称、住所和法定代表人或者主要负责人的姓名、职务。被告方的情况尽量从合同、负责人名片、公开网站等方面得知。如果有第三人参加诉讼的，应在列写完当事人之后，写明第三人的姓名和基本情况，并且根据案情需要，证明第三人与原、被告的关系。

（2）诉讼请求

请求事项必须写得明确、具体，不能写得含糊其词、抽象笼统。

（3）事实和理由

事实部分：要围绕诉讼目的，全面反映案件事实的客观真实情况。叙事要完整，要讲明民事案件案情事实的六个要素，即时间、地点、人物、事件、原因和结果；叙事要真实，诉状是法院受理案件的重要根据之一，叙述案情时，必须实事求是，反映案件事实的本来面貌；叙事要明确，与争议事实有直接关系的事实，要详细叙述明白，与案情事实关系不重要，但必须交代清楚的，可以简要概括。叙述事实用词要准确，表达要恰当。

理由部分：主要是列举证据，说明证据来源、证人姓名和住址；根据事实，对照法律有关条款作理由上的论证。

事实和理由中应写清合同签订的经过、具体内容、纠纷产生的原因、诉讼请求及有关法律、政策依据。

（4）证据和证据来源，证人姓名和住址

答辩中有关举证事项，应写明证据的名称、件数、来源或证据线索。有证人的，应写明证人的姓名、住址。

（5）尾部及附项

尾部包括：致送人民法院的名称；具状人签名；起诉时间；附项主要应当列明材料的内容以及份数，包括诉状副本、证物、书证。

（二）法律依据

《中华人民共和国民事诉讼法》

第一百二十条　起诉应当向人民法院递交起诉状，并按照被告人数提出副本。

书写起诉状确有困难的，可以口头起诉，由人民法院记入笔录，并告知对方当事人。

第一百二十一条　起诉状应当记明下列事项：

（一）原告的姓名、性别、年龄、民族、职业、工作单位、住所、联系方式，法人或者其他组织的名称、住所和法定代表人或者主要负责人的姓名、职务、联系方式；

（二）被告的姓名、性别、工作单位、住所等信息，法人或者其他组织的名称、住所等信息；

（三）诉讼请求和所根据的事实与理由；

（四）证据和证据来源，证人姓名和住所。

（三）范本下载

民事起诉状

原告人：

被告人：

诉讼请求：

____

事实与理由：

____

证据及其来源，证人姓名和住址：

____

此致

____________人民法院

具状人：

年　月　日

附：本诉状副本____份。

其他证明文件____份。

民事起诉状（提起第三人撤销之诉用）[①]

＊发布时间：2016年9月28日

民事起诉状

原告：×××，男/女，××××年××月××日出生，×族，……（写明工作单位和职务或者职业），住……，联系方式：……。

法定代理人/指定代理人：×××，……。

委托诉讼代理人：×××，……。

被告（原审原告）：×××，……。

……

被告（原审被告）：×××，……。

……

第三人：×××，……。

……

（以上写明当事人和其他诉讼参加人的姓名或者名称等基本信息）

诉讼请求：

1.（全部请求撤销的，写明）撤销××××人民法院（××××）……号民事判决书/民事裁定书/民事调解书；

（部分请求撤销的，写明）撤销××××人民法院（××××）……号民事判决书/民事裁定书/民事调解书第×项；

（请求改变的，写明）变更××××人民法院（××××）……号民事判决书/民事裁定书/民事调解书第×项为……（写明变更的具体内容）。

2.……（写明其他诉讼请求）。

事实和理由：

××××年××月××日，××××人民法院（××××）……号对……（写明

---

① 来源：最高人民法院网站。

当事人和案由）一案作出民事判决书/民事裁定书/民事调解书：……（写明判决结果）。

……（写明提起第三人撤销之诉的事实和理由）。

证据和证据来源，证人姓名和住所：

……

此致

××××人民法院

附：本起诉状副本×份。

起诉人（签名或者盖章）

××××年××月××日

【说明】

1. 本样式根据《民事诉讼法》第五十六条第三款、第一百二十一条以及《最高人民法院关于适用〈中华人民共和国民事诉讼法〉的解释》第二百九十二条、第二百九十五条、第二百九十六条、第二百九十八条制定，供因不能归责于本人的事由未参加诉讼，但有证据证明发生法律效力的判决书、裁定书、调解书的部分或者全部内容错误，损害其民事权益的第三人，自知道或者应当知道其民事权益受到损害之日起六个月内，向作出该生效判决书、裁定书、调解书的人民法院提起诉讼用。

2. 当事人是法人或者其他组织的，写明名称住所。另起一行写明法定代表人、主要负责人及其姓名、职务、联系方式。

3. 第三人撤销之诉，应当将第三人列为原告，生效判决书、裁定书、调解书的当事人列为被告，但生效判决书、裁定书、调解书中没有承担责任的无独立请求权的第三人列为第三人。

4. 诉讼请求中应当写明请求撤销的原生效判决、裁定的主文或者调解协议书中处理当事人权利义务的结果。

5. 因不能归责于本人的事由未参加诉讼，是指没有被列为生效判决书、裁定书、调解书当事人，且无过错或者无明显过错的情形。包括：（一）不知道诉讼而未参加的；（二）申请参加未获准许的；（三）知道诉讼，但因客观原因无法参加的；（四）因其他不能归责于本人的事由未参加诉讼的。

6. 提供的证据材料应当包括：（一）因不能归责于本人的事由未参加诉讼；（二）发生法律效力的判决书、裁定书、调解书的全部或者部分内容错误；（三）发生法律效力的判决书、裁定书、调解书内容错误损害其民事权益。

7. 提起第三人撤销之诉的，应当附请求人民法院撤销的发生法律效力的判决书/裁定书/调解书。

（四）实例演示

2019 年 5 月，黄某到中关村电脑市场打算买一台笔记本电脑。在某电脑销售公司销售员田某的鼓动下，他买了一款戴尔新出品的笔记本电脑。回家后，黄某的朋友谭某来他的住处玩，看到黄某的新电脑。正在电脑学校学习的谭某发现黄某的电脑根本就不是戴尔的品牌电脑，而是一个改装过的假货，其价值远不值黄某所付出的 5800 元。

黄某拿着对方开具的发票以及电脑要求退货，田某不但不搭理他，反而对他恶言相向。黄某心想我有证据，辛辛苦苦挣的钱不能这样被骗，想到法院告某电脑销售公司，他应该如何书写这份民事起诉状？

民事起诉状

原告：黄某，男，×年×月×日出生，北京市××销售公司职员，现住北京市××区×大街×号，联系电话：×××××××××。

被告：北京市××电脑销售公司，注册地址：北京市海淀区中关村×号，联系电话：×××××××××。

田某，北京市××电脑销售公司职员，联系电话：×××××××××。

诉讼请求：

1. 被告北京市××电脑销售公司收回其所售戴尔电脑，返还原告电脑款 5800 元。

2. 被告北京市××电脑销售公司承担诉讼费用。

事实与理由：

2019 年 5 月 10 日，原告黄某到位于中关村的电脑市场准备买笔记本电脑一台，进入某电脑销售公司，销售员田某向其推荐了戴尔电脑，并用店内该型号机样品向黄某进行展示。在田某的推荐下，黄某决定购买该款电脑，双方商定价格为 5800 元。黄某当即现金付款，田某将一台笔记本电脑提供给黄某，并开具了发票和销售合同。

原告黄某回家后，在朋友的提醒下，发现所购买的电脑根本不是戴尔的品牌机，而是一台改装过的假货，根本就不是当时与田某所商定的电脑。原告与田某进行电话协商时对方不予理睬，两天后即 5 月 12 日，原告找到某电脑销售公司，田某不仅不搭理，反而对原告恶言相向。

现原告黄某向贵院提出请求，要求某电脑销售公司收回该台电脑，并返还电脑款。希望人民法院可以依法支持原告上述诉讼请求，以维护原告作为消费者的合法权益。

证据和证据来源、证人姓名和住址：

（1）2019 年 5 月 10 日黄某购买电脑发票一张。

（2）证人：谭某，可随时出庭作证，证明原告所购电脑是组装机而非品牌机。

住址：北京市朝阳区×××××××××，电话：×××××××××。

此致

××市××区人民法院

具状人：黄某

×年×月×日

附：1. 本诉状副本2份。

2. 证据2份。

（五）特别提醒

1. 标题可以写“民事起诉书”“民事诉讼状”或“民事起诉状”。民事诉讼状供公民提起民事诉讼用，用钢笔或毛笔书写，现在多为打印件，但要有具状人亲笔签名。

2. “原告”“被告”栏，均应写明姓名、性别、出生年月日、民族、籍贯、职业或工作单位和职务、住址等。被告是法人、组织或行政机关的，应写明其名称和所在地址。总之，有关当事人的信息应该尽量详细，这样便于法院了解双方当事人的基本情况，及时送达相关法律文书或者传唤当事人。

3. 诉讼请求要写得言简意赅、简明扼要，要求用最概括、最凝练的语言表达出当事人想要表达的全部意思。

4. 原告应向法院列举所有可供证明的证据。证人姓名和住所，书证、物证的来源及由谁保管，并向法院提供复印件，以便法院调查。

二、民事答辩状

（一）基本知识

1. 什么是民事答辩状？

民事答辩状，是指民事被告或被上诉人针对原告或上诉人的起诉或上诉，阐述自己认定的事实和理由，予以答复和辩驳的一种书状。

我国《民事诉讼法》第一百二十五条、第一百六十七条规定：人民法院应当在立案或收到上诉状之日起5日内将起诉状或上诉状副本发送被告或被上诉人，被告或被上诉人在收到之日起15日内提出答辩状。提出答辩状是当事人的一项诉讼权利，不是诉讼义务；但被告人或被上诉人逾期不提出答辩状，不影响人民法院审理。

2. 民事答辩状包括哪些基本内容？

民事答辩状有六部分内容：

（1）首部

①标题：写“民事答辩状”。

②答辩人基本情况：写明答辩人的姓名、性别、出生年月日、民族、职业、工作

单位和职务、住址等。如答辩人系无诉讼行为能力人，应在其项后写明其法定代理人的姓名、性别、出生年月日、民族、职业、工作单位和职务、住址，及其与答辩人的关系。如答辩人是法人或其他组织的，应写明其名称和所在地址、法定代表人（或主要负责人）的姓名和职务。如答辩人委托律师代理诉讼，应在其项后写明代理律师的姓名及代理律师所在的律师事务所名称。

（2）答辩缘由

写明答辩人因××一案进行答辩。

（3）答辩理由

应针对原告或上诉人的诉讼请求及其所依据的事实与理由进行反驳与辩解。答辩人主要从实体方面针对原告或上诉人的事实、理由、证据和请求事项进行答辩，全面否定或部分否定其所依据的事实和证据，从而否定其理由和诉讼请求。一审被告的答辩还可以从程序方面进行，如提出原告不是正当的原告，或原告起诉的案件不属于受诉法院管辖，或原告的起诉不符合法定的起诉条件，说明原告无权起诉或起诉不合法，从而否定案件。

（4）答辩请求

答辩请求是答辩人在阐明答辩理由的基础上针对原告的诉讼请求向人民法院提出应根据有关法律规定保护答辩人的合法权益的请求。一审民事答辩状中的答辩请求主要有：①要求人民法院驳回起诉，不予受理；②要求人民法院否定原告请求事项的全部或一部分；③提出新的主张和要求，如追加第三人；④提出反诉请求。如果民事答辩状中的请求事项为两项以上，在写请求事项时应逐项写明。对上诉状的答辩请求应为支持原判决或原裁定，反驳上诉人的要求。

（5）证据

答辩中有关举证事项，应写明证据的名称、件数、来源或证据线索。有证人的，应写明证人的姓名、住址。

（6）尾部及附项

尾部包括：致送人民法院的名称；答辩人签名；答辩时间；附项主要应当写明答辩状副本份数和有关证据情况。

（二）法律依据

《中华人民共和国民事诉讼法》

第一百二十五条　人民法院应当在立案之日起五日内将起诉状副本发送被告，被告应当在收到之日起十五日内提出答辩状。答辩状应当记明被告的姓名、性别、年龄、民族、职业、工作单位、住所、联系方式；法人或者其他组织的名称、住所和法定代表人或者主要负责人的姓名、职务、联系方式。人民法院应当在收到答辩状之日起五日内将答辩状副本发送原告。

被告不提出答辩状的，不影响人民法院审理。

第一百二十七条第一款　人民法院受理案件后，当事人对管辖权有异议的，应当在提交答辩状期间提出。人民法院对当事人提出的异议，应当审查。异议成立的，裁定将案件移送有管辖权的人民法院；异议不成立的，裁定驳回。

（三）范本下载

民事答辩状

答辩人：

因____________________诉我____________________一案，答辩如下：

____

____

此致

______________人民法院

答辩人：

年　月　日

附：答辩书副本________份。

其他证明文件________份。

（四）实例演示

2019 年 9 月，原告李某到法院起诉与其丈夫张某离婚，称其丈夫张某多次对其实施家庭暴力，她实在是难以忍受，甚至两次自杀，但都被救了。现在，她想用法律的武器保护自己，起诉离婚，脱离这个魔鬼。法院受理了这个案子。那么，作为本案的被告人张某，他应该如何来答辩呢？

民事答辩状

答辩人：张某，男，×年×月×日出生，汉族，北京市××销售公司职员，现住北京市××区×大街×号，联系电话：×××××××××。

被答辩人：李某，女，32 岁，无业，现住地址同上（被答辩人的基本情况也可以不写）。

答辩人就被答辩人所诉离婚一案，具体答辩如下：

答辩人认为被答辩人所诉离婚之理由纯属虚构。答辩人不能同意被答辩人离婚的请求，理由有二：

一、被答辩人诉称近三四年来，答辩人对被答辩人经常实施家庭暴力，甚至造成被答辩人曾两次自杀，而经挽救脱险等，根本就是不存在的事实。答辩人从未打过被答辩人，两人吵架的时候只是吵嘴，没有动过手，这一点街坊邻居都可以作证。至于被答辩人两次自杀，与答辩人毫无关系，只不过是为其离婚创造条件而已。

二、答辩人想特别提出的是，被答辩人存在生活作风不检点的问题。曾于2016年做过刘某的情人，答辩人发觉后，由于被答辩人向答辩人苦苦哀求，并表示悔改，答辩人才不予追究。事情到现在，被答辩人仍与刘某有情人关系的往来，迄今并未有悔改表现，但答辩人考虑到儿子幼小，愿等待被答辩人悔改，重归于好。

因而，答辩人请法院对合法婚姻予以保护，对被答辩人的不法行为给予教育，对其不在理请求给予驳回，作出公正判决。

此致

××市××区人民法院

答辩人：张某

×年×月×日

附：1. 答辩书副本1份。

2. 其他证明文件××份。

（五）特别提醒

1. 答辩的理由是答辩状的主体部分，通常包括以下内容：就案件事实部分进行答辩；就适用法律方面进行答辩。

2. 提出答辩主张，即对原告起诉状或上诉人上诉状中的请求是完全不接受，还是部分不接受，对本案的处理依法提出自己的主张，请求法院裁判时予以考虑。

三、民事反诉状

（一）基本知识

1. 什么是民事反诉状？

反诉状是指，民事案件的被告以本诉原告为被告，向法院提起的与本诉相反的独立的诉讼请求的书面文件。在诉讼中，被告方认为原告方也存在侵害被告方合法权益的事实，也向法院提起诉讼请求，要求法院一并处理，这就是提起反诉。而相应的诉状就是反诉状。

反诉中所提出的反诉内容，一定要与本诉有牵连。如果是完全不相干的两件事情，仅仅是当事人相同，那么不应当以反诉的形式提起诉讼，而应当另行提起诉讼。

2. 民事反诉状包括哪些基本内容？

反诉状的内容主要包括以下几个部分：

（1）首部

①标题：写“民事反诉状”。

②当事人基本情况：当事人基本情况这一部分主要是反诉人和被反诉人的基本情况。反诉人即为本诉被告人，被反诉人即为本诉原告，应当用括号在“反诉人”和“被反诉人”后面标列出该信息。当事人是公民的，应当写明姓名、性别、出生年月日、民族、籍贯、职业（或工作单位和职务）、住址；当事人是法人、其他组织的，应写明其名称、所在地址、法定代表人（或代表人）的姓名、法定代表人（或代表人）的职务和联系电话。

（2）反诉请求

这部分必须写明确、具体。有多个反讼请求的须分项列出。

（3）事实与理由

该部分即针对本诉，提出原告方侵犯我方合法权益的事实以及相关理由和证据，提出反讼请求的依据和法律适用等内容。事实理由要写清楚、透彻，描述事实和说明理由时要把握住争议的焦点所在。

（4）证据和证据来源，证人姓名和住址

答辩中有关举证事项，应写明证据的名称、件数、来源或证据线索。有证人的，应写明证人的姓名、住址。

（5）尾部及附项

尾部包括：致送人民法院的名称；反诉人签名；反诉时间；附项主要应当列明材料的内容以及份数，并标号分项，附件均为反诉状副本，份数根据被反诉人的人数提交，被反诉人的人数为几人就提交几份反诉状副本。

（二）法律依据

《中华人民共和国民事诉讼法》

第五十一条　原告可以放弃或者变更诉讼请求。被告可以承认或者反驳诉讼请求，有权提起反诉。

第一百四十条　原告增加诉讼请求，被告提出反诉，第三人提出与本案有关的诉讼请求，可以合并审理。

第一百四十三条　原告经传票传唤，无正当理由拒不到庭的，或者未经法庭许可中途退庭的，可以按撤诉处理；被告反诉的，可以缺席判决。

（三）范本下载

民事反诉状

反诉人（本诉被告）：

被反诉人（本诉原告）：

反诉人就________一案，对被反诉人提起反诉。

反诉请求：

事实与理由：

证据及其来源，证人姓名和住址：

此致

____________人民法院

反诉人：

年 月 日

附：反诉状副本____份。

其他证明文件____份。

（四）实例演示

某市某有限公司分公司称其与张某在2019年1月13日双方签订大米购销合同，该公司已经向张某供货2吨，其中除0.6吨因不符合合同约定，已于2019年4月28日退货外，张某处所收大米总数是1.4吨，而张某只支付了1吨大米的价款，剩余价款均未支付。该公司多次与张某交涉未果，于是将张某诉至法院。张某作为被告，觉得原告的陈述与事实不符，决定提起反诉，他应该怎样写反诉状？

民事反诉状

反诉人（本诉被告）：张某，男，36岁，汉族，××省××市人，住××市××区×路×号。

被反诉人（本诉原告）：某市某有限公司分公司。

住所：××市××区××镇×公司×号。

负责人：高某，分公司经理。

电话：×××××××××。

因某市某有限公司分公司诉反诉人购销合同纠纷一案，现对被反诉人提起反诉。

反诉请求：

1. 判令被反诉人接受反诉人退回0.4吨瑕疵大米。
2. 判令被反诉人给付违约金8194.5元。
3. 判令被反诉人承担全部诉讼费用。

事实与理由：

被反诉人起诉状所述与事实不符。

被反诉人供货存在瑕疵，供货量严重不足。2019年1月13日双方签订大米购销合同。

反诉人于2019年1月14日向被反诉人预付全部货款额的10%。被反诉人于2019年4月24日供货2吨，其中除0.6吨因不符合合同约定已于2019年4月28日退货外，反诉人处尚有0.4吨瑕疵供货，反诉人多次与被反诉人交涉退货未果。被反诉人符合合同约定的实际供货（大米）仅为1吨，与合同约定的相去甚远。反诉人多次要求被反诉人供货未果。

证据和证据来源：

1. 大米购销合同书。

2. 瑕疵大米样本。

综上所述，被反诉人起诉状所述没有事实根据，法院不应支持其全部诉讼请求；而且，被反诉人应承担违约责任。请求法院依法判决，维护反诉人利益。

此致

××市××区人民法院

反诉人：张某

×年×月×日

附：1. 本反诉状副本1份。

2. 相关证据材料×份。

（五）特别提醒

民事反诉状的写法与民事起诉状的写法基本相同。所要注意的有以下四点：

1. 反诉要以本诉为基础，没有本诉，就没有反诉。

2. 反诉必须与本诉有联系。即民事反诉状中提出的反诉请求必须与原告的本诉具有关联性，即应基于同一事实和同一争议内容。

3. 反诉应在原告起诉后，人民法院作出裁决以前提出。

4. 反诉只能向审理本诉的同一人民法院提出。

四、民事上诉状

（一）基本知识

1. 什么是民事上诉状？

民事上诉状，是指民事诉讼当事人，不服地方各级人民法院第一审民事判决或裁定，依照法定程序和期限，向上一级人民法院提起上诉，请求撤销或变更原审裁判的书状。民事上诉状有利于保护第一审民事案件败诉一方当事人的合法权益，防止错案的发生，保证审判质量。

2. 民事上诉状包括哪些基本内容？

（1）首部

①标题：写“民事上诉状”。

②当事人基本情况：先写上诉人，再写被上诉人。包括上诉人和被上诉人的姓名、性别、年龄、民族、职业、工作单位和住所，法人或者其他组织的名称、住所和法定代表人或者主要负责人的姓名、职务。上诉人如有法定代理人或委托代理人的，写明法定（或委托）代理人姓名、性别、年龄、民族、职业或职务、工作单位或住址、与上诉人的关系，代理人是律师的，只列写姓名、职务。

（2）上诉请求

说明具体的请求目的，是要求撤销原审裁判，全部改变原审的处理决定，还是要求对原审裁判作部分变更。请求目的，要写得明确、具体、详尽。

（3）事实与理由

民事上诉状的上诉理由主要是针对原审裁判说话，而不是针对对方当事人的；民事起诉状则完全是论述对方当事人的无理之处，这就是上诉状和起诉状在写法上的根本区别。针对原审裁判，论证不服的理由，可以从以下几个方面进行：

①对原审认定事实错误的论证。着重提出原审裁判所认定的事实是全部错误，还是部分错误；说明客观事实真相究竟如何。上诉状中提出的与原认定的事实相对抗的客观事实真相必须举出确实充分的证据来加以证实。

②对原审确定性质不当的论证。这要具体指出其定性不当之处。

③对原判适用实体法不当的论证。这是指原判引用有关的实体法条文，或者是与案情事实不相适应；或者是在引用有关法律条文上存在着片面性；或者是曲解了法律条款等，以致造成处理不当的。要举出有关法律条款，加以具体地分析论证。

④对原审适用程序法不当，因而影响正确审判的论证。这是指原审在审理案件中，违反了程序法的规定，因此造成案件处理不当的，可以据实予以提出，以作为要求改变原审裁判的理由。

上诉理由之后通常写结束语。通常的写法是：“综上所述，说明××人民法院（或原审）所作的判决（或裁定）不当，特向你院上诉，请求撤销原判（或裁定），给予依法改判（或重新处理）。”

（4）尾部及附项

①致送机关，可分三行写为：此致××人民法院转报××中级（或高级）人民法院；也可直接写为：此致××中级（或高级）人民法院。

②署名：上诉人：×××（签名或盖章），并注明年、月、日。

③附项：1）本上诉状副本×份；2）证物××（名称）×件；3）书证××（名称）×件。

（二）法律依据

《中华人民共和国民事诉讼法》

第一百六十四条　当事人不服地方人民法院第一审判决的，有权在判决书送达之日起十五日内向上一级人民法院提起上诉。

当事人不服地方人民法院第一审裁定的，有权在裁定书送达之日起十日内向上一级人民法院提起上诉。

第一百六十五条　上诉应当递交上诉状。上诉状的内容，应当包括当事人的姓名，法人的名称及其法定代表人的姓名或者其他组织的名称及其主要负责人的姓名；原审人民法院名称、案件的编号和案由；上诉的请求和理由。

第一百六十六条　上诉状应当通过原审人民法院提出，并按照对方当事人或者代表人的人数提出副本。

当事人直接向第二审人民法院上诉的，第二审人民法院应当在五日内将上诉状移交原审人民法院。

（三）范本下载

民事上诉状

上诉人：

被上诉人：

上诉人因________一案，不服____________人民法院______年____月____日（　）字第____号，现提出上诉。

上诉请求：____

上诉理由：____

此致

________人民法院

上诉人：

年　月　日

附：本上诉状副本________份。

相关证据目录。

（四）实例演示

陈某与张某是同胞姐妹，因遗产继承纠纷诉至法院。张某作为原告起诉陈某，称陈某无故剥夺其合法继承父亲财产的权利，将父亲的财产据为己有。张某请求继承其父遗产份额。一审法院经简易程序审理后支持了原告的诉讼请求。陈某不服，准备提起上诉。

民事上诉状

上诉人：陈某，女，×年×月×日出生，汉族，××厂职工，住××市××区×街×号。

被上诉人：张某，女，×年×月×日出生，汉族，××厂职工，住××市××区×街×号。

上诉人因遗产纠纷继承一案，不服×年×月×日收到（20××）××初字第××号民事判决书，提起上诉。上诉的请求和理由如下：

上诉请求：

1. 请求法院撤销（20××）××初字第××号民事判决书；
2. 请求法院驳回被上诉人的诉讼请求；
3. 请求法院判决被上诉人承担本案上诉费。

事实与理由：

一、一审法院程序严重违法

（一）一审法院违背当事人的意愿将审判程序由普通程序转换为简易程序审理，这明显违反了《最高人民法院关于适用简易程序审理民事案件的若干规定》第二条第二款“人民法院不得违反当事人自愿原则，将普通程序转为简易程序”。由于一审法院的程序违法直接影响到上诉人在一审中的各种程序权利，造成上诉人仓促应诉，使上诉人处于极为不利的境地。

（二）在上诉人依照法律规定提交证人出庭申请书的情况下，一审法院开庭审理中认定我方证人（证明被上诉人是否对其父亲尽到赡养义务）出庭作证不合法，不予采纳。但在（20××）××初字第××号民事判决书中，对我方出庭证人××、××证言因何不予认可却未加以阐述。这明显违反民事诉讼法诉讼证据规则，从根本上导致了一审法院对本案关键事实认定不清。

二、一审法院认定事实不清

一审法院对上诉人在一审中提出的：“被上诉人自××年对其父亲不理不睬，不尽赡养义务，依法不应当继承财产”的事实毫未理会，也未予以认定。

综上，一审法院审理程序严重违法、认定事实错误，应当依法予以改判。

此致

××第一中级人民法院

上诉人：陈某

×年×月×日

附：1. 本上诉状副本1份。

2. 一审证人出庭申请书。

3. 被上诉人于××年前后遗弃其父的材料（证明内容：被上诉人自××年对其父亲不理不睬，不尽赡养义务）。

（五）特别提醒

1. 上诉请求事项要写得明确、具体、详尽。想达到什么目的，就直接提出来，不能只是说“请求上级法院依法作出公正判决”或者是“请求上级法院给我做主”等类的空话。

2. 对于上诉理由部分，我们必须注意两点：一是要有理有据，措辞要得体，切忌无限上纲；二是避免重复叙述，也不必说明对判决中哪些部分表示同意等。

五、民事诉讼授权委托书

（一）基本知识

1. 什么是民事诉讼授权委托书？

授权委托书，是指当事人为把代理权授予委托代理人而制作的一种法律文书。它是委托人实施授权行为的标志，是产生代理权的直接根据。授权委托书分为两种：一种是民事代理授权委托书；另一种是诉讼代理授权委托书。而在民事诉讼中，相应的诉讼代理授权委托书即为民事诉讼授权委托书。

2. 民事诉讼授权委托书包括哪些基本内容？

（1）当事人的基本情况

委托人和受托人的姓名、性别、出生日期、职业、现住址。如果委托人是法人的，则应写明法人的全称、地址、法定代表人的姓名等情况。

（2）委托的事项

委托的事项一定要写得明确、具体，不能一言以蔽之。

（3）委托的权限范围

委托的权限范围是代理人实施代理行为有效的依据，一定要写明确。写明是一般委托（即委托代理人只能代当事人为一般的诉讼行为，如提出证据、进行辩论、申请财产保全等）还是特别委托（即委托代理人受托进行某些重大诉讼行为，如有权代理当事人承认、变更、放弃诉讼请求；有权提起上诉或反诉；有权与对方当事人和解等）。

（4）当事人署名

委托人签名或盖章，并注明日期。如果是企业，应加盖法人章，并由法定代表人签名。

（二）法律依据

《中华人民共和国民事诉讼法》

第四十九条第一款　当事人有权委托代理人，提出回避申请，收集、提供证据，进行辩论，请求调解，提起上诉，申请执行。

第五十九条　委托他人代为诉讼，必须向人民法院提交由委托人签名或者盖章的授权委托书。

授权委托书必须记明委托事项和权限。诉讼代理人代为承认、放弃、变更诉讼请求，进行和解，提起反诉或者上诉，必须有委托人的特别授权。

侨居在国外的中华人民共和国公民从国外寄交或者托交的授权委托书，必须经中华人民共和国驻该国的使领馆证明；没有使领馆的，由与中华人民共和国有外交关系的第三国驻该国的使领馆证明，再转由中华人民共和国驻该第三国使领馆证明，或者由当地的爱国华侨团体证明。

（三）范本下载

民事诉讼授权委托书

委托人：

受委托人：

现委托__________在我与__________因________________纠纷一案中，作为我的__________诉讼代理人。

代理人__________的代理权限为：______________________________

代理人__________的代理权限为：______________________________

委托人：

年　月　日

（四）实例演示

张某与郑某因借款合同纠纷诉至法院，郑某作为原告找了诉讼代理人，张某怕自己吃亏，也想找一个懂法律的人作为自己的诉讼代理人，但张某对怎么写授权委托书犯了愁。

民事诉讼授权委托书

委托人姓名：张某，男，汉族，×年×月×日出生，××省××市人，住××市××区×路×号；身份证号码：××××××××××××××××××，电话：××××××××。

受委托人姓名：刘某，男，汉族，×年×月×日出生，××省××市人，住××市××区×路×号；身份证号码：××××××××××××××××××，电话：××××××××，现住址：××××××××。

现委托刘某在我与郑某因借款合同纠纷一案中，作为我的民事诉讼代理人。

代理人刘某的代理权限为：特别授权代理。

委托权限如下：起诉、立案、代收、递交本案法律文书，申请撤诉，承认、放弃、变更诉讼请求，进行和解，提起反诉或者上诉，执行判决、退货、收款等。

委托人：张某

×年×月×日

（五）特别提醒

1. 在委托的事项方面，注意我国《民法典》第一百六十一条明确规定：“民事主体可以通过代理人实施民事法律行为。依照法律规定、当事人约定或者民事法律行为的性质，应当由本人亲自实施的民事法律行为，不得代理。”如具有人身性质的遗嘱、收养子女、婚姻登记等法律行为。

2. 在委托的权限范围上应注意的是，我国《民事诉讼法》第六十二条针对婚姻案件的特殊性质，对当事人委托代理人时授予的代理权限作出了限制性的规定，即“离婚案件有诉讼代理人的，本人除不能表达意思的以外，仍应出庭；确因特殊情况无法出庭的，必须向人民法院提交书面意见”。

3. 委托的期限一定要写明起止的时间，不写起止的时间，很容易引起争议。

六、民事诉讼代理词

（一）基本知识

1. 什么是民事诉讼代理词？

民事诉讼代理词，是指代理人在诉讼中依据事实和法律，在法庭辩论阶段发表的，以维护委托人合法权益为目的的，表明代理人对案件处理意见的诉讼文书。

2. 民事诉讼代理词包括哪些基本内容？

代理词的写法比较灵活，并没有统一的格式，由于案件的不同，代理词也不一样，一般的代理词由以下几个部分组成。

（1）首部

①标题，标题应反映案件性质和所代理的当事人在案中的地位，如“民事原告诉讼代理词”。

②开头的习惯称呼语是：“审判长、审判员”。

（2）序言

简要说明代理律师出庭代理诉讼的合法性、代理权限范围、出庭前准备工作概况等。

（3）正文

正文是代理词的核心内容。这一部分应根据具体案情、被代理人所处的诉讼地位、诉讼目的和请求以及被代理人与对方当事人的关系等因素来确定其内容。代理人应当在代理权限内，依据事实和法律，陈述并论证被代理人提供的事实与理由成立，从而支持其主张和请求，同时揭示、驳斥对方的错误。如是二审代理词，还应对原判决进行评论，提出要求和意见等。

（4）结束语

本部分是归纳全文的结论性见解和具体主张，为被代理人提出明确的诉讼请求。

内容要简明、扼要。

(5) 尾部

代理人署名，并注明代理词发表日期。

（二）法律依据

《中华人民共和国民事诉讼法》

第五十八条 当事人、法定代理人可以委托一至二人作为诉讼代理人。

下列人员可以被委托为诉讼代理人：

（一）律师、基层法律服务工作者；

（二）当事人的近亲属或者工作人员；

（三）当事人所在社区、单位以及有关社会团体推荐的公民。

第六十条 诉讼代理人的权限如果变更或者解除，当事人应当书面告知人民法院，并由人民法院通知对方当事人。

第六十二条 离婚案件有诉讼代理人的，本人除不能表达意思的以外，仍应出庭；确因特殊情况无法出庭的，必须向人民法院提交书面意见。

（三）范本下载

民事诉讼代理词

审判长、审判员：

依照法律规定，受________的委托，我担任____________的诉讼代理人，参与本案诉讼活动。开庭前，我听取了被代理人的陈述，查阅了本案案卷材料，进行了必要的调查。现发表如下代理意见：

一、____

二、____

诉讼代理人：

年 月 日

（四）实例演示

刘某的一个朋友在两年前因做生意向他借了 2 万元人民币，并立了字据，约定一年后还款，还款日期至，朋友说资金紧张，要迟一年还。刘某同意了，一年后，朋友还是没有还款，经刘某多次催要后未果。于是刘某将朋友告上法庭。刘某的朋友否认刘某向其催款的事实，并认为刘某的债权已过诉讼时效。那么，如果你是原告刘某的诉讼代理人，应该如何陈述代理词？

民事诉讼代理词

审判长、审判员：

依照法律规定，受原告刘某的委托，我担任原告刘某的诉讼代理人，参与本案诉讼活动。开庭前，我听取了被代理人的陈述，查阅了本案案卷材料，进行了必要的调查。现发表如下代理意见：

一、本案中被告从原告处借款的事实十分清楚，借贷关系合法有效

×年×月×日，被告人因做生意从原告处借款2万元人民币，并写下欠条，欠条上有还款日期。还款日期届满时，原告向被告主张还款，被告称其现在资金紧张，再宽限一年一定还，于是过了一年，在原告的催促之下被告又迟迟不予还款。现原告有欠条为据，足以证明被告欠其人民币2万元。

二、本案不超过诉讼时效，原告的权利应当得到保护

当还款期限届满之时，原告向被告进行了催要，被告称一年以后奉还，因此本案的诉讼时效由于原告的催要而产生了中断，不存在超过诉讼时效的问题。本案中被告否认原告曾向其催款，那么，即使款项借出后，原告一直未催要。单从欠条约定的还款日期来看，到原告起诉时止，也未超过法定的3年诉讼时效。所以，本案中被告称原告的债权已过诉讼时效，是不符合法律规定的，原告的债权应当得到保护。

因此，本案借款事实十分清楚，借贷关系合法有效，且未超过法定诉讼时效，因此被告应当承担偿还责任。

以上代理意见，请合议庭合议时予以充分考虑！

代理人：赵某

×年×月×日

（五）特别提醒

1. 代理词通常从认定事实、适用法律和诉讼程序等几个方面或其中一两个方面展开论述。

2. 应根据案件具体情况，围绕争执点，鲜明地提出代理意见，并围绕这一观点从多角度、多侧面展开论证。

3. 要尊重事实、忠于法律，对纠纷事实和证据进行透彻的分析论证。不能歪曲事实和法律，强词夺理。

4. 代理词的语言应当生动、简练，论点明确，逻辑性强；客观、全面，重点突出；通俗易懂，用词恰当，又留有余地；要晓之以理，动之以情，措辞恳切，语气平和，这样才能为对方当事人和法庭所接受。

5. 代理词应当随着诉讼进程不断修改、充实和完善，注意及时吸收新出现的情

况，弥补代理词中的漏洞。

七、管辖权异议申请书

（一）基本知识

1. 什么是管辖权异议申请书？

管辖权异议申请书，是指当事人提出的，认为受理案件的第一审法院对该案没有管辖权的意见或主张的法律文书。

管辖权异议，是当事人一项重要的诉讼权利，当事人正确行使该项权利，有利于帮助人民法院正确确定对案件的管辖权。

2. 管辖权异议申请书包括哪些基本内容？

管辖权异议申请书主要包括以下几个部分：

（1）首部

①注明文书名称。

②写明申请人的基本情况。例如，姓名、性别、出生年月日、民族、籍贯、职业（或工作单位和职务）、住址；当事人是法人、其他组织的，应写明其名称、所在地址、法定代表人（或代表人）的姓名、职务和联系电话。

（2）案由

写明申请人因何案件，提出管辖权异议。

（3）事实与理由

结合案件事实，实事求是地写明案件不能在所受理法院审理的理由和法律依据。

针对本案，可以从欠条所依托的侵权事实出发，依据《民事诉讼法》对侵权行为所引发的纠纷应归侵权行为地或被告人住所地法院的规定来阐述。

（4）尾部及附项

致送人民法院名称；申请人签名或盖章；注明申请日期。随答辩状一起提出时附答辩状副本若干份。

（二）法律依据

《中华人民共和国民事诉讼法》

第一百二十七条　人民法院受理案件后，当事人对管辖权有异议的，应当在提交答辩状期间提出。人民法院对当事人提出的异议，应当审查。异议成立的，裁定将案件移送有管辖权的人民法院；异议不成立的，裁定驳回。

当事人未提出管辖异议，并应诉答辩的，视为受诉人民法院有管辖权，但违反级别管辖和专属管辖规定的除外。

（三）范本下载

管辖权异议申请书

申请人（被告或反诉×告）：

委托代理人：

申请人于________年________月________日收到你院已受理原告（或反诉×告）（姓名或名称）诉________________（案由）一案的应诉通知，通知申请人提出答辩状。申请人在提出答辩状的同时，现提出对此案管辖权的异议，理由如下：

……（具体理由）

特此请求你院将本案依法移送管辖，交由____________人民法院审理。请予准许。

此致

________人民法院

申请人：

年　月　日

附：答辩状副本________份。

（四）实例演示

几个月前，家住某市的徐某饲养了一只狗，一天此狗兽性大发，咬伤了从外地来本市探亲的张某。张某为打狂犬疫苗和处理伤口等花去了近2000元。因徐某是一位年过古稀的老人，没什么收入，每月靠儿子从外地寄来的钱生活。面对近2000元的钱款，老人无力支付，许诺等年底儿子回来时一定把张某的医药费还清，并写下了欠条。年底至，徐某未还钱，于是张某将一纸诉状交至张某所在地的基层人民法院，该法院受理了此案。徐某经委托代理人提醒，知道了该案是侵权之债，应由侵权行为地或者被告住所地法院管辖。而不应由原告所在地法院管辖，于是在提交答辩状的同时提出了管辖权异议申请。

管辖权异议申请书

申请人：徐某，男，72岁，汉族，××省××市人，住××市××区×路×号。

委托代理人：韩某，××市××律师事务所律师。

申请人于×年×月×日收到你院已受理原告张某诉欠款纠纷一案的应诉通知，通知申请人提出答辩状。申请人在提出答辩状的同时，现根据事实提出对此案管辖权的异议。

理由如下：

××市人民法院对本案无权管辖。原告张某出示的欠条表明双方之间成立的是金钱之债，而该金钱之债背后所依托的事实并非是借款合同，而是侵权之债。而贵院在未了解事实的情况下，仅凭此欠条就认定该债为合同之债，并进一步认定原告张某所在地为合同履行地，是不符合民事诉讼法规定的。而根据《民事诉讼法》第二十八条“因侵权行为提起的诉讼，由侵权行为地或者被告住所地人民法院管辖”之规定，该债务纠纷应由异议人所住地的××市××区人民法院管辖。

我国《民事诉讼法》第一百二十七条第一款规定：“人民法院受理案件后，当事人对管辖权有异议的，应当在提交答辩状期间提出。人民法院对当事人提出的异议，应当审查。异议成立的，裁定将案件移送有管辖权的人民法院；异议不成立的，裁定驳回。”根据上述事实和法律规定，特此请求你院将本案依法移送管辖，交由××市××区人民法院审理。请予准许。

此致

××省××市××区人民法院

申请人：徐某

×年×月×日

附：答辩状副本1份。

（五）特别提醒

1. 提出管辖权异议的条件：管辖权异议必须由当事人提出（通常是被告对管辖权提出异议）；管辖权异议应在法院立案受理之后，进行实体审理之前提出；管辖权异议只能对第一审民事案件提出；管辖权异议应以书面方式提出，简易程序中可以口头提出。

2. 管辖权异议既可以是对地域管辖提出的，也可以是对级别管辖提出的。

八、证据保全申请书

（一）基本知识

1. 什么是证据保全申请书？

证据保全申请书，是指人民法院受理案件后，在证据可能灭失或以后难以取得的情况下，申请人民法院对证据予以保全的法律文书。

证据保全，是指人民法院受理案件以后，在证据可能灭失和以后，难以取得的特殊情况下，对证据采取固定保护的一种措施。证据保全可由诉讼参加人提出申请，也可由人民法院根据案件的需要主动决定采取。

2. 证据保全申请书包括哪些基本内容？

（1）首部

①标题：写“证据保全申请书”。

②当事人基本情况：当事人是公民的，应当写明姓名、性别、出生年月日、民族、籍贯、职业（或工作单位和职务）、住址；当事人是法人、其他组织的，应当写明其名称、所

在地址、法定代表人（或代表人）的姓名、职务和联系电话。

（2）案由

写明案件的性质。例如合同纠纷、侵权纠纷、遗产继承纠纷等。

（3）事实与理由

该部分主要是陈述为何要进行保全，简要阐述证据保全背后所依托的案件事实以及难以取证的原因。其中，事实和理由要写清楚、透彻。

（4）尾部及附项

致送人民法院名称；申请人签名，申请人为法人或其他组织的，应加盖单位公章，并由其法定代表人签名；注明申请日期；如需有附项，则应附上相关证据及材料。

（二）法律依据

《中华人民共和国民事诉讼法》

第八十一条第一款　在证据可能灭失或者以后难以取得的情况下，当事人可以在诉讼过程中向人民法院申请保全证据，人民法院也可以主动采取保全措施。

（三）范本下载

证据保全申请书

申请人：

案由：

请求事项：

____

事实与理由：

申请人诉________________案，现需要将与本案相关的________________证据予以固定和保全，但由于申请人无法取得上述证据，因此，特向贵院提出证据保全之申请。请依法保全。（阐述案件事实）

____

此致

________人民法院

申请人：

年　月　日

（四）实例演示

一天傍晚，周某像往常一样骑自行车回家，当其行至一条胡同的时候，突然有一条大狗窜出，扑倒了周某，并咬了周某的小腿。此事恰好被路过的吴某碰见，于是吴某赶走大狗，将周某送往医院。周某为此花去医疗费1200元。事后，周某寻找到大狗的主人，索要医疗费，但大狗主人范某矢口否认，称不是他的狗咬了周某。周某无奈，诉至法院。但本案唯一的证人吴某却突发疾病住院。不得已，周某向法院申请了证据保全。

证据保全申请书

申请人：周某，男，48岁，汉族，某厂工人，××省××市人，住××市××区×路×号。

案由：人身侵权。

请求事项：

请求法院采取证据保全措施，向证人吴某进行调查取证。

事实与理由：

申请人诉范某人身侵权纠纷一案，现需要将与本案相关的证人证言予以固定和保全，但由于申请人无法取得上述证据，因此，特向贵院提出证据保全之申请。请依法保全。

范某饲养的狗在2019年6月7日咬了申请人，申请人为此花去医疗费1200元。证人吴某是周某当日被狗咬的见证人。但吴某近日突发疾病住院，现在已经基本控制住病情，但医生称吴某可能会因此次疾病导致脑瘫。如果以上情况发生，得不到吴某的印证，将使本案事实的认定出现困难。

根据以上事实及理由，请求人民法院采取证据保全措施，从速向证人吴某进行调查取证。

此致

××人民法院

申请人：周某

×年×月×日

（五）特别提醒

证据保全可由诉讼参加人提出申请，也可由人民法院根据案件的需要主动决定采取。因此，只有在诉讼参加人提出申请的情况下才需要写证据保全申请书，在法院主动决定采取的情况下是不需要提交此书的。

九、财产保全申请书

（一）基本知识

1. 什么是财产保全申请书？

财产保全申请书是民事诉讼中重要的文书。它是指人民法院在案件审理前或者诉讼过程中，对当事人的财产或者争议标的物所采取的一种强制措施。

诉讼财产保全申请可以在起诉时提出，也可以在诉讼中提出，即财产保全分为诉前财产保全和诉中财产保全，其中，诉前财产保全由利害关系人提出申请，必须提供担保，否则，法院可以驳回申请。

2. 财产保全申请书包括哪些基本内容?

诉讼财产保全申请书的内容包括以下几部分：

（1）首部

①标题：写“财产保全申请书”。

②当事人基本情况：当事人基本情况这一部分主要是申请人和被申请人的基本情况。当事人是公民的，应当写明姓名、性别、出生年月日、民族、籍贯、职业（或工作单位和职务）、住址；当事人是法人、其他组织的，应当写明其名称、所在地址、法定代表人（或代表人）的姓名、职务和联系电话。

在上述案例中，申请人在写申请时，应该写明自己的姓名、性别、出生年月日、民族、工作单位和住所等情况，对于对方当事人的基本情况，也应该就所知道的内容详细写明。

（2）请求事项

这部分必须写明确、具体。有多个请求的须分项列出。

（3）事实与理由

该部分主要是陈述为何要进行保全，简要阐述财产保全背后所依托的事实。其中，事实和理由都要写清楚、透彻。如是诉前财产保全申请，还应当注明担保情况。

（4）尾部及附项

致送人民法院名称；申请人签名，申请人为法人或其他组织的，应加盖单位公章，并由其法定代表人签名；注明申请日期；附项附上相关证据及材料。

（二）法律依据

《中华人民共和国民事诉讼法》

第一百条　人民法院对于可能因当事人一方的行为或者其他原因，使判决难以执行或者造成当事人其他损害的案件，根据对方当事人的申请，可以裁定对其财产进行保全、责令其作出一定行为或者禁止其作出一定行为；当事人没有提出申请的，人民法院在必要时也可以裁定采取保全措施。

人民法院采取保全措施，可以责令申请人提供担保，申请人不提供担保的，裁定驳回申请。

人民法院接受申请后，对情况紧急的，必须在四十八小时内作出裁定；裁定采取保全措施的，应当立即开始执行。

第一百零一条　利害关系人因情况紧急，不立即申请保全将会使其合法权益受到难以弥补的损害的，可以在提起诉讼或者申请仲裁前向被保全财产所在地、被申请人住所地或者对案件有管辖权的人民法院申请采取保全措施。申请人应当提供担保，不提供担保的，裁定驳回申请。

人民法院接受申请后，必须在四十八小时内作出裁定；裁定采取保全措施的，应当立即开始执行。

申请人在人民法院采取保全措施后三十日内不依法提起诉讼或者申请仲裁的，人民法院应当解除保全。

第一百零二条　保全限于请求的范围，或者与本案有关的财物。

第一百零三条　财产保全采取查封、扣押、冻结或者法律规定的其他方法。人民法院保全财产后，应当立即通知被保全财产的人。

财产已被查封、冻结的，不得重复查封、冻结。

第一百零四条　财产纠纷案件，被申请人提供担保的，人民法院应当裁定解除保全。

第一百零五条　申请有错误的，申请人应当赔偿被申请人因保全所遭受的损失。

（三）范本下载

财产保全申请书

申请人：

被申请人：

请求事项：

事实与理由：

此致

____________人民法院

申请人：（签名或盖章）

年　月　日

附：有关证据及材料。

（四）实例演示

2018 年 5 月 1 日，钱某因做生意本钱不够，向孙某借取 10 万元人民币，借款期限约定为一年，一年期到，钱某没有还款，经孙某多次催讨，钱某还是以种种借口不还钱，甚至出门躲避孙某的追讨。于是孙某决定将钱某告上法庭，在起诉前，孙某得知钱某有 10 万元的银行存款，为了防止钱某转移或隐匿财产，保证以后裁判文书的顺利执行，孙某欲向法庭申请财产保全，请求法庭依法冻结钱某 10 万元的银行存款。

财产保全申请书

申请人：孙某，女，×年×月×日出生，汉族，住所地：××市××县×路×号，电话：×××××××××。

被申请人：钱某，男，×年×月×日出生，汉族，住所地：××市××县×路×号，电话：×××××××××。

请求事项：

为避免财产损失，维护申请人合法财产权益，依据《中华人民共和国民事诉讼法》第一百零一条之规定，特向人民法院提出诉前财产保全申请，请求冻结被申请人银行存款10万元人民币。

事实和理由：

被申请人于2018年5月1日，因做生意本钱不够，向我借取10万元人民币，借款期限约定为一年，一年期到，被申请人没有还款，经我多次催讨，被申请人竟拒不偿还。为了防止被申请人转移或隐匿财产，保证裁判文书的顺利执行，现向法庭申请财产保全，请求法庭依法冻结被申请人10万元的银行存款。

另我愿以自有本田汽车一辆（车牌号××××××）作为申请财产保全的担保。

被申请人钱某的银行存款账号：××银行，NO.×××××××××××××。

此致

××人民法院

申请人：孙某

×年×月×日

附：申请人与被申请人签订的借款合同1份。

（五）特别提醒

1. 要写明保全的理由，即为什么保全，该事实理由是财产保全所依托的事实，不能虚构或夸大，需实事求是。

2. 要提供相应的担保，如果不提供担保，法院有可能拒绝保全请求，尤其是诉前财产保全，一定要提供担保。

3. 要提供被保全财产的具体位置和数量，以保障法院能够顺利执行。

十、回避申请书

（一）基本知识

1. 什么是回避申请书？

回避申请书，是指在人民法院审理民事案件过程中，因执行审判任务的审判人员或其他有关人员与案件具有一定利害关系，遇有法律规定的情形时，当事人及其诉讼代理人向人民法院提交的，请求有关人员退出本案诉讼活动的法律文书。回避申请适用于审判人员、书记员、翻译人员、鉴定人、勘验人。

2. 回避申请书包括哪些基本内容?

（1）首部

①标题：写“回避申请书”。

②申请人与被申请人的基本情况。申请人写明其身份基本情况或法人、其他组织的名称、地址、法定代表人的姓名、职务，而被申请人应写明其姓名、性别、工作单位及职务、参与本案工作的职务。

（2）请求事项及理由

该部分主要阐明当事人请求被申请人回避的事实根据，被申请人具有法律规定应当回避的具体情形以及有何事实材料予以证明。最后可基于所述事实和《民事诉讼法》有关规定，提出被申请人回避的要求。

（3）尾部及附项

致送人民法院名称；申请人签名，法人或其他组织应加盖公章，并由法定代表人签名；注明申请日期；附项，如可以证明被申请人具有法律规定应当回避情形的证据材料（注明其名称、数量）。

（二）法律依据

《中华人民共和国民事诉讼法》

第四十四条 审判人员有下列情形之一的，应当自行回避，当事人有权用口头或者书面方式申请他们回避：

（一）是本案当事人或者当事人、诉讼代理人近亲属的；

（二）与本案有利害关系的；

（三）与本案当事人、诉讼代理人有其他关系，可能影响对案件公正审理的。

审判人员接受当事人、诉讼代理人请客送礼，或者违反规定会见当事人、诉讼代理人的，当事人有权要求他们回避。

审判人员有前款规定的行为的，应当依法追究法律责任。

前三款规定，适用于书记员、翻译人员、鉴定人、勘验人。

第四十五条 当事人提出回避申请，应当说明理由，在案件开始审理时提出；回避事由在案件开始审理后知道的，也可以在法庭辩论终结前提出。

被申请回避的人员在人民法院作出是否回避的决定前，应当暂停参与本案的工作，但案件需要采取紧急措施的除外。

第四十六条 院长担任审判长时的回避，由审判委员会决定；审判人员的回避，由院长决定；其他人员的回避，由审判长决定。

第四十七条　人民法院对当事人提出的回避申请，应当在申请提出的三日内，以口头或者书面形式作出决定。申请人对决定不服的，可以在接到决定时申请复议一次。复议期间，被申请回避的人员，不停止参与本案的工作。人民法院对复议申请，应当在三日内作出复议决定，并通知复议申请人。

（三）范本下载

回避申请书

申请人：

被申请人：

请求事项及理由：

____

____

请人民法院审查，更换__________审理本案。

此致

________人民法院

申请人：

年　月　日

（四）实例演示

某市的甲、乙两个公司因合同纠纷诉至法院，法院组成了合议庭准备进行审理，甲公司得知合议庭的一位审判员张某是乙公司法定代表人刘某的表弟，于是，准备向法院提出对该审判员的回避申请。

回避申请书

申请人：××市××公司；地址：××市××区×街×号。

法定代表人：李某，男，43岁，职务：总经理。

被申请人：张某，男，××市××区人民法院民事审判庭助理审判员，在审理申请人诉××市××公司合同纠纷一案中担任审判员。

请求事项及理由：

据悉，被申请人张某与本案被告××市××公司的法定代表人刘某是表兄弟关系。为避免本案不公正审理，根据《中华人民共和国民事诉讼法》第四十四条第一款第一项规定，审判人员是本案当事人或者当事人、诉讼代理人的近亲属的，必须回避，现申请张某回避。

请人民法院审查，更换审判员张某审理本案。

此致

××市××区人民法院

申请人：××市××公司

（加盖公章）

法定代表人：李某

×年×月×日

（五）特别提醒

1. 被申请人的基本情况与其他类申请书不同，应写明其工作单位、在本案诉讼过程中的职务，以表明其符合法定回避对象的范围。

2.《民事诉讼法》第四十四条规定：审判人员有下列情形之一的，应当自行回避，当事人有权用口头或者书面方式申请他们回避：

（1）是本案当事人或者当事人、诉讼代理人近亲属的；

（2）与本案有利害关系的；

（3）与本案当事人、诉讼代理人有其他关系，可能影响对案件公正审理的。

审判人员接受当事人、诉讼代理人请客送礼，或者违反规定会见当事人、诉讼代理人的，当事人有权要求他们回避。

审判人员有前款规定的行为的，应当依法追究法律责任。

前三款规定，适用于书记员、翻译人员、鉴定人、勘验人。

“近亲属”通常是指配偶、父母、子女、兄弟姐妹、祖父母、外祖父母、孙子女、外孙子女。

“其他关系”是指除上述关系以外的本案当事人间存在的足以影响案件公正审理的关系，如师生关系、朋友关系等。

十一、不公开审理申请书

（一）基本知识

1. 什么是不公开审理申请书？

不公开审理申请书，是指在诉讼程序开始以后，当事人要求法院对案件进行不公开审理所出具的文书。当事人要求人民法院对案件不公开审理，可以采用口头和书面两种形式，不公开审理申请书则指书面形式。

根据法律规定，离婚案件和涉及商业秘密案件的不公开审理，必须由案件当事人申请。

2. 不公开审理申请书包括哪些基本内容？

（1）首部

写明标题“不公开审理申请书”和送达的人民法院的名称。

（2）正文

写明案由、申请人的要求和理由。要求理由充分，切合实际，层次清楚，语言准确、具体。

（3）尾部

申请人签名，申请人为法人或其他组织的，应加盖单位公章，并由其法定代表人签名；注明申请日期。

（二）法律依据

《中华人民共和国民事诉讼法》

第一百三十四条　人民法院审理民事案件，除涉及国家秘密、个人隐私或者法律另有规定的以外，应当公开进行。

离婚案件，涉及商业秘密的案件，当事人申请不公开审理的，可以不公开审理。

第一百四十八条第一款　人民法院对公开审理或者不公开审理的案件，一律公开宣告判决。

（三）范本下载

不公开审理申请书

××市××县人民法院：

你院受理的诉____________一案，我要求不公开审理，理由如下：

____

____

为此，根据《中华人民共和国民事诉讼法》第一百三十四条第二款的规定，特向你院提出不公开审理的申请，请予审查批准。

申请人：

年　月　日

（四）实例演示

曹某与张某某结婚多年，但丈夫张某某酗酒的恶习屡教不改，还常常在酗酒后对曹某大打出手，对此，曹某为了女儿忍气吞声。但最近，张某某又有了情人，常常夜不归宿，这实在让曹某难以忍受，于是提出离婚。但张某某却不肯。曹某诉至法院。

不公开审理申请书

××市××县人民法院：

你院受理的曹某诉张某某离婚一案，我要求不公开审理。理由如下：

本案涉及夫妻生活的隐私问题，同时我也不愿因此次案件的公开审理而使我的女儿受到影响。

根据《中华人民共和国民事诉讼法》第一百三十四条第二款的规定，特向你院提出不公开审理的申请，请予审查批准。

申请人：曹某

×年×月×日

（五）特别提醒

1. 依据我国《民事诉讼法》，不公开审理申请的提出仅限于一般离婚案件和涉及商业秘密的案件，其他案件则不能向人民法院提出不公开审理的要求。

2. 只有本案的当事人才能向受诉的人民法院提出不公开审理的请求，当然，如果当事人委托了诉讼代理人，其诉讼代理人也可以直接向人民法院转达当事人的请求。

3. 提出不公开审理申请的时间应在人民法院立案之后，开庭审理之前。

十二、第三人参加诉讼申请书

（一）基本知识

1. 什么是第三人参加诉讼申请书？

第三人参加诉讼申请书，是指无独立请求权的第三人向法院递交的，请求参与到已开始的诉讼中去的文书。这里的第三人参加诉讼申请书主要适用于没有独立请求权的第三人，因为有独立请求权的第三人可以直接提起诉讼。

2. 第三人参加诉讼申请书包括哪些基本内容？

（1）首部

①标题：写“第三人参加诉讼申请书”。

②申请人基本情况：当事人是公民的，应当写明姓名、性别、出生年月日、民族、籍贯、职业（或工作单位和职务）、住址；当事人是法人、其他组织的，应当写明其名称、所在地址、法定代表人（或代表人）的姓名、职务和联系电话。

（2）案由和请求事项

此部分常写成：你院受理的________一案，由于该案件的处理结果与申请人有法律上的利害关系，根据《中华人民共和国民事诉讼法》第五十六条规定，申请人要求以第三人的身份参加诉讼，支持（原告或被告）的诉讼请求。

（3）事实与理由

该部分主要是陈述为何要参与诉讼。其中，事实和理由都要写清楚、透彻。并写明支持原告（被告）一方的请求事项。

（4）尾部及附项

致送人民法院名称；申请人签名，申请人为法人或其他组织的，应加盖单位公章，并由其法定代表人签名；注明申请日期；有附项的附上相关证据及材料。

（二）法律依据

《中华人民共和国民事诉讼法》

第五十六条　对当事人双方的诉讼标的，第三人认为有独立请求权的，有权提起诉讼。

对当事人双方的诉讼标的，第三人虽然没有独立请求权，但案件处理结果同他有法律上的利害关系的，可以申请参加诉讼，或者由人民法院通知他参加诉讼。人民法院判决承担民事责任的第三人，有当事人的诉讼权利义务。

前两款规定的第三人，因不能归责于本人的事由未参加诉讼，但有证据证明发生法律效力的判决、裁定、调解书的部分或者全部内容错误，损害其民事权益的，可以自知道或者应当知道其民事权益受到损害之日起六个月内，向作出该判决、裁定、调解书的人民法院提起诉讼。人民法院经审理，诉讼请求成立的，应当改变或者撤销原判决、裁定、调解书；诉讼请求不成立的，驳回诉讼请求。

（三）范本下载

第三人参加诉讼申请书

申请人：

你院受理的________一案，由于该案件的处理结果与申请人有法律上的利害关系，根据《中华人民共和国民事诉讼法》第五十六条规定，申请人要求以第三人的身份参加诉讼，支持________（原告或被告）的诉讼请求。

事实与理由：

____

［写明支持原告（被告）一方的请求事项］

此致

________人民法院

申请人：

年　月　日

附：相关证据材料。

（四）实例演示

2018年年底，陈某刊登出广告欲转让其所有的三间门面房，该门面房现由潘某、王某租赁使用。李某得知后，遂与陈某协商了转让事宜，2019年2月，双方达成并签订转让协议。陈某将门面房转让给李某，李某一次性向陈某支付转让费20万元。双方在转让协议中规定，该门面房由李某在转让协议签订后1个月内与潘某、王某另行签订房屋租赁协议。

而当李某去与潘某、王某另行签订房屋租赁协议时，潘某、王某拒不签订，并阻挠李某的经营，李某被迫于2019年9月底退出门面房，无奈向陈某提出撤销门面房的转让合同，请求退还转让费。但陈某面对大额资金，难以支付，仅退还申请人小部分转让费并表示会尽快退还剩余部分转让费。现陈某起诉潘、王二人，告二人对其转让门面房进行变相的阻挠，要求解除租赁合同。李某得知后，想到该案的处理结果关系到他的债权是否能够实现，于是想以第三人的身份申请参加诉讼。

第三人参加诉讼申请书

申请人：李某，男，35岁，汉族，××省××市人，住××市××县×路×号，电话：×××××××××。

你院受理原告陈某诉被告潘某、王某房屋租赁协议纠纷一案，由于该案件处理结果与申请人有法律上的利害关系，根据《中华人民共和国民事诉讼法》第五十六条之规定，申请人要求以第三人身份参加诉讼，支持原告陈某的诉讼请求。

事实与理由：

原告陈某在某市某路有门面房三间，该门面房由被告潘某、王某租赁使用。2018年年底，原告陈某刊登出广告欲转让门面房，申请人得知后遂与原告协商转让事宜，2019年2月，双方达成并签订转让协议。原告将门面房转让给申请人，申请人一次性向原告支付转让费20万元。申请人按与原告转让协议中的规定，去与被告人潘某、王某另行签订房屋租赁协议，但被告拒不与申请人签订租赁协议，并阻挠申请人经营，申请人被迫于2019年9月底退出门面房，申请人无奈向原告提出撤销门面房的转让合同，请求退还转让费。但原告面对大额资金，难以支付，仅退还申请人小部分转让费。原告表示会尽快退还剩余部分转让费。

现原告已向被告起诉，申请人认为该案的处理结果关系到申请人的债权是否能够实现，故此，向贵院申请以第三人身份参加诉讼，请求法院支持原告陈某的诉讼请求。

此致

××市××区人民法院

申请人：李某

×年×月×日

附：陈某出具的欠条1份。

（五）特别提醒

1. 这里的第三人参加诉讼申请书主要适用于没有独立请求权的第三人，因为有独立请求权的第三人可以直接提起诉讼。

2. 有独立请求权的第三人也可以申请方式参与到诉讼中去，但其申请书的写法相当于起诉书，只是当事人的基本情况只写申请人的，且在正文开头常写的是："原告×××诉被告×××……一案贵院已受理（正在审理中），对于原告和被告的诉讼标的，申请人认为有独立请求权，依据《民事诉讼法》第五十六条之规定，现申请参加诉讼。"其余的内容见起诉状部分，不再赘述。

3. 诉讼第三人是指对他人之间的诉讼标的有独立请求权，或者虽无独立请求权，但案件的处理结果与其有法律上的利害关系，为了维护自己的合法权益而参加到他人之间已开始的诉讼中去的诉讼参加人。依据诉讼第三人参加诉讼的根据，可将诉讼第三人分为有独立请求权的第三人与无独立请求权的第三人。其中，有独立请求权的第三人是指在他人的诉讼开始后，对他人之间的诉讼标的提出独立请求权的诉讼参加人；无独立请求权的第三人是指对他人正在进行的诉讼的诉讼标的不能主张独立的请求权，但其与案件的处理结果有法律上的利害关系，为了维护自己的利益而参加到诉讼中去的诉讼参加人。

十三、增加诉讼请求申请书

（一）基本知识

1. 什么是增加诉讼请求申请书？

增加诉讼请求申请书，是指原告向人民法院提起诉讼以后，发现原诉状的诉讼请求不全面，不能满足自己的要求，因而向人民法院提出申请，请求增加诉讼请求的文书。

2. 增加诉讼请求申请书包括哪些基本内容？

（1）首部

①标题：写"增加诉讼请求申请书"。

②申请人基本情况：申请人是公民的，应当写明姓名、性别、出生年月日、民族、籍贯、职业（或工作单位和职务）、住址；当事人是法人、其他组织的，应当写明其名称、所在地址、法定代表人（或代表人）的姓名、职务和联系电话。如果公民系无诉讼行为能力人，则应由其法定代理人代为提出申请，除写明基本情况外，还应注明与被代理人的关系。

（2）增加诉讼请求事项

增加诉讼请求，是对原诉状的补充。如果原诉讼请求不全面，则应表明原诉状是怎么要求的，现在补充哪些内容，如果原诉状有遗漏，则应将被遗漏的要求具体写明。有多个请求的须分项列出。

（3）事实与理由

应围绕新补充的诉讼请求来写，注意不要与原诉状重复。应针对增加的请求写明事实。记叙事实时，也应将纠纷事实发生的时间、地点、原因、经过、结局表述清楚。

（4）证据和证据来源

本部分也可以在主要事实之后，用括号注明。即可以不另作为一项内容。

(5) 尾部及附项

致送人民法院名称；申请人签名，申请人为法人或其他组织的，应加盖单位公章，并由其法定代表人签名；注明申请日期；附项附上相关证据及材料。

(二) 法律依据

《中华人民共和国民事诉讼法》

第一百四十条 原告增加诉讼请求，被告提出反诉，第三人提出与本案有关的诉讼请求，可以合并审理。

(三) 范本下载

增加诉讼请求申请书

申请人：(基本情况)
委托代理人：
增加诉讼请求事项：

事实与理由：

证据和证据来源：(此部分也可以在主要事实之后，用括号注明)

此致
________人民法院

申请人：
年 月 日

附：申请书副本____份。
证据材料____份。

(四) 实例演示

2019年8月5日下午1时许，原告黄某从被告的车门口骑电动车经过，恰巧被告开门，致使原告被撞倒地，造成严重脑震荡，住院1个月。为此花去医疗费、营养费等若干，耽误工作1个多月。原告在起诉时，诉讼请求部分没有写请求被告支付误工费人民币3000元。现在欲申请增加诉讼请求。

增加诉讼请求申请书

申请人：孙某，男，×年×月×日出生，汉族，住所地：××市××县×路×号，电话：×××××××××。

委托代理人：林某，××市××律师事务所律师，电话：×××××××××。

增加诉讼请求事项：

请求判令被告赔偿原告误工费3000元。

事实与理由：

2019年8月5日下午1时许，原告黄某从被告的车门口骑电动车经过，恰巧被告开门，致使原告被撞倒地，造成严重脑震荡，住院1个月。为此耽误工作1个多月。由此造成的误工费人民币3000元。被告应给予原告误工费3000元。

证据：原告黄某单位开具的收入证明。

现根据《中华人民共和国民事诉讼法》第一百四十条的规定，特向法院申请增加前列诉讼请求，请求法院合并审理。

此致

××市××区人民法院

申请人：孙某

×年×月×日

附：1. 申请书副本1份。

2. 原告黄某单位开具的收入证明1份。

（五）特别提醒

1. 应当采用书面形式，以便于人民法院附卷归档。

2. 申请书应向原起诉状受诉的人民法院提出。

3. 递交申请书的时间应当在人民法院立案之后，作出判决之前提出。否则，可以另行起诉，作另案处理。

十四、证人出庭申请书

（一）基本知识

1. 什么是证人出庭申请书？

证人出庭申请书，是指当事人向法庭递交的请求证人出庭作证的法律文书。

2. 证人出庭申请书包括哪些基本内容？

（1）首部

①标题：写“证人出庭申请书”。

②申请人基本情况：申请人基本情况这一部分主要是申请人和被申请人的基本情况。申请人是公民的，应当写明姓名、性别、出生年月日、民族、籍贯、职业（或工作单位和职务）、住址；当事人是法人、其他组织的，应当写明其名称、所在地址、法定代表人（或代表人）的姓名、职务和联系电话。

（2）请求事项

这部分须将案由、证人的姓名、证明什么写清楚。一般可写成：申请证人某某对某某等情况等证明事项出庭作证；请求人民法院准予某某在某某案中作为证人出庭作证。

（3）事实与理由

该部分主要是陈述为何要证人出庭作证，说明证人对案件了解，体现证人出庭作证之必要。

（4）尾部

致送人民法院名称；申请人签名，申请人为法人或其他组织的，应加盖单位公章，并由其法定代表人签名；注明申请日期。

（二）法律依据

《中华人民共和国民事诉讼法》

第七十二条　凡是知道案件情况的单位和个人，都有义务出庭作证。有关单位的负责人应当支持证人作证。

不能正确表达意思的人，不能作证。

《最高人民法院关于民事诉讼证据的若干规定》

第六十七条　不能正确表达意思的人，不能作为证人。

待证事实与其年龄、智力状况或者精神健康状况相适应的无民事行为能力人和限制民事行为能力人，可以作为证人。

第六十八条　人民法院应当要求证人出庭作证，接受审判人员和当事人的询问。证人在审理前的准备阶段或者人民法院调查、询问等双方当事人在场时陈述证言的，视为出庭作证。

双方当事人同意证人以其他方式作证并经人民法院准许的，证人可以不出庭作证。

无正当理由未出庭的证人以书面等方式提供的证言，不得作为认定案件事实的根据。

第六十九条　当事人申请证人出庭作证的，应当在举证期限届满前向人民法院提交申请书。

申请书应当载明证人的姓名、职业、住所、联系方式，作证的主要内容，作证内容与待证事实的关联性，以及证人出庭作证的必要性。

符合《最高人民法院关于适用〈中华人民共和国民事诉讼法〉的解释》第九十六条第一款规定情形的，人民法院应当依职权通知证人出庭作证。

第七十条　人民法院准许证人出庭作证申请的，应当向证人送达通知书并告知双方当事人。通知书中应当载明证人作证的时间、地点，作证的事项、要求以及作伪证的法律后果等内容。

当事人申请证人出庭作证的事项与待证事实无关，或者没有通知证人出庭作证必要的，人民法院不予准许当事人的申请。

第七十二条　证人应当客观陈述其亲身感知的事实，作证时不得使用猜测、推断或者评论性语言。

证人作证前不得旁听法庭审理，作证时不得以宣读事先准备的书面材料的方式陈述证言。

证人言辞表达有障碍的，可以通过其他表达方式作证。

第七十四条　审判人员可以对证人进行询问。当事人及其诉讼代理人经审判人员许可后可以询问证人。

询问证人时其他证人不得在场。

人民法院认为有必要的，可以要求证人之间进行对质。

第七十五条　证人出庭作证后，可以向人民法院申请支付证人出庭作证费用。证人有困难需要预先支取出庭作证费用的，人民法院可以根据证人的申请在出庭作证前支付。

（三）范本下载

证人出庭申请书

申请人：
被申请人：
请求事项：

____

____

事实与理由：

____

____

此致

____________人民法院

申请人：
年　月　日

（四）实例演示

一天中午，周某像往常一样下班回家，当其行至一居民楼的时候，突然有一酒瓶从三楼的某住户中抛出，该酒瓶正好砸到了周某。此事恰好被路过的吴某碰见，于是吴某将周某送往社区医院。周某为此花去医疗费300元。事后，周某寻找到该三楼的某住户，索要医疗费，但该住户的主人高某矢口否认。周某无奈，诉至法院。为证明周某的伤是楼上抛弃酒瓶所致，周某向法院申请了吴某作为证人出庭作证。

证人出庭申请书

申请人：周某，男，×年×月×日出生，汉族，住所地：××市××县×路×号，电话：×××××××××。

被申请人：吴某，女，×年×月×日出生，汉族，住所地：××市××县×路×号，电话：×××××××××。

请求事项：

请求人民法院准予吴某在周某诉高某人身侵权案中作为证人出庭作证。

事实与理由：

在周某诉高某人身侵权案中，因吴某目击了申请人被酒瓶砸伤的全过程，并在事后将申请人送往医院治疗，且吴某愿意出庭作证。故根据《最高人民法院民事诉讼证据的若干规定》的有关规定，向贵院提出申请请求吴某作为证人出庭作证。

此致

××人民法院

申请人：周某

×年×月×日

（五）特别提醒

我们在申请证人出庭作证时应注意以下几个问题：

1. 申请出庭作证的证人必须是知晓案件的事实经过且能正确表达自己意志的人，如果证人是无民事行为能力人或限制民事行为能力人，所证明的事实必须与其年龄、智力状况或精神状况相适应。

2. 申请证人出庭作证，应当在举证期限届满10日前提出，并经人民法院的许可。且该期间是一不变期间，不会产生中断、中止、延长的情形。

3. 要动员证人出庭作证，而不能只提供证人的书面证言。要尽量防止证人临时拒绝出庭作证而带来的不利后果。

4. 在证人确有困难不能出庭作证的情况下，要及时向人民法院举出证人确有困难的证据，并提交证人的书面证言。

5. 不得指使或以其他方法暗示证人作伪证。否则，不但不能达到目的，而且还有可能面临民事制裁甚至是刑事制裁。

十五、先予执行申请书

（一）基本知识

1. 什么是先予执行申请书？

先予执行申请书，是指原告因生活或其他方面急需，在案件起诉后判决前要求人民法院责令被告预先给付一定数额（量）款项时使用的文书。

2. 先予执行申请书包括哪些基本内容？

（1）首部

①标题：写“先予执行申请书”。

②申请人基本情况：申请人基本情况这一部分主要是申请人和被申请人的基本情况。申请人是公民的，应当写明姓名、性别、出生年月日、民族、籍贯、职业（或工

作单位和职务）、住址；当事人是法人、其他组织的，应当写明其名称、所在地址、法定代表人（或代表人）的姓名、职务和联系电话。

（2）请求事项

将申请人要求先予执行的标的名称、数额（量）及给付方式写清楚。

（3）事实与理由

写明急需先予执行的事实，说明申请人对于被申请人并无对待给付的义务；申请理由，着重提出被申请人必须先行给付的事实根据。

（4）尾部及附项

致送人民法院名称；申请人签名，申请人为法人或其他组织的，应加盖单位公章，并由其法定代表人签名；注明申请日期；附项附上相关证据及材料。

（二）法律依据

《中华人民共和国民事诉讼法》

第一百零六条　人民法院对下列案件，根据当事人的申请，可以裁定先予执行：

（一）追索赡养费、扶养费、抚育费、抚恤金、医疗费用的；

（二）追索劳动报酬的；

（三）因情况紧急需要先予执行的。

第一百零七条　人民法院裁定先予执行的，应当符合下列条件：

（一）当事人之间权利义务关系明确，不先予执行将严重影响申请人的生活或者生产经营的；

（二）被申请人有履行能力。

人民法院可以责令申请人提供担保，申请人不提供担保的，驳回申请。申请人败诉的，应当赔偿被申请人因先予执行遭受的财产损失。

第一百零八条　当事人对保全或者先予执行的裁定不服的，可以申请复议一次。复议期间不停止裁定的执行。

（三）范本下载

先予执行申请书

申请人：

被申请人：

上列当事人间，因________纠纷，于________年________月________日向你院起诉在案，现因____________________为此申请裁定先予执行。

请求事项：____

事实与理由：____

此致

×××人民法院

申请人：
年　月　日

附：有关证据材料。

（四）实例演示

王某是一搬运工，一天王某在搬运麻袋的时候被飞奔而来的张某撞伤，造成膝盖破碎。为此住院做了第一次手术花去大额医疗费，并在等待第二次手术，且有可能落下残疾。张、王两人为解决此事对簿公堂。由于王某生活拮据，无力再支付大额医疗费，其欲向法院申请先予执行。

先予执行申请书

申请人：王某，男，×年×月×日出生，汉族，搬运工，住××市××县×路×号，电话：×××××××××。

被申请人：张某，男，×年×月×日出生，汉族，住××市××县×路×号，电话：×××××××××。

请求事项：裁定被申请人先行给付申请人医疗费直至申请人治疗终结之日。

事实与理由：申请人诉被申请人人身损害赔偿纠纷一案已经由贵院受理，但申请人目前尚未康复，仍需再次动手术治疗。因申请人经济困难，且被申请人也未先行给付医疗费，高额的医疗费使申请人无力承受，故根据《中华人民共和国民事诉讼法》第一百零六条的规定向贵院申请先予执行。

此致

×××人民法院

申请人：王某
×年×月×日

附：已有的医疗费用单据。
　　医院开具的需二次手术的证明。

（五）特别提醒

我国《民事诉讼法》对可以先予执行的情况有着严格的规定，当事人必须按照法律的规定进行申请，否则是不能获得批准的。

十六、民事撤诉申请书

（一）基本知识

1. 什么是民事撤诉申请书？

民事撤诉申请书，是指民事案件中原告在依法提起诉讼之后，人民法院判决之前，基于某种原因向人民法院撤回诉讼的书面申请。

2. 民事撤诉申请书包括哪些基本内容？

（1）首部

①标题：写“民事撤诉申请书”。

②申请人基本情况：申请人基本情况这一部分主要是申请人和被申请人的基本情况。申请人是公民的，应当写明姓名、性别、出生年月日、民族、籍贯、职业（或工作单位和职务）、住址；当事人是法人、其他组织的，应当写明其名称、所在地址、法定代表人（或代表人）的姓名、职务和联系电话。

（2）申请事项

撤回申请人与被申请人________一案的起诉。

空格处填写的是什么性质的案件。对于下述案例应写为：撤回申请人与被申请人离婚纠纷一案的起诉。

（3）正文

简要说明起诉时间和案件的性质（即什么案件），然后陈述为何要撤诉，写明撤诉理由，最后请求准予撤诉。现实生活中当事人撤诉原因多种多样，如双方经协商达成和解，对方当事人主动履行义务，上诉人愿意服从原裁判，等等。

（4）尾部及附项

致送人民法院名称；申请人签名，申请人为法人或其他组织的，应加盖单位公章，并由其法定代表人签名；注明申请日期；有附项的附上相关证据及材料。

（二）法律依据

《中华人民共和国民事诉讼法》

第一百四十五条　宣判前，原告申请撤诉的，是否准许，由人民法院裁定。

人民法院裁定不准许撤诉的，原告经传票传唤，无正当理由拒不到庭的，可以缺席判决。

（三）范本下载

民事撤诉申请书

申请人：

被申请人：

请求事项：

____

事实与理由：

____

____

此致

________人民法院

申请人：

年　月　日

附：有关证据及材料。

（四）实例演示

关某与钱某是一对夫妻，由于丈夫钱某极其好赌，不顾家人的反对，输掉了家里不少钱，关某无奈，向钱某提出了离婚，钱某不肯，于是关某提起了离婚诉讼。钱某怕染上官司，同意了与关某协议离婚。现关某欲撤回起诉。

民事撤诉申请书

申请人：关某，女，×年×月×日出生，汉族，住所地：××市××县×路×号，电话：×××××××××。

被申请人：钱某，男，×年×月×日出生，汉族，住所地：××市××县×路×号，电话：×××××××××。

申请事项：

撤回申请人与被申请人离婚纠纷一案的起诉。

事实与理由：

申请人于20××年×月×日向贵院起诉与被申请人离婚纠纷一案，因申请人与被申请人已通过协议离婚，子女和财产问题业已妥善处理，现决定撤回起诉，请求贵院予以准许。

此致

××××人民法院

申请人：关某

×年×月×日

（五）特别提醒

1. 撤诉的理由部分是撤诉申请书的主要内容，首先该理由应符合法律的规定和社会良俗，其次就是要把该理由写清楚，所用语言不可含混不清，模棱两可。

2. 如果起诉或上诉时附送证据，需要请求发还的，应在撤诉请求与理由后注明退还证据。

3. 撤诉申请是否发生终结诉讼的法律效力，由人民法院审查后作出裁定。

十七、支付令申请书

（一）基本知识

1. 什么是支付令申请书？

支付令，是指人民法院依照民事诉讼法规定的督促程序，根据债权人的申请，向债务人发出的限期履行给付金钱或有价证券的法律文书。债权人对拒不履行义务的债务人，可以直接向有管辖权的基层人民法院申请发布支付令，通知债务人履行债务。

那么，支付令申请书是指以给付金钱或有价证券为标的的债权人，向人民法院提交的，请求法院依法定程序发出支付令，督促债务人限期偿还债务的法律文书。

申请支付令要符合下列条件：

（1）请求债务人给付金钱或有价证券；

（2）请求给付的金钱或有价证券已到期且数额确定，并写明了请求所根据的事实和证据；

（3）债权人与债务人没有其他债务纠纷；

（4）支付令能够送达债务人。

债务人在收到支付令之日起15日内不提出异议又不履行支付令的，债权人可直接申请人民法院强制执行。

2. 支付令申请书包括哪些基本内容？

（1）首部

①标题：写“支付令申请书”。

②申请人基本情况：申请人基本情况这一部分主要是申请人和被申请人的基本情况。申请人是公民的，应当写明姓名、性别、出生年月日、民族、籍贯、职业（或工作单位和职务）、住址；当事人是法人、其他组织的，应当写明其名称、所在地址、法定代表人（或代表人）的姓名、职务和联系电话。

（2）请求事项

一般写为：请求人民法院发出支付令：督促被申请人偿还____________（空格处写明要钱款或有价证券的数额）。

（3）事实与理由

该部分主要是陈述为何要向法院申请支付令，简要阐述背景事实，如存在借款合同、借款已经到期、债务人不予清偿，等等。

（4）尾部及附项

致送人民法院名称；申请人签名，申请人为法人或其他组织的，应加盖单位公章，并由其法定代表人签名；注明申请日期；附项附上相关证据及材料。

（二）法律依据

《中华人民共和国民事诉讼法》

第二百一十四条　债权人请求债务人给付金钱、有价证券，符合下列条件的，可以向有管辖权的基层人民法院申请支付令：

（一）债权人与债务人没有其他债务纠纷的；

（二）支付令能够送达债务人的。

申请书应当写明请求给付金钱或者有价证券的数量和所根据的事实、证据。

第二百一十五条　债权人提出申请后，人民法院应当在五日内通知债权人是否受理。

第二百一十六条第一款　人民法院受理申请后，经审查债权人提供的事实、证据，对债权债务关系明确、合法的，应当在受理之日起十五日内向债务人发出支付令；申请不成立的，裁定予以驳回。

（三）范本下载

支付令申请书

申请人：
被申请人：
请求事项：

____

____

事实与理由：

____

____

此致
________人民法院

申请人：
年　月　日

附：有关证据及材料。

（四）实例演示

2017 年 5 月 10 日，沈某因买货车跑运输向孙某借取 5 万元人民币。借款期限约定为两年，两年期到，沈某没有还款，经孙某多次催讨，沈某总是以这两年跑运输不挣钱、又要供儿子上大学等种种借口不还钱。孙某无奈，决定向人民法院申请支付令。

支付令申请书

申请人：孙某，男，×年×月×日出生，汉族，住××市××县×路×号，电话：×××××××××。

被申请人：沈某，男，×年×月×日出生，汉族，住××市××县×路×号，电话：×××××××××。

请求事项：

请求人民法院发出支付令：督促被申请人偿还人民币5万元。

事实与理由：

2017年5月10日，被申请人沈某因买货车跑运输向申请人借取5万元人民币。借款期限约定为两年，两年期到，被申请人没有还款，经申请人多次催讨，被申请人总是以这两年跑运输不挣钱、又要供儿子上大学等种种借口不还钱。目前可以看出，被申请人事实上没有还款的意思。

基于以上事实，根据《中华人民共和国民事诉讼法》第二百一十四条规定，请求人民法院依法向被申请人发出支付令，督促被申请人沈某立即偿还人民币5万元整。

此致

××市××区人民法院

申请人：孙某

×年×月×日

附：双方于××年×月×日签订的借款合同。

（五）特别提醒

1. 只有债权人才有权向法院申请支付令。

2. 只适用于债权人要求债务人给付金钱、有价证券的案件。要求债务人给付特定物、返还建筑物、为一定行为的案件，都不能申请支付令。

3. 要求债权人对债务人不负有对等给付的义务，或者对等给付义务已经履行完毕；或者债权人与债务人之间虽然另有债权关系，但按其性质，不能与债权人的权利发生抵销。

4. 债权人申请支付令，必须向有管辖权的人民法院提出申请。

十八、支付令异议书

（一）基本知识

1. 什么是支付令异议书？

支付令异议书，是指在督促程序中，债务人收到人民法院发出的支付令后，对支付令提出不同意见，向法院提交的，明确表示其不履行债权人所请求内容的法律文书。

债务人对支付令的异议不需要提出任何理由，也不需要举证证明，只要表明异议的态度，并符合法律规定的提出条件，异议即成立。

2. 支付令异议书包括哪些基本内容？

（1）首部

①标题：写“支付令异议书”。

②异议人基本情况：异议人是公民的，应当写明姓名、性别、出生年月日、民族、籍贯、职业（或工作单位和职务）、住址；异议人是法人、其他组织的，应当写明其名称、所在地址、法定代表人（或代表人）的姓名、职务和联系电话。

（2）异议事项

明确表示拒绝支付令所要求其履行的给付义务，并请求法院终结督促程序。

（3）事实与理由

这部分着重阐明异议人提出异议的事实根据。可以首先叙述支付令所涉债权债务关系发生、存在的具体情况，然后陈述其不履行债务的原因。并依照法律有关规定，提出支付令异议。申请人可以对全部债权债务关系提出异议，也可以对部分债权债务关系提出异议，既可以对此债提出异议，又可以提出债权人对其负有其他债务关系。

（4）尾部及附项

致送人民法院名称；异议人签名，异议人为法人或其他组织的，应加盖单位公章，并由其法定代表人签名；注明日期；附项附上相关证据及材料。

（二）法律依据

《中华人民共和国民事诉讼法》

第二百一十六条第二款、第三款　债务人应当自收到支付令之日起十五日内清偿债务，或者向人民法院提出书面异议。

债务人在前款规定的期间不提出异议又不履行支付令的，债权人可以向人民法院申请执行。

第二百一十七条第一款　人民法院收到债务人提出的书面异议后，经审查，异议成立的，应当裁定终结督促程序，支付令自行失效。

（三）范本下载

支付令异议书

异议人：

异议事项：裁定终止支付令效力，终结督促程序。

事实与理由：

____

基于上述事实，异议人与申请人间＿＿＿＿＿＿，故根据《中华人民共和国民事诉讼法》的有关规定，对××区人民法院发出的（××××）×字×号支付令提出异议，请依法裁断，终止支付令效力，终结督促程序。

此致

＿＿＿＿人民法院

异议人：

年　月　日

附：有关证据及材料。

（四）实例演示

我们连接到上节支付令申请书的案例，孙某向人民法院申请支付令，法院依法向被申请人沈某发出了支付令。沈某称孙某在一次购买和田玉的时候向其借款46000元，至今未还，且有孙某亲自书写的借条为证。于是向法院提交了支付令异议书。

支付令异议书

异议人：沈某，男，×年×月×日出生，汉族，住××市××县×路×号，电话：×××××××××。

异议事项：裁定终止支付令效力，终结督促程序。

事实与理由：

2017年5月10日，异议人沈某确因买货车跑运输向孙某借取5万元人民币。借款期限约定为两年。但在2018年12月，沈某与孙某结伴去新疆旅游时，孙某看中了一块价值46000元的和田玉，因其钱款不够，而刷了异议人沈某的银行卡。孙某在事后亲笔写下欠条，称日后回到家乡即还钱。而今孙某回返家乡已久，但欠异议人的46000元至今未还。

基于上述事实，异议人与申请人间存在其他债务关系，故根据《中华人民共和国民事诉讼法》的有关规定，对××区人民法院发出的（××××）×字×号支付令提出异议，请依法裁断，终止支付令效力，终结督促程序。

此致

××市××区人民法院

异议人：沈某

×年×月×日

附：孙某出具的借条。

（五）特别提醒

1. 异议人必须在从收到支付令之日起15日内向人民法院提出书面异议，若在此期间因出现不可抗力等客观原因而延误期间，可申请法院顺延；

2. 支付令申请人请求其为给付的债务人及其法定代理人、经特别授权的委托代理人以及被请求承担实体责任的无独立请求权第三人有权提出异议；

3. 债务人提出异议的内容，必须对应债权人的请求，如果债务人对债务本身没有异议，仅表示缺乏清偿能力，则异议不成立；

4. 支付令异议书必须向发出支付令的人民法院提出。

十九、强制执行申请书

（一）基本知识

1. 什么是强制执行申请书？

强制执行申请书，是指生效法律文书中的权利人，在义务人不履行法律确定其应承担的义务时，向人民法院提交的，请求强制义务人履行义务，以实现自己权利的法律文书。申请执行权是当事人享有的重要权利，是民事诉讼程序中保障民事纠纷实体权利人最终实现其权利的表现。

强制执行，是指人民法院按照执行根据，运用国家司法执行权，依据执行程序强制义务人履行义务，以实现生效法律文书的诉讼活动。

2. 强制执行申请书包括哪些基本内容？

（1）首部

①标题：写“强制执行申请书”。

②申请执行人基本情况：申请执行人基本情况这一部分主要是申请执行人和被申请执行人的基本情况。申请执行人是公民的，应当写明姓名、性别、出生年月日、民族、籍贯、职业（或工作单位和职务）、住址；申请执行人是法人、其他组织的，应当写明其名称、所在地址、法定代表人（或代表人）的姓名、职务和联系电话。

（2）请求事项

这部分必须写明确、具体。有多个请求的须分项列出。

（3）事实与理由

首先写明案由及案件审结情况，简要阐述作为执行根据的生效法律文书的基本内容，说明被申请人应履行的义务，然后写明被申请人拒不履行法律文书所确认的义务的情况（如知道被申请人可供强制执行的财产状况，则应写明其经济收入、现有财产状况）。最后根据有关法律的规定，向人民法院提出强制执行的申请。

（4）尾部及附项

致送人民法院名称；申请执行人签名，申请执行人为法人或其他组织的，应加盖单位公章，并由其法定代表人签名；注明申请日期；附项附上执行根据的生效法律文书，以及其他相关证据材料，如被申请执行人财产状况证明、被申请执行人未履行义务的证明材料等。

（二）法律依据

《中华人民共和国民事诉讼法》

第二百三十六条　发生法律效力的民事判决、裁定，当事人必须履行。一方拒绝履行的，对方当事人可以向人民法院申请执行，也可以由审判员移送执行员执行。

调解书和其他应当由人民法院执行的法律文书，当事人必须履行。一方拒绝履行的，对方当事人可以向人民法院申请执行。

第二百三十七条第一款　对依法设立的仲裁机构的裁决，一方当事人不履行的，对方当事人可以向有管辖权的人民法院申请执行。受申请的人民法院应当执行。

第二百三十八条第一款　对公证机关依法赋予强制执行效力的债权文书，一方当事人不履行的，对方当事人可以向有管辖权的人民法院申请执行，受申请的人民法院应当执行。

第二百三十九条　申请执行的期间为二年。申请执行时效的中止、中断，适用法律有关诉讼时效中止、中断的规定。

前款规定的期间，从法律文书规定履行期间的最后一日起计算；法律文书规定分期履行的，从规定的每次履行期间的最后一日起计算；法律文书未规定履行期间的，从法律文书生效之日起计算。

（三）范本下载

强制执行申请书

申请执行人：
被申请执行人：
请求事项：

____

____

事实与理由：

____

____

此致

________人民法院

申请执行人：

年　月　日

附：有关证据及材料。

（四）实例演示

2018 年 7 月 8 日，赵某因做生意需要本钱，向李某借取 10 万元人民币，借款期限约定为一年，一年期到，赵某没有还款，经李某多次催讨，赵某还是以种种借口不还钱，甚至出门躲避李某的追讨。于是李某决定将赵某告上法庭。法院经审理判决赵某向李某偿还人民币 10 万元，并支付逾期利息。然而，李某虽打赢了官司，但赵某还是不还钱，李某无奈，向法院申请强制执行。

强制执行申请书

申请执行人：李某，男，×年×月×日出生，汉族，住××市××县×路×号，电话：×××××××××。

被申请执行人：赵某，男，×年×月×日出生，汉族，住××市××县×路×号，电话：×××××××××。

请求事项：

1. 强制被执行人履行×××××人民法院 2020 年×月×日作出的（2020）×民初字第×××号民事判决所确定的义务；

2. 加倍支付迟延履行该判决确定义务期间的债务利息；

3. 承担本案申请执行费用。

事实与理由：

申请执行人李某与被执行人赵某借款合同纠纷一案，贵院已作出（2020）×民初字第×××号民事判决。根据该判决，被执行人应于该判决生效后十日内偿还申请执行人借款本金 10 万元人民币及借款合同到期后的利息（合同期内按无息计算，合同到期后的利息按中国人民银行规定的逾期贷款利率计算）、案件受理费×××元，合计××××××元，均由被执行人负担。该判决已于 2020 年×月×日向被执行人送达，且已经生效，但被执行人并未履行判决书确定的义务。

根据《中华人民共和国民事诉讼法》第二百五十三条的规定：“被执行人未按判决、裁定和其他法律文书指定的期间履行给付金钱义务的，应当加倍支付迟延履行期间的债务利息。被执行人未按判决、裁定和其他法律文书指定的期间履行其他义务的，应当支付迟延履行金。”被执行人应当加倍支付迟延履行期间的债务利息。

为维护申请执行人的合法权益，特依法提出以上请求，请人民法院依法强制被执行人赵某履行生效的判决所确定的义务。

此致

××人民法院

申请执行人：李某

×年×月×日

附：判决书 1 份。

（五）特别提醒

1. 申请强制执行所依据的生效法律文书的内容要阐述清楚，特别是被申请执行人应履行义务的具体事项都应阐明。

2. 申请人执行必须是生效法律文书中确定的实体权利享有人或者是其权利承受人，如已死亡的实体权利人的继承人。

二十、执行异议申请书

（一）基本知识

1. 什么是执行异议申请书？

执行异议，是指人民法院在民事案件执行过程中，案外人对被执行的财产的全部或一部分主张权利并要求人民法院停止并变更执行的请求。而执行异议申请书则是其向法院递交的相应法律文书。

2. 执行异议申请书包括哪些基本内容？

（1）首部

①标题：写“执行异议申请书”。

②申请人基本情况：申请人是公民的，应当写明姓名、性别、出生年月日、民族、籍贯、职业（或工作单位和职务）、住址；当事人是法人、其他组织的，应当写明其名称、所在地址、法定代表人（或代表人）的姓名、职务和联系电话。

（2）请求事项

这部分必须写明确、具体。有多个请求的须分项列出。

（3）事实与理由

该部分主要是陈述提出异议的原因，说明案件执行标的（指物品、财产或某种行为）属于自己或者是案件的执行给自己的合法权利造成什么样的影响等。

（4）尾部及附项

致送人民法院名称；申请人签名，申请人为法人或其他组织的，应加盖单位公章，并由其法定代表人签名；注明申请日期；附项附上相关证据及材料。

（二）法律依据

《中华人民共和国民事诉讼法》

第二百二十七条　执行过程中，案外人对执行标的提出书面异议的，人民法院应当自收到书面异议之日起十五日内审查，理由成立的，裁定中止对该标的的执行；理由不成立的，裁定驳回。案外人、当事人对裁定不服，认为原判决、裁定错误的，依照审判监督程序办理；与原判决、裁定无关的，可以自裁定送达之日起十五日内向人民法院提起诉讼。

（三）范本下载

执行异议申请书

申请人：

请求事项：

____

事实与理由：

____

此致

________人民法院

申请人：

年　月　日

附：有关证据及材料。

（四）实例演示

陈某与庞某是同胞兄弟，二人一个随父姓，一个随母姓。二人的父亲去世时，留下遗嘱，将一块贵重玉佩留给二人。陈某长年在外地打工，很少回家。玉佩平时就由庞某收藏。2018 年，庞某做生意借了一大笔钱，而后未偿还，债权人郑某将其告上法庭。庞某输了官司后，还是未支付钱款，债权人郑某向法院申请了强制执行，并告之法院庞某有一块价值可观的玉佩。陈某得知后，向法院提出了执行异议。

执行异议申请书

申请人：

陈某，男，×年×月×日出生，汉族，住××市××区×路×号，电话：××××××××。

请求事项：

庞某与郑某纠纷一案，业经××人民法院一审判决终结，现已进入执行程序。债权人郑某向法院申请强制执行的玉佩实际上是归申请人与庞某共同所有之物。贵院的强制执行行为，剥夺了申请人的合法权利，特提出异议。

事实与理由：

申请人与庞某是同胞兄弟，二人一个随父姓，一个随母姓。父亲去世后，留下了一块贵重玉佩给我们。由于申请人长年在外地打工，很少回家。玉佩平时就由庞某收藏保管。庞某的债权人郑某得知庞某处有玉佩，向贵院申请了强制执行，现贵院接受了郑某的申请，正在对玉佩进行强制执行。根据相关法律的规定，这侵犯玉佩其他共有人（即申请人）的所有权。

据此，申请人请求贵院立即停止评估、拍卖程序，以保障申请人的合法权利。

此致

××××区人民法院

申请人：陈某

×年×月×日

附：父亲陈某的遗嘱1份。

（五）特别提醒

1. 有权提出执行异议的主体必须是案外人，而不能是当事人。

2. 必须是案外人对执行标的主张自己的权利。

3. 执行异议必须在执行程序结束之前提出，如果执行程序已经结束，案外人再提出异议的，则属于新的争议，应通过新的诉讼程序解决。

二十一、减、免、缓交诉讼费用申请书

（一）基本知识

1. 什么是减、免、缓交诉讼费用申请书？

减、免、缓交诉讼费用申请书，是指交费确有困难的当事人，向人民法院递交的缓、减、免交诉讼费的书面申请。

2. 减、免、缓交诉讼费用申请书包括哪些基本内容？

（1）首部

①标题：写“减（免、缓）交诉讼费用申请书”。

②申请人基本情况：申请人是公民的，应当写明姓名、性别、出生年月日、民族、籍贯、职业（或工作单位和职务）、住址；申请人是法人、其他组织的，应当写明其名称、所在地址、法定代表人（或代表人）的姓名、职务和联系电话。

（2）请求事项

减（免、缓）交申请人诉________一案诉讼费用。

（3）事实与理由

该部分主要是陈述减（免、缓）交诉讼费用的原因，讲明申请缓、减、免交的金额及缓交的天数；陈述时要言辞恳切，实事求是，不能虚构和夸大事实。

（4）尾部及附项

致送人民法院名称；申请人签名，申请人为法人或其他组织的，应加盖单位公章，

并由其法定代表人签名；注明申请日期；附项附上相关证据及材料。

（二）法律依据

《中华人民共和国民事诉讼法》

第一百一十八条 当事人进行民事诉讼，应当按照规定交纳案件受理费。财产案件除交纳案件受理费外，并按照规定交纳其他诉讼费用。

当事人交纳诉讼费用确有困难的，可以按照规定向人民法院申请缓交、减交或者免交。

收取诉讼费用的办法另行制定。

《诉讼费用交纳办法》

第四十四条 当事人交纳诉讼费用确有困难的，可以依照本办法向人民法院申请缓交、减交或者免交诉讼费用的司法救助。

诉讼费用的免交只适用于自然人。

第四十五条 当事人申请司法救助，符合下列情形之一的，人民法院应当准予免交诉讼费用：

（一）残疾人无固定生活来源的；

（二）追索赡养费、扶养费、抚育费、抚恤金的；

（三）最低生活保障对象、农村特困定期救济对象、农村五保供养对象或者领取失业保险金人员，无其他收入的；

（四）因见义勇为或者为保护社会公共利益致使自身合法权益受到损害，本人或者其近亲属请求赔偿或者补偿的；

（五）确实需要免交的其他情形。

第四十六条 当事人申请司法救助，符合下列情形之一的，人民法院应当准予减交诉讼费用：

（一）因自然灾害等不可抗力造成生活困难，正在接受社会救济，或者家庭生产经营难以为继的；

（二）属于国家规定的优抚、安置对象的；

（三）社会福利机构和救助管理站；

（四）确实需要减交的其他情形。

人民法院准予减交诉讼费用的，减交比例不得低于30%。

第四十七条 当事人申请司法救助，符合下列情形之一的，人民法院应当准予缓交诉讼费用：

（一）追索社会保险金、经济补偿金的；

（二）海上事故、交通事故、医疗事故、工伤事故、产品质量事故或者其他人身伤害事故的受害人请求赔偿的；

（三）正在接受有关部门法律援助的；

（四）确实需要缓交的其他情形。

第四十八条　当事人申请司法救助，应当在起诉或者上诉时提交书面申请、足以证明其确有经济困难的证明材料以及其他相关证明材料。

因生活困难或者追索基本生活费用申请免交、减交诉讼费用的，还应当提供本人及其家庭经济状况符合当地民政、劳动保障等部门规定的公民经济困难标准的证明。

人民法院对当事人的司法救助申请不予批准的，应当向当事人书面说明理由。

第四十九条　当事人申请缓交诉讼费用经审查符合本办法第四十七条规定的，人民法院应当在决定立案之前作出准予缓交的决定。

第五十条　人民法院对一方当事人提供司法救助，对方当事人败诉的，诉讼费用由对方当事人负担；对方当事人胜诉的，可以视申请司法救助的当事人的经济状况决定其减交、免交诉讼费用。

第五十一条　人民法院准予当事人减交、免交诉讼费用的，应当在法律文书中载明。

（三）范本下载

减（免、缓）交诉讼费用申请书

申请人：

请求事项：

____

事实与理由：

____

____

此致

________人民法院

申请人：

年　月　日

附：有关证据及材料。

（四）实例演示

赵某在玩铁饼时未注意到董某的经过，致使飞出去的铁饼撞在董某的腿上，造成董某腿部严重受伤。董某为此花去大量医药费。赵某却表示对董某的医疗费不予支付。董某不得已将赵某诉至法院，但因董某家庭经济困难，加上刚刚支付过大量医疗费而无能力按规定缴纳诉讼费用。故此，董某欲向法院申请减交诉讼费用。

减交诉讼费用申请书

申请人：董某，女，×年×月×日出生，汉族，下岗工人，住××市××县×路

×号，电话：××××××××。

请求事项：

减交申请人诉赵某人身侵权纠纷一案诉讼费用。

事实与理由：

申请人诉赵某人身侵权纠纷一案，因赵某在玩铁饼时未注意到申请人的经过，致使飞出去的铁饼撞在申请人的腿上，造成申请人腿部严重受伤。申请人为此花去大量医药费。赵某却表示对申请人的医疗费不予支付。申请人不得已需要通过法律程序维护自己的合法权益，因家庭经济困难，加上刚刚支付过大量医疗费而无能力按规定缴纳诉讼费用。故此，申请人现根据《民事诉讼法》之相关规定，依法向贵院申请减交诉讼费用××元，请予准许。

此致

××人民法院

申请人：董某

×年×月×日

附：董某家庭经济状况符合当地民政部门规定的公民经济困难标准的证明。

（五）特别提醒

1. 缓交、减交诉讼费和免交诉讼费是不同的行为，一个当事人只能提出其中一种请求。

2. 缓、减、免交诉讼费要有充分的理由，并要提交足够的证明。因生活困难或者追索基本生活费用申请免交、减交、缓交诉讼费用的，还应当提供本人及家庭经济状况符合当地民政、劳动保障等部门规定的公民经济困难标准的证明。

二十二、宣告失踪（或死亡）申请书

（一）基本知识

1. 什么是宣告失踪（或死亡）申请书？

宣告失踪（或死亡），是指经利害关系人申请，由人民法院对下落不明满一定期间的人宣告为失踪人（或死亡人）的制度。

2. 宣告失踪（或死亡）申请书包括哪些基本内容？

（1）首部

①标题：写“宣告失踪（或死亡）申请书”。

②申请人基本情况：申请人基本情况这一部分主要是申请人和被申请人的基本情况。申请人是公民的，应当写明姓名、性别、出生年月日、民族、籍贯、职业（或工作单位和职务）、住址；申请人是法人、其他组织的，应当写明其名称、所在地址、法定代表人（或代表人）的姓名、职务和联系电话。

（2）申请事项

请求人民法院宣告________（失踪人姓名）失踪（或死亡）。

（3）事实与理由

该部分主要是陈述为何要宣告某人失踪或死亡，写明失踪的事实、时间，并指出已经符合法定的宣告条件。

（4）尾部及附项

致送人民法院名称；申请人签名，申请人为法人或其他组织的，应加盖单位公章，并由其法定代表人签名；注明申请日期；有附项的附上相关证据及材料，如公安机关或者其他有关机关关于该公民下落不明的书面证明。

（二）法律依据

《中华人民共和国民事诉讼法》

第一百八十三条　公民下落不明满二年，利害关系人申请宣告其失踪的，向下落不明人住所地基层人民法院提出。

申请书应当写明失踪的事实、时间和请求，并附有公安机关或者其他有关机关关于该公民下落不明的书面证明。

第一百八十四条　公民下落不明满四年，或者因意外事故下落不明满二年，或者因意外事故下落不明，经有关机关证明该公民不可能生存，利害关系人申请宣告其死亡的，向下落不明人住所地基层人民法院提出。

申请书应当写明下落不明的事实、时间和请求，并附有公安机关或者其他有关机关关于该公民下落不明的书面证明。

第一百八十五条　人民法院受理宣告失踪、宣告死亡案件后，应当发出寻找下落不明人的公告。宣告失踪的公告期间为三个月，宣告死亡的公告期间为一年。因意外事故下落不明，经有关机关证明该公民不可能生存的，宣告死亡的公告期间为三个月。

公告期间届满，人民法院应当根据被宣告失踪、宣告死亡的事实是否得到确认，作出宣告失踪、宣告死亡的判决或者驳回申请的判决。

第一百八十六条　被宣告失踪、宣告死亡的公民重新出现，经本人或者利害关系人申请，人民法院应当作出新判决，撤销原判决。

（三）范本下载

宣告失踪（或死亡）申请书

申请人：

被申请人：

申请事由：请求人民法院宣告________（失踪人姓名）失踪（或死亡）。

事实与理由：

申请人________与被申请人________系________（写明双方的关系）关系，因其____________（写明失踪的原因），至今已下落不明满______年。

根据《中华人民共和国民法典》之规定，特向贵院提出申请，请求宣告________为失踪人（或死亡人）。

此致

________人民法院

申请人：

年 月 日

附：有关证据及材料。

（四）实例演示

程某与郭某系夫妻关系，郭某因与程某吵架外出，出门前未告知任何人其去向，后郭某多日未归，程某以及郭某的亲戚朋友经过多方寻找，也未寻得郭某下落。至今已下落不明满两年。现程某欲向法院提出申请，请求宣告郭某为失踪人。

宣告失踪申请书

申请人：程某，女，×年×月×日出生，汉族，住所地：××市××县×路×号，电话：×××××××××。

被申请人：郭某，男，×年×月×日出生，汉族，住所地：××市××县×路×号，电话：×××××××××。

申请事由：请求人民法院宣告郭某失踪。

事实与理由：

申请人程某与被申请人郭某系夫妻关系，郭某因与申请人吵架外出，出门前未告知任何人其去向，后郭某多日未归，申请人以及郭某的亲戚朋友经过多方寻找，也未寻得郭某下落。至今已下落不明满两年。

根据《中华人民共和国民法典》之规定，特向贵院提出申请，请求宣告郭某为失踪人。

此致

××人民法院

申请人：程某

×年×月×日

附：××公安机关关于郭某下落不明的书面证明。

（五）特别提醒

1. 申请人为利害关系人，包括他的配偶、父母、成年子女或者关系密切的其他亲属，如祖父母、外祖父母、孙子女、外孙子女等。

2.《民法典》关于宣告失踪、死亡的相关规定有：

第四十条　自然人下落不明满二年的，利害关系人可以向人民法院申请宣告该自然人为失踪人。

第四十一条　自然人下落不明的时间自其失去音讯之日起计算。战争期间下落不明的，下落不明的时间自战争结束之日或者有关机关确定的下落不明之日起计算。

第四十二条　失踪人的财产由其配偶、成年子女、父母或者其他愿意担任财产代管人的人代管。

代管有争议，没有前款规定的人，或者前款规定的人无代管能力的，由人民法院指定的人代管。

第四十五条　失踪人重新出现，经本人或者利害关系人申请，人民法院应当撤销失踪宣告。

失踪人重新出现，有权要求财产代管人及时移交有关财产并报告财产代管情况。

第四十六条　自然人有下列情形之一的，利害关系人可以向人民法院申请宣告该自然人死亡：

（一）下落不明满四年；

（二）因意外事件，下落不明满二年。

因意外事件下落不明，经有关机关证明该自然人不可能生存的，申请宣告死亡不受二年时间的限制。

第五十条　被宣告死亡的人重新出现，经本人或者利害关系人申请，人民法院应当撤销死亡宣告。

第五十三条　被撤销死亡宣告的人有权请求依照本法第六编取得其财产的民事主体返还财产；无法返还的，应当给予适当补偿。

利害关系人隐瞒真实情况，致使他人被宣告死亡而取得其财产的，除应当返还财产外，还应当对由此造成的损失承担赔偿责任。

二十三、宣告无（或限制）行为能力人申请书

（一）基本知识

1. 什么是宣告无（或限制）行为能力人申请书？

宣告无（或限制）行为能力人申请书，是指某人（通常为精神病人）的利害关系人，向人民法院递交的，请求宣告某人为无民事行为能力人或者限制民事行为能力人的法律文书。

2. 宣告无（或限制）行为能力人申请书包括哪些基本内容？

（1）首部

①标题：写“宣告无（或限制）行为能力人申请书”。

②申请人基本情况：申请人基本情况这一部分主要是申请人和被申请人的基本情

况。申请人是公民的，应当写明姓名、性别、出生年月日、民族、籍贯、职业（或工作单位和职务）、住址；申请人是法人、其他组织的，应当写明其名称、所在地址、法定代表人（或代表人）的姓名、职务和联系电话。

（2）申请事项

请求人民法院宣告________（被申请人姓名）为无（或限制）行为能力人。

（3）事实与理由

该部分主要是陈述为何要宣告某人为无（或限制）行为能力人，写明相应的事实及原因。

（4）尾部及附项

致送人民法院名称；申请人签名，申请人为法人或其他组织的，应加盖单位公章，并由其法定代表人签名；注明申请日期；有附项的附上相关证据及材料，如医院开具的书面证明。

（二）法律依据

《中华人民共和国民事诉讼法》

第一百八十七条　申请认定公民无民事行为能力或者限制民事行为能力，由其近亲属或者其他利害关系人向该公民住所地基层人民法院提出。

申请书应当写明该公民无民事行为能力或者限制民事行为能力的事实和根据。

第一百八十八条　人民法院受理申请后，必要时应当对被请求认定为无民事行为能力或者限制民事行为能力的公民进行鉴定。申请人已提供鉴定意见的，应当对鉴定意见进行审查。

第一百八十九条　人民法院审理认定公民无民事行为能力或者限制民事行为能力的案件，应当由该公民的近亲属为代理人，但申请人除外。近亲属互相推诿的，由人民法院指定其中一人为代理人。该公民健康情况许可的，还应当询问本人的意见。

人民法院经审理认定申请有事实根据的，判决该公民为无民事行为能力或者限制民事行为能力人；认定申请没有事实根据的，应当判决予以驳回。

第一百九十条　人民法院根据被认定为无民事行为能力人、限制民事行为能力人或者他的监护人的申请，证实该公民无民事行为能力或者限制民事行为能力的原因已经消除的，应当作出新判决，撤销原判决。

（三）范本下载

宣告无（或限制）行为能力人申请书

申请人：

被申请人：

申请事由：请求人民法院宣告______（被申请人姓名）为无（或限制）行为能力人。

事实与理由：

申请人________与被申请人________系________（写明双方的关系）关系，因其________（写明申请宣告的原因）。

根据我国法律之规定，特向贵院提出申请，请求宣告________为无（或限制）行为能力人。

此致

________人民法院

申请人：

年 月 日

附：有关证据及材料。

（四）实例演示

程某与潘某系夫妻关系，潘某因丧失爱子而患上精神病，经多方求医，至今未治愈，现在其病情是每况愈下，甚至连家人都不认识。程某欲向法院提出申请，请求宣告潘某为无行为能力人。

宣告无行为能力人申请书

申请人：程某，男，×年×月×日出生，汉族，住所地：××市××县×路×号，电话：×××××××××。

被申请人：潘某，女，×年×月×日出生，汉族，住所地：××市××县×路×号，电话：×××××××××。

申请事由：请求人民法院宣告潘某为无行为能力人。

事实与理由：

申请人程某与被申请人潘某系夫妻关系，潘某在×年×月×日因丧失爱子而患上精神病，经多方求医，至今未治愈，现在其病情是每况愈下，甚至连家人都不认识。

根据《中华人民共和国民法典》之规定，特向贵院提出申请，请求宣告潘某为无行为能力人。

此致

××人民法院

申请人：程某

×年×月×日

附：医院开具的书面证明。

（五）特别提醒

我国《民法典》对成年自然人的行为能力的规定如下：

第十七条　十八周岁以上的自然人为成年人。不满十八周岁的自然人为未成年人。

第十八条　成年人为完全民事行为能力人，可以独立实施民事法律行为。

十六周岁以上的未成年人，以自己的劳动收入为主要生活来源的，视为完全民事行为能力人。

第二十一条　不能辨认自己行为的成年人为无民事行为能力人，由其法定代理人代理实施民事法律行为。

八周岁以上的未成年人不能辨认自己行为的，适用前款规定。

第二十二条　不能完全辨认自己行为的成年人为限制民事行为能力人，实施民事法律行为由其法定代理人代理或者经其法定代理人同意、追认；但是，可以独立实施纯获利益的民事法律行为或者与其智力、精神健康状况相适应的民事法律行为。

第二十四条　不能辨认或者不能完全辨认自己行为的成年人，其利害关系人或者有关组织，可以向人民法院申请认定该成年人为无民事行为能力人或者限制民事行为能力人。

被人民法院认定为无民事行为能力人或者限制民事行为能力人的，经本人、利害关系人或者有关组织申请，人民法院可以根据其智力、精神健康恢复的状况，认定该成年人恢复为限制民事行为能力人或者完全民事行为能力人。

本条规定的有关组织包括：居民委员会、村民委员会、学校、医疗机构、妇女联合会、残疾人联合会、依法设立的老年人组织、民政部门等。

二十四、公示催告申请书

（一）基本知识

1. 什么是公示催告申请书？

公示催告，是指丧失票据人在丧失票据后，申请人民法院宣告票据无效，从而丢失票据的人仍然占有票据权利的一种特殊的诉讼程序。

申请人向法院递交申请书后，法院将以公告的形式，催告利害关系人在一定期间申报权利。否则法院将作出除权判决，使丧失票据的人恢复票据权利。

2. 公示催告申请书包括哪些基本内容？

（1）首部

①标题：写“公示催告申请书”。

②申请人基本情况：申请人是公民的，应当写明姓名、性别、出生年月日、民族、籍贯、职业（或工作单位和职务）、住址；申请人是法人、其他组织的，应当写明其名称、所在地址、法定代表人（或代表人）的姓名、职务和联系电话。

（2）请求事项

写明所失票据的种类、数量及票面金额，并请求人民法院对所失票据进行公示催告。

（3）事实与理由

这部分主要阐述票据的内容及申请公示催告的事实依据。首先应写清票据关系发生的经过，票据的种类、数量、票面金额、票据账号、票据的发票人、持票人、背书人、被背书人、付款人、收款人的姓名或名称。其次陈述票据被盗、遗失、灭失的事实经过，是否采取补救措施等。最后基于上述事实和理由，根据相关的法律规定，请求人民法院对票据予以公示催告。

（4）尾部及附项

致送人民法院名称；申请人签名，申请人为法人或其他组织的，应加盖单位公章，并由其法定代表人签名；注明申请日期；附项附上相关证据及材料。

（二）法律依据

《中华人民共和国民事诉讼法》

第二百一十八条　按照规定可以背书转让的票据持有人，因票据被盗、遗失或者灭失，可以向票据支付地的基层人民法院申请公示催告。依照法律规定可以申请公示催告的其他事项，适用本章规定。

申请人应当向人民法院递交申请书，写明票面金额、发票人、持票人、背书人等票据主要内容和申请的理由、事实。

第二百一十九条　人民法院决定受理申请，应当同时通知支付人停止支付，并在三日内发出公告，催促利害关系人申报权利。公示催告的期间，由人民法院根据情况决定，但不得少于六十日。

第二百二十条　支付人收到人民法院停止支付的通知，应当停止支付，至公示催告程序终结。

公示催告期间，转让票据权利的行为无效。

第二百二十一条　利害关系人应当在公示催告期间向人民法院申报。

人民法院收到利害关系人的申报后，应当裁定终结公示催告程序，并通知申请人和支付人。

申请人或者申报人可以向人民法院起诉。

第二百二十二条　没有人申报的，人民法院应当根据申请人的申请，作出判决，宣告票据无效。判决应当公告，并通知支付人。自判决公告之日起，申请人有权向支付人请求支付。

第二百二十三条　利害关系人因正当理由不能在判决前向人民法院申报的，自知道或者应当知道判决公告之日起一年内，可以向作出判决的人民法院起诉。

（三）范本下载

公示催告申请书

申请人：

请求事项：

____

____

事实与理由：

____

____

此致

________人民法院

申请人：

年　月　日

附：有关证据及材料。

（四）实例演示

2019 年 8 月 21 日，××市××有限公司通过××省××市××区的中国工商银行支行签发了汇票编号为×××××××××、票面金额为人民币×××××元、出票日期为 2019 年 8 月 21 日、出票人为申请人、付款行为中国工商银行××区支行、收款人为北京××有限公司的银行汇票。该汇票由快递公司在传递给收款人的途中丢失。现在，××市××有限公司欲向法院申请公示催告。

公示催告申请书

申请人：××市××有限公司，住所地：××市××工业园区。法定代表人朱某，总经理，联系电话：×××××××××。

请求事项：

请求对汇票编号为×××××××××、票面金额为人民币×××××元的中国工商银行汇票予以公示催告，并于公示催告期间届满后依法作出除权判决，宣告该票据无效。

事实与理由：

申请人因于 2019 年 8 月 21 日通过××省××市××区的中国工商银行支行签发了汇票编号为×××××××××、票面金额为人民币×××××元、出票日期为 2019 年 8 月 21 日、出票人为申请人、付款行为中国工商银行××区支行、收款人为北京×

×有限公司的银行汇票。该汇票由快递公司在传递给收款人的途中丢失。

为保障申请人的票据权利，根据我国《民事诉讼法》的相关规定，向贵院申请对该票据进行公示催告，并于公示催告期间届满后依法作出除权判决，宣告该票据无效，申请人有权向付款行请求支付。

此致

××区人民法院

申请人：××市××有限公司（盖章）

法定代表人：朱某

×年×月×日

附：1. 申请人营业执照副本复印件 1 份。

2. 银行汇票复印件 1 份。

3. 汇票申请书复印件 1 份。

4. 快递公司遗失证明 1 份。

（五）特别提醒

1. 公示催告程序只有申请人，没有对方当事人，且只能是由最后持有票据的权利人主张权利。

2. 申请公示催告的人持有的票据包括汇票、本票、支票，并且必须是可以背书转让的。

3. 无论票据是否经过背书，是否被盗、被诈骗、自己遗失，还是灭失，只要不是因票据持有人本人的意思而丧失票据的，都可以申请公示催告。

第二章　婚姻家庭法律文书

一、离婚协议书

（一）基本知识

1. 什么是离婚协议？

离婚协议是指双方当事人自愿离婚的意思表示以及对子女抚养、财产及债务处理等事项协商一致而达成的协议或者意见。离婚协议书则是离婚协议的书面形式。

2. 离婚协议包括哪些基本内容？

离婚协议主要包括四项内容：

（1）自愿离婚问题。自愿离婚即双方自愿解除婚姻关系。

（2）子女抚养问题。子女抚养涉及当事人一方行使抚养权，另一方支付抚养费，包括子女生活费、教育费、医疗费等费用。另外，还涉及未抚养子女一方探视权行使及保障等内容。

（3）财产及债务处理问题。财产及债务处理则主要包括夫妻关系存续期间的共同财产如何分割，共同债务如何清偿等。

（4）其他待处理问题。

（二）法律依据

《婚姻登记条例》

第十一条第一款、第三款　办理离婚登记的内地居民应当出具下列证件和证明材料：

（一）本人的户口簿、身份证；

（二）本人的结婚证；

（三）双方当事人共同签署的离婚协议书。

离婚协议书应当载明双方当事人自愿离婚的意思表示以及对子女抚养、财产及债务处理等事项协商一致的意见。

（三）范本下载

离婚协议书

姓名：__________，性别：____，年龄：____岁，身份证号码：_______________

户口所在地：____

姓名：__________，性别：____，年龄：____岁，身份证号码：______________

户口所在地：____

我们于______年____月____日在________________登记结婚，结婚证号码：________________，因______________________________原因，现双方就自愿离婚一事达成如下协议：

一、____________与____________自愿离婚。

二、关于子女抚养问题：（子女姓名、性别、年龄、抚养、教育、探望等）____

三、关于财产及债务问题：（财产种类、数量、金额、债务等分割、处理等）____

四、其他问题：（双方认为应在协议书中进行明确的事项）____

对协议书的意见：　　　　　　　　　　对协议书的意见：

签名：　　　　　年　月　日　　　　　签名：　　　　　年　月　日

（四）实例演示

张某与王某是夫妻，但张某长年在外地出差，对王某母子俩不管不顾，夫妻感情日渐破裂，王某决定与张某协议离婚，那她应该如何写离婚协议书呢？

离婚协议书

姓名：王某　　　性别：女　　　年龄：35 岁　　　身份证号码：××××××××××××××××××。

户口所在地：××市××县×路×号。

姓名：张某　　　性别：男　　　年龄：35 岁　　　身份证号码：××××××××××××××××××。

户口所在地：××市××县×路×号。

我们于×年×月×日在××市××县民政局登记结婚，结婚证号码：××××××，因夫妻感情确实破裂，现双方就自愿离婚一事达成如下协议：

一、王某与张某自愿离婚。

二、关于子女抚养问题：（子女姓名、性别、年龄、抚养、教育、探望等）

儿子张某某（5 岁）由女方抚养，男方每月给付抚养费（包括生活费、教育费、医疗费）1000 元，并在每月 10 日前付清，直到孩子完成初中教育阶段止。初中教育阶段之后的有关费用由双方日后重新协商。

张某可在每月的第一个星期六早上 8 点接儿子到其居住地，于星期日早上 9 点送回王某居住地。如临时或春节探望，可提前一天与王某协商，达成一致后可按协商的办法进行探望。

三、关于财产及债务问题：（财产种类、数量、余额、债务等分割、处理等）

1. 存款：双方名下现有银行存款共×××××元，双方各分一半，为×××××元。分配方式：各自名下的存款保持不变，但男方应于×年×月×日前一次性支付××××元给女方。

2. 房屋：夫妻共同所有的位于×××的房地产所有权归女方所有，房地产权证的业主姓名变更的手续自离婚后一个月内办理，男方必须协助女方办理变更的一切手续，过户费用由女方负责。女方应于×年×月×日前一次性补偿房屋差价××××元给男方。

3. 房内的家用电器及家具等：双方同意作价 2 万元，归女方所有，女方向男方支付 1 万元。

4. 其他财产：婚前双方各自的财产归各自所有，男女双方各自的私人生活用品及首饰归各自所有。

5. 夫妻双方无共同债务。

本协议一式三份，双方各执一份，婚姻登记机关存档一份，在双方签字，并经婚姻登记机关办理相应手续后生效。

对协议书的意见：同意　　　　对协议书的意见：同意
签名：王某，×年×月×日　　　签名：张某，×年×月×日

（五）特别提醒

1. 离婚协议内容不要过于简单，要具有可操作性。
2. 离婚协议某些概括性条款的约定过于宽泛，可能会对弱势方造成伤害。
3. 夫妻在协议分割房产前要注意银行变更主贷人或减少共同抵押人是否同意。
4. 关于股票的约定和处理，应写明股东代码、账号，以及在何证券交易所开户。

二、财产分割协议书

（一）基本知识

什么是财产分割协议？

我们这里所说的财产分割是离婚财产分割，即夫妻共同财产的分割，是指离婚时依法将夫妻共同财产划分为各自的个人财产。相应地，离婚财产分割协议即为夫妻二人在离婚时就分割财产的情况所达成的协议。

根据法律规定，离婚财产分割只能就夫妻共同财产进行分割，而不能分割个人财

产。那么，就需要注意哪些属于夫妻共同财产，哪些属于夫妻个人财产了。根据我国《民法典》第一千零六十二条、第一千零六十三条的规定：

夫妻在婚姻关系存续期间所得的下列财产，归夫妻共同所有：

（1）工资、奖金、劳务报酬；

（2）生产、经营、投资的收益；

（3）知识产权的收益；

（4）继承或者受赠的财产，但本法第一千零六十三条第三项规定的除外；

（5）其他应当归共同所有的财产。

夫妻对共同财产，有平等的处理权。

下列财产为夫妻一方的个人财产：

（1）一方的婚前财产；

（2）一方因受到人身损害获得的赔偿或者补偿；

（3）遗嘱或赠与合同中确定只归一方的财产；

（4）一方专用的生活用品；

（5）其他应当归一方的财产。

此外，夫妻可以约定婚姻关系存续期间所得的财产以及婚前财产归各自所有、共同所有或部分各自所有、部分共同所有。约定应当采用书面形式。没有约定或约定不明确的，适用《民法典》第一千零六十条、第一千零六十三条的规定。夫妻对婚姻关系存续期间所得的财产以及婚前财产的约定，对双方具有约束力。夫妻对婚姻关系存续期间所得的财产约定归各自所有的，夫或妻一方对外所负的债务，第三人知道该约定的，以夫或妻一方所有的财产清偿。

（二）法律依据

《最高人民法院关于适用〈中华人民共和国婚姻法〉若干问题的解释（二）》

第八条　离婚协议中关于财产分割的条款或者当事人因离婚就财产分割达成的协议，对男女双方具有法律约束力。

当事人因履行上述财产分割协议发生纠纷提起诉讼的，人民法院应当受理。

第九条　男女双方协议离婚后一年内就财产分割问题反悔，请求变更或者撤销财产分割协议的，人民法院应当受理。

人民法院审理后，未发现订立财产分割协议时存在欺诈、胁迫等情形的，应当依法驳回当事人的诉讼请求。

（三）范本下载

财产分割协议书

男方：姓名：__________，民族：__________，年龄：__________岁，住址：

__________，身份证号码：______________________________

女方：姓名：__________，民族：__________，年龄：__________岁，住址__________，身份证号码：______________________________

协议双方由于感情不和，经协商一致自愿离婚，现就婚内财产分割达成协议如下：

一、______________________________

二、______________________________

三、______________________________

本协议生效后，如发生违约，则由违约一方承担相应的经济、法律责任。

男方：

女方：

年　月　日

（四）实例演示

朱某与陈某因夫妻感情出现了裂痕没办法继续生活下去，二人决定离婚。二人有房产一套；丰田轿车一辆；存款16万元。那么，他们应该怎么写离婚财产分割协议呢？

财产分割协议书

男方：姓名：朱某，民族：汉族，年龄：35岁，住址：××市××县×路×号，身份证号：××××××××××××××××××。

女方：姓名：陈某，民族：满族，年龄：34岁，住址：××市××县×路×号，身份证号：××××××××××××××××××。

协议双方由于感情不和，经协商一致自愿离婚，现就婚内财产分割达成协议如下：

一、坐落于××市××路××号××层××室的房产，离婚后归女方所有。

二、丰田轿车一辆归男方所有，女方协助办理过户。

三、存款16万元归男方所有。

本协议生效后，如发生违约，则由违约一方承担相应的经济、法律责任。

男方：朱某

女方：陈某

×年×月×日

（五）特别提醒

1. 夫妻共有财产一般应当均等分割，必要时亦可不均等，有争议的，人民法院应依法判决。

2. 在离婚分割夫妻共同财产时，不应损害财产效用、性能和经济价值。

3. 离婚分割夫妻共同财产时不得把属于国家、集体和他人所有的财产当作夫妻共同财产进行分割，不得借分割夫妻共同财产的名义损害他人合法利益。

三、婚前财产协议书

（一）基本知识

婚前财产协议是指男女双方对各自婚前、婚后所得的财产的归属所作的约定。约定的内容可以是归各自所有、共同所有或部分各自所有、部分共同所有。

婚前财产协议可以采取书面形式，也可以采取口头形式，但如采取口头形式，很难举证证明双方有口头的约定。所以，为了避免将来发生纠纷，应当采取书面形式。

（二）法律依据

《中华人民共和国民法典》

第一千零六十五条　男女双方可以约定婚姻关系存续期间所得的财产以及婚前财产归各自所有、共同所有或部分各自所有、部分共同所有。约定应当采用书面形式。没有约定或约定不明确的，适用本法第一千零六十二条、第一千零六十三条的规定。

夫妻对婚姻关系存续期间所得的财产以及婚前财产的约定，对双方具有法律约束力。

夫妻对婚姻关系存续期间所得的财产约定归各自所有，夫或者妻一方对外所负的债务，相对人知道该约定的，以夫或者妻一方的个人财产清偿。

（三）范本下载

婚前财产协议书

甲方：____________

乙方：____________

甲、乙双方根据《中华人民共和国民法典》的有关规定，经平等、自愿、充分协商，达成以下协议：

一、就婚前财产的约定：____。

二、就婚后财产的约定：____。

三、就债务问题的约定：____。

四、就其他问题的约定：____。

本协议自甲、乙双方签字即行生效。

附婚前各自财产清单：（略）

甲方：

乙方：

年　月　日

（四）实例演示

赵某和范某都是某交友网站的会员，二人在一次活动中相识并相爱。2019 年情人节期间，二人准备登记结婚。在结婚前，他们想就婚前婚后的财产问题签订一份协议。那么，他们应该怎么签这个协议呢？

婚前财产协议书

甲方：赵某，男，26 岁，住××市××县×路×号，身份证号：××××××××××××××××××。

乙方：范某，女，27 岁，住××市××县×路×号，身份证号：××××××××××××××××××。

甲、乙双方根据《中华人民共和民法典》的有关规定，经平等、自愿、充分协商，达成以下协议：

一、甲、乙双方婚前各自的财产，婚后可以共同使用，但归各自所有，不属于共同财产。

二、甲、乙婚后所得收入每人每月各拿出 2000 元，为双方共同生活所用，其余的分属各自所有，不属于共同财产。

三、甲、乙婚前或婚后各自所产生的债务，由各自独立承担，另一方不负清偿责任。

本协议自甲、乙双方签字即行生效。

附婚前各自财产清单：（略）

甲方：赵某
乙方：陈某
×年×月×日

（五）特别提醒

对婚前、婚后财产所有权的归属所作的约定既可以在婚前办理，也可以在婚后办理，不受婚姻登记与否的限制。

四、收养协议书

（一）基本知识

1. 什么是收养协议？

收养协议是指收养人与送养人之间达成的有关收养被收养人的权利义务关系的协议。

收养必须符合一定的条件，收养不得违背法律、法规，以充分维护收养人与被收养人的合法权益。

根据《民法典》的规定，下列未成年人可以被收养：①丧失父母的孤儿；②查找不到生父母的未成年人；③生父母有特殊困难无力抚养的子女。

收养人应当同时具备下列条件：①无子女或者只有一名子女；②有抚养、教育和保护被收养人的能力；③未患有在医学上认为不应当收养子女的疾病；④无不利于被收养人健康成长的违法犯罪记录；⑤年满30周岁。

送养人的条件是：①孤儿的监护人；②儿童福利机构；③有特殊困难无力抚养子女的生父母；④生父母送养子女，须双方共同送养。生父母一方不明或者查找不到的可以单方送养。

2. 收养协议包括哪些基本内容？

收养协议的内容主要包括：

（1）被收养人的基本情况。主要是写明被收养人的姓名、性别、年龄、健康状况、现住址等。

（2）收养人的基本情况（已婚的，收养人为夫妻双方）。写明收养人的工作单位、职务、年龄、住址、健康状况、财产状况等。写清楚收养人符合收养的条件。

（3）送养人的基本情况及送养的理由。写明送养人的姓名或者名称以及为什么要送养。

（4）收养人保证条款。收养人保证在收养关系存续期间，尽扶养被收养人之义务。

（5）生效条款。

（二）法律依据

《中华人民共和国民法典》

第一千一百零五条第三款　收养关系当事人愿意签订收养协议的，可以签订收养协议。

（三）范本下载

收养协议书

甲方（收养人）：________________

乙方（送养人）：________________

甲、乙双方就收养______________（被收养人姓名）达成协议如下：

第一条　被收养人的基本情况：

____

第二条　收养人的基本情况：

（1）____________________________________

（2）____________________________________

第三条　送养人的基本情况及送养的理由：____________________

____

第四条　收养人保证在收养关系存续期间，尽扶养被收养人之义务。

第五条　甲、乙双方在本协议签订后×日内，到__________民政局办理收养登记手续。

本收养协议自__________公证机关公证之日起生效。

甲方：

乙方：

证明人：

年　月　日

（四）实例演示

王某，女，40岁，至今未婚。年龄偏大的她难以觅到合适的结婚伴侣，于是想收养一女儿与其共同度日。恰巧，王某老家的赵家一下生了三胞胎，且母亲生下三胞胎后因大出血死亡，赵家家境贫寒，无力供养三个子女，于是想送养一个女儿。王某得知后，去找赵家商定收养事宜。

收养协议书

甲方（收养人）：王某，40岁，住××市××县×路×号。

乙方（送养人）：赵某，30岁，住××市××县××镇×村×号。

甲、乙双方就收养赵小某达成协议如下：

第一条　被收养人的基本情况：

赵小某，女，1岁，家住××市××县××镇×村×号，身体健康。

第二条　收养人的基本情况：

王某，40岁，无子女，大专学历，工作于××公司，任行政总监，月收入7000元人民币，身体健康，无不良嗜好，有抚养教育被收养人的能力。

第三条　送养人的基本情况及送养的理由：

送养人赵某，得三胞胎，赵某之妻生下三胞胎后因大出血死亡，赵某家境贫寒，无力供养，希望其中一女赵小某被家境优越之人收养。

第四条　收养人保证在收养关系存续期间，尽扶养被收养人之义务。

第五条　甲、乙双方在本协议签订后×日内，到××××民政局办理收养登记手续。

本收养协议自××××公证机关公证之日起生效。

甲方：王某（签字、盖章）

乙方：赵某（签字、盖章）

证明人：李某，宋某（签字、盖章）

×年×月×日

（五）特别提醒

1. 收养人收养与送养人送养，须双方自愿。收养年满8周岁以上未成年人的，应当征得被收养人的同意。

2. 登记与公证不是收养的必需程序。收养人或者送养人要求办理收养公证的，应当办理收养公证。

五、遗赠扶养协议书

（一）基本知识

1. 什么是遗赠扶养协议？

遗赠扶养协议是指受扶养人（个人）和扶养人之间订立的关于扶养人承担受扶养人的生养死葬义务，受扶养人将自己所有的财产遗赠给扶养人的协议。遗赠扶养协议分为两种：一种是个人与继承人以外的个人签订的遗赠扶养协议，另一种是个人与继承人以外的组织签订的遗赠扶养协议。

2. 遗赠扶养协议包括哪些基本内容？

（1）遗赠人与受赠人的姓名、住址等基本情况。

（2）遗赠人愿将其所有的财产在其死亡后赠送给受赠人。写明遗赠财产的基本情况。必要时注明财产权属证明。

（3）受赠人的义务。如给予遗赠人的各种费用、为遗赠人养老送终，等等。

（4）遗赠人和受赠人有权终止协议的条款。

（5）生效条款。如可以约定协议自签订之日起生效，也可以约定自公证之日起生效。

（二）法律依据

《中华人民共和国民法典》

第一千一百五十八条　自然人可以与继承人以外的组织或者个人签订遗赠扶养协议。按照协议，该组织或者个人承担该自然人生养死葬的义务，享有受遗赠的权利。

（三）范本下载

遗赠扶养协议书

甲方（遗赠人）：____________________（写明姓名、住址）

乙方（受赠人）：____________________（写明姓名、住址）

甲、乙双方就遗赠事宜达成协议如下：

一、甲方愿将自己__________全部赠给乙方。乙方在甲方去世后即受领上述全部财产。

二、乙方应于每月____日前给付甲方生活费____元。

三、乙方保证继续悉心照顾甲方，甲方去世后由乙方负责送终安葬。

四、甲方应负对遗赠财产的维护责任，不得随意处理遗赠的财产。如果甲方故意将财产损坏或者送给他人的，乙方有权要求甲方修理、更换或者收回；甲方拒不修理、更换或者收回的，乙方有权终止协议。

五、乙方应当按时给付甲方费用。逾期给付的，甲方有权要求乙方履行协议。如果连续____月不给付费用的，甲方有权终止协议。

六、本协议自____起生效。

本协议一式____份，____各执____份。

甲方：

乙方：

年　月　日

（四）实例演示

某村的郑某是一位孤寡老人，生活贫困，仅有旧房屋四间及一些老式的家具。老人身体不好，已基本丧失了劳动能力。同村的王某，生性善良，乐于助人，愿意帮助郑某。于是，在郑某的邀请下，二人签订了遗赠扶养协议。

遗赠扶养协议书

甲方（遗赠人）：郑某，女，×年×月×日出生，现住××市××镇××村×号。

乙方（受赠人）：王某，女，×年×月×日出生，现住××市××镇××村×号。

甲、乙双方就遗赠事宜达成协议如下：

一、甲方愿将自己坐落××市××镇××村×号的旧房屋四间，建筑面积80多平方米，以及房屋中的一切家具及其他物品等全部赠给乙方。乙方在甲方去世后即受领上述全部财产。

二、乙方应于每月×日前给付甲方生活费××元，医疗补助费××元。

三、乙方保证继续悉心照顾甲方，甲方去世后由乙方负责送终安葬。

四、甲方应负对遗赠财产的维护责任，不得随意处理遗赠的财产。如果甲方故意将财产损坏或者送给他人的，乙方有权要求甲方修理、更换或者收回；甲方拒不修理、更换或者收回的，乙方有权终止协议。

五、乙方应当按时给付甲方费用。逾期给付的，甲方有权要求乙方履行协议。如果连续××月不给付费用的，甲方有权终止协议。

六、本协议自签订之日起生效。

本协议一式三份，甲、乙双方各执一份，××市公证处××办事处留存一份。

遗赠人：郑某

受赠人：王某

×年×月×日

（五）特别提醒

1. 遗赠人只能是自然人，扶养人可以是自然人（必须是法定继承人以外的人），也可以是集体所有制组织，而且须具有扶养能力和扶养条件，同时扶养人没有法定的扶养义务。

2. 扶养人负有对遗赠人生养死葬的义务，享有接受遗赠人遗赠财产的权利；遗赠人享有接受扶养的权利，负有将其遗产遗赠给扶养人的义务。

3. 遗赠抚养协议必须采用书面形式，不能为口头形式，以便明确双方的权利义务，有利于协议的履行。

六、遗嘱

（一）基本知识

1. 什么是遗嘱？

所谓遗嘱是指遗嘱人生前按照法律规定的方式，在法律允许的范围内对其遗产或其他事务所作的个人处分，并于遗嘱人死亡时发生效力的法律行为。

2. 遗嘱包括哪些基本内容？

（1）标题。遗嘱或某某的遗嘱。

（2）立遗嘱人的基本情况。包括姓名、性别、年龄、民族、籍贯、住址等。

（3）立遗嘱的原因。常见的立遗嘱的原因有："因年老多病，不久于人世，恐去世后家属子女为继承遗产发生纠纷""因生前受好友（或邻居、远亲）体贴、照顾，为报其深情厚谊""因命旦夕，为表眷子之心（或为表恋故土之情）"等。在制作时，要表明立遗嘱人立遗嘱的真实意图。

（4）遗嘱事项。这是遗嘱的主要部分，一定要写得清楚、明白、具体。本部分一般包括：立遗嘱人的财产说明。如房产、存款、股票、汽车、现金、债权等。其财产以前是否曾以遗嘱或者遗赠扶养协议等方式进行过处分，有无已设立担保、已被查封、扣押等限制所有权的情况；财产如何处理，如何分配。立遗嘱人的相关事务的执行。如债权债务问题、财产分配问题、保险问题、信函呈送，等等。

（5）所立遗嘱的份数以及遗嘱在何处保存、由何人或何机关监督执行等。曾订立过遗嘱，而内容有抵触的，最好声明以最后的遗嘱为有效遗嘱。

（6）立遗嘱人签名盖章，注明日期。如有证明人在场的，证明人也应签名盖章。如系请人代书，代书人应签名盖章。如果有书证、物证和需要附带说明的问题，可以在附项内注明。

（二）法律依据

《中华人民共和国民法典》

第一千一百三十三条　自然人可以依照本法规定立遗嘱处分个人财产，并可以指定遗嘱执行人。

自然人可以立遗嘱将个人财产指定由法定继承人中的一人或者数人继承。

自然人可以立遗嘱将个人财产赠与国家、集体或者法定继承人以外的组织、个人。

自然人可以依法设立遗嘱信托。

第一千一百三十四条　自书遗嘱由遗嘱人亲笔书写，签名，注明年、月、日。

第一千一百三十五条　代书遗嘱应当有两个以上见证人在场见证，由其中一人代书，并由遗嘱人、代书人和其他见证人签名，注明年、月、日。

第一千一百三十六条　打印遗嘱应当有两个以上见证人在场见证。遗嘱人和见证人应当在遗嘱每一页签名，注明年、月、日。

第一千一百三十七条　以录音录像形式立的遗嘱，应当有两个以上见证人在场见证。遗嘱人和见证人应当在录音录像中记录其姓名或者肖像，以及年、月、日。

第一千一百三十八条　遗嘱人在危急情况下，可以立口头遗嘱。口头遗嘱应当有两个以上见证人在场见证。危急情况消除后，遗嘱人能够以书面或者录音录像形式立遗嘱的，所立的口头遗嘱无效。

第一千一百三十九条　公证遗嘱由遗嘱人经公证机构办理。

（三）范本下载

遗　　嘱

立遗嘱人：

我因____________________，特立此遗嘱，对______作如下处理：

一、____

二、____

三、____

本遗嘱由__________监督执行。

本遗嘱一式____份，由____各执一份，存______一份。

立遗嘱人：

证明人：

代书人：

年　月　日

（四）实例演示

江某年近八十，膝下有一女二儿，江某世居大户人家，再加上江某多年经商打拼，家底颇厚，其名下有别墅一座，存款200万元，奥迪车一辆，奔驰车一辆。江某怕其死后儿女争夺家产，于是想立遗嘱，明确其遗产的归属。

遗　嘱

立遗嘱人：江某，男，77岁，汉族，身份证号码：××××××××××××××××××××，住××市××区×路×号。

我因年老多病，不久于人世，恐去世后家属子女为继承遗产发生纠纷，特立此遗嘱，对我的财产作如下处理：

一、位于××××处的别墅（产权证号××××××××，面积×××平方米）由大儿子江大某继承。

二、存款200万元（账号××××××××××××××××）由二儿子江二某继承。

三、奥迪车一辆（车牌号×××××××）和奔驰车一辆（车牌号×××××××）由小女儿江小某继承。

本遗嘱委托谭某某（男，30岁，汉族，身份证号码：××××××××××××××××××××，住××市××区×路×号）执行。

本遗嘱一式三份，由本人与委托执行人谭某某各执一份，存×××公证处一份。

立遗嘱人：江某

×年×月×日

（五）特别提醒

1. 遗嘱基于立遗嘱人单方面的意思表示即可发生预期的法律效果。

2. 立遗嘱人必须具备完全民事行为能力，限制民事行为能力人和无民事行为能力人不能设立遗嘱。

3. 立遗嘱不能进行代理。遗嘱的内容必须是遗嘱人的真实意思表示，应由遗嘱人本人亲自作出，不能由他人代理。如是代书遗嘱或打印遗嘱的，也必须由本人在遗嘱上签名，并要有两个以上见证人在场见证。

4. 口头形式的遗嘱只能在危急的情况下采用，而且要求有两个以上见证人在场见证，危急情况解除后，遗嘱人能够以书面形式或录音形式立遗嘱的，所立口头遗嘱因此失效。

第三章　经济往来法律文书

一、买卖合同

（一）基本知识

1. 什么是买卖合同？

买卖合同是出卖人转移标的物的所有权于买受人，买受人支付价款的合同。

买卖合同的特征有：

（1）买卖合同的实质是以等价有偿方式转让标的物的所有权，即卖方移转标的物的所有权于买方，买方向卖方支付价款。

（2）在买卖合同中，买方和卖方都享有一定的权利，承担一定的义务。而且，其权利和义务存在对应关系，即买方的权利就是卖方的义务，买方的义务就是卖方的权利。

（3）买卖合同自双方当事人意思表示一致成立，不需要交付标的物。

（4）通常情况下，买卖合同的成立、有效并不需要具备一定的形式，但法律另有规定的除外。

2. 买卖合同包括哪些基本内容？

买卖合同通常包括但不限于下列条款：

（1）当事人的名称或者姓名、住所（或者地址）。出卖人、买受人是单位的，应当写明单位的全称、地址和法定代表人的姓名、职务及联系方式，是个人的，应当写明个人姓名、住所及联系方式。

（2）买卖标的物（货物）的基本情况，主要是标的物的名称、种类或者品种、规格、型号、等级、花色等。将这些写清楚，才不会引起误解，产生分歧。

（3）标的物的数量和计量方法。双方当事人必须对买卖的标的物的具体数量及计量单位在合同中作出明确规定。

（4）标的物的质量。双方当事人应在买卖合同中规定出卖物执行的技术标准和其他质量要求，同时还应当按照国家有关规定约定质量保证期。

（5）标的物的包装方式。货物如需包装，则其具体的包装方式，由双方当事人根据标的物的性质等情况来商定。

（6）价款的数额及支付期限、地点和方式。对于买卖的物品价格，除国家规定必须执行国家定价（或者指导价，下同）的外，由当事人协商议定。

（7）交货的期限、地点和方式。这些都由双方当事人结合实际情况协商确定。

（8）运输安排。运输方式包括铁路、公路、水路（含海上和内河运输在内）和航空运输，双方可自由协商确定。运费由谁承担，需要双方在合同中明确约定。

（9）验收事项。包括验收标准、方式、日期。对产品质量的验收、检疫方法，按照国家有关规定执行，没有规定的由双方当事人协商确定。

（10）结算方式及期限。当事人双方应在合同中规定开户银行、账号名称和账号。除国家允许使用现金履行义务的外，必须通过银行转账或者使用票据结算。

（11）违约责任。当事人可约定违约金、赔偿金及其计算办法等违约责任。

（12）合同争议的解决方式。合同纠纷的解决办法包括协商、调解、仲裁和诉讼，当事人应在合同中加以明确。

（13）其他条款。双方当事人就其他事项在协商一致的基础上达成的共识。

（二）法律依据

《中华人民共和国民法典》

第四百七十条　合同的内容由当事人约定，一般包括下列条款：

（一）当事人的姓名或者名称和住所；

（二）标的；

（三）数量；

（四）质量；

（五）价款或者报酬；

（六）履行期限、地点和方式；

（七）违约责任；

（八）解决争议的方法。

当事人可以参照各类合同的示范文本订立合同。

第五百九十五条　买卖合同是出卖人转移标的物的所有权于买受人，买受人支付价款的合同。

第五百九十六条　买卖合同的内容一般包括标的物的名称、数量、质量、价款、履行期限、履行地点和方式、包装方式、检验标准和方法、结算方式、合同使用的文字及其效力等条款。

（三）范本下载

××货物买卖合同[1]

订立合同双方：

供方__________

需方__________

供需双方本着平等互利、协商一致的原则，签订本合同，以资双方信守执行。

第一条　商品名称、种类、规格、单位、数量

品名	种类	规格	单位	数量	备注

第二条　商品质量标准可选择下列第____项作标准：

1. 附商品样本，作为合同附件。

2. 商品质量，按照____标准执行。（副品不得超过____%。）

3. 商品质量由双方议定。

第三条　商品单价及合同总金额

1. 商品定价，供需双方同意按______定价执行。如因原料、材料、生产条件发生变化，需变动价格时，应经供需双方协商。否则，造成损失由违约方承担经济责任。

2. 单价和合同总金额：________________。

第四条　产品包装规格及费用________________。

（按照各种商品的不同，规定各种包装方式、包装材料及规格。包装品以随货出售为原则；凡须退还对方的包装品，应按铁路规定，订明回空方法及时间，或另作规定。）

第五条　交货规定

1. 交货方式：____________________

2. 交货地点：____________________

3. 交货日期：____________________

4. 运输费：____________________

第六条　验收方法________________。

（按照交货地点与时间，根据不同商品种类，规定验收的处理方法。）

第七条　货款及费用等付款及结算办法

预付货款：________________（根据不同商品，决定是否预付货款及金额。）

---

① 本合同范本来源于 FINDLAW. CN，http：//china. findlaw. cn/info/hetong/mmht/7184_ 3. html。

付款日期：________________

结算方式：________________

第八条 运输及保险问题

运输费用负担________________。

保险：（根据实际情况，需委托对方代办运输手续者，应于合同中订明。为保证货物途中的安全，代办运输单位应根据具体情况代为投保运输险。）

第九条 经济责任

1. 供方应负的经济责任

（1）产品花色、品种、规格、质量不符合本合同规定时，需方同意利用者，按质论价。不能利用的，供方应负责保修、保退、保换。由于上述原因致延误交货时间，每逾期一日，供方应按逾期交货部分货款总值的万分之______计算向需方偿付逾期交货的违约金。

（2）供方未按本合同规定的产品数量交货时，少交的部分，需方如果需要，应照数补交。需方如不需要，可以退货。由于退货所造成的损失，由供方承担。如需方需要而供方不能交货，则供方应付给需方不能交货部分货款总值的____%的罚金。

（3）产品包装不符合本合同规定时，供方应负责返修或重新包装，并承担返修或重新包装的费用。如需方要求不返修或不重新包装，供方应按不符合同规定包装价值____%的罚金付给需方。

（4）产品交货时间不符合同规定时，每延期一天，供方应偿付需方以延期交货部分货款总值万分之____的罚金。

（5）供方未按照约定向需方交付提取标的物单证以外的有关单证和资料，应当承担相关的赔偿责任。

2. 需方应负的经济责任

（1）需方如中途变更产品花色、品种、规格、质量或包装的规格，应偿付变更部分货款（或包装价值）总值____%的罚金。

（2）需方如中途退货，应事先与供方协商，供方同意退货的，应由需方偿付供方退货部分货款总值____%的罚金。供方不同意退货的，需方仍须按合同规定收货。

（3）需方未按规定时间和要求向供方交付技术资料、原材料或包装物时，除供方得将交货日期顺延外，每顺延一日，需方应付给供方顺延交货产品总值万分之____的罚金。如需方始终不能提交应提交的上述资料等，应视为中途退货处理。

（4）属需方自提的材料，如需方未按规定日期提货，每延期一天，应偿付供方延期提货部分货款总额万分之____的罚金。

（5）需方如未按规定日期向供方付款，每延期一天，应按延期付款总额万分之____计算付给供方，作为延期罚金。

（6）供方送货或代运的产品，如需方拒绝接货，需方应承担因此造成的损失和运输费用及罚金。

第十条　供、需任何一方如确因不可抗力的原因，不能履行本合同时，应及时向对方通知不能履行、须延期履行或部分履行合同的理由。在取得有关机构证明后，本合同可以不履行、延期履行或部分履行，并全部或者部分免予承担违约责任。

第十一条　本合同所订一切条款，供、需任何一方不得擅自变更或修改。如一方单独变更、修改本合同，对方有权拒绝生产或收货，并要求单独变更、修改合同一方赔偿一切损失。

第十二条　本合同在执行中发生纠纷，签订合同双方不能协商解决时，可向人民法院提出诉讼（或申请______仲裁机构仲裁解决）。

第十三条　本合同自双方签章之日起生效，到供方将全部订货送齐经需方验收无误，并按本合同规定将货款结算以后作废。

第十四条　本合同在执行期间，如有未尽事宜，得由供需双方协商，另订附则附于本合同之内，所有附则在法律上均与本合同有同等效力。

需方：	（盖章）	供方：	（盖章）
法定代表人：	（盖章）	法定代表人：	（盖章）
开户银行及账号：		开户银行及账号：	
年　月　日		年　月　日	
签订地点：		签订地点：	

（四）实例演示

某商场欲从某服装厂购进一批畅销女上装，尺码仅为M、L两种小尺码。现在双方要签订服装买卖合同。

服装买卖合同①

订立合同双方：

供方：×××服装厂

需方：×××商场

供需双方本着平等互利、协商一致的原则，签订本合同，以资双方信守执行。

第一条　商品名称、尺码、单位、数量

品名	尺码	单位	数量
×牌女上衣	M	件	300
×牌女上衣	L	件	300

第二条　商品质量标准：衣服材料为棉占70%，纤维占30%。

---

① 本合同范本来源于FINDLAW.CN，http：//china.findlaw.cn/info/hetong/mmht/7184_3.html。

第三条 商品单价及合同总金额

1. 单价：30 元人民币/件

2. 合同总金额：18000 元人民币。

第四条 产品包装规格及费用

每件衣服包装在塑料袋内，然后再装进若干硬纸箱内。

第五条 交货规定

1. 交货方式：送货上门（即由供方送到需方处）

2. 交货地点：需方商场仓库

3. 交货日期：合同签订后一个月内

4. 运输费：由供方承担

第六条 验收方法：由需方当场打开包装验收。

第七条 货款及费用等付款及结算办法

预付货款：3600 元人民币

付款日期：货物送到后三日内

结算方式：支票结算

第八条 经济责任

1. 供方应负的经济责任

（1）产品规格、质量不符合本合同规定时，需方同意利用者，按质论价。不能利用的，供方应负责保退、保换。由于上述原因致延误交货时间，每逾期一日，供方应按逾期交货部分货款总值的万分之三计算向需方偿付逾期交货的违约金。

（2）供方未按本合同规定的产品数量交货时，少交的部分，需方如果需要，应照数补交。需方如不需要，可以退货。由于退货所造成的损失，由供方承担。如需方需要而供方不能交货，则供方应付给需方不能交货部分货款总值的 5% 的罚金。

（3）产品包装不符合本合同规定时，供方应负责返修或重新包装，并承担返修或重新包装的费用。如需方要求不返修或不重新包装，供方应按不符合同规定包装价值 10% 的罚金付给需方。

（4）产品交货时间不符合同规定时，每延期一天，供方应偿付需方以延期交货部分货款总值万分之三的罚金。

2. 需方应负的经济责任

（1）需方如中途变更产品规格、质量或包装的规格，应偿付变更部分货款（或包装价值）总值 10% 的罚金。

（2）需方如中途退货，应事先与供方协商，供方同意退货的，应由需方偿付供方退货部分货款总值 5% 的罚金。供方不同意退货的，需方仍须按合同规定收货。

（3）需方如未按规定日期向供方付款，每延期一天，应按延期付款总额万分之三计算付给供方，作为延期罚金。

第九条 供、需任何一方如确因不可抗力的原因，不能履行本合同时，应及时向对方通知不能履行、须延期履行或部分履行合同的理由。在取得有关机构证明后，本合同可以不履行、延期履行或部分履行，并全部或者部分免予承担违约责任。

第十条 本合同在执行中发生纠纷，签订合同双方不能协商解决时，可向人民法院提出诉讼。

第十一条 本合同自双方签章之日起生效。

第十二条 本合同在执行期间，如有未尽事宜，得由供需双方协商，另订附则附于本合同之内，所有附则在法律上均与本合同有同等效力。

供方：×××服装厂（盖章）
法定代表人：李某某（盖章）
开户银行及账号：×××××××
×年×月×日
签订地点：×××服装厂××室

需方：×××商场（盖章）
法定代表人：赵某某（盖章）
开户银行及账号：×××××××
×年×月×日
签订地点：×××服装厂××室

（五）特别提醒

1. 买卖合同最好采用书面的形式。这样可以明确地确认双方当事人，尤其是可以确认买方当事人，当卖方交付货物后，丧失货物或者拿不到货款的风险就会降低，另外，书面的合同还可以在诉讼时成为胜诉的证据。

2. 买卖合同中要确定卖方对于标的物享有独立的所有权。这是为了确保卖方有权处分交易标的物，确保不会有第三方对标的物主张权利，因此，在签订合同时，买方应要求卖方说明其对于标的物享有独立的所有权，并相应地注明违约责任及出现第三方主张权利时的损害赔偿责任。

3. 买卖合同中要确保标的物质量。买卖合同中的标的物是合同实现的最终目的，因此，买卖双方在签订买卖合同时一定要写明质量要求，做到详细具体。如果卖方未按约定交付标的物，买方可以拒收或者要求降价、更换交付的标的物或者解除合同并要求卖方承担违约责任。但是，如果卖方在订立买卖合同时已对标的物的缺陷作了声明，或买方知道标的物的缺陷而愿意购买，则卖方对标的物的缺陷不负责任。

4. 买卖合同中要明确相关的价格条款。买卖双方应在合同中明确写明价格，这不仅可以成为卖方要求买方支付价款的依据，也可以防止因价格不明而产生纠纷。另外，还要明确买方支付价款的时间和方式，这样可以保证卖方能及时地收到货款，也可以避免因约定不明而受到损失。相应地还要约定如果买方不及时付款应承担一定比例的违约责任。

5. 买卖合同中要明确交付标的物的时间、地点和方式。该条款的明确可以帮助买卖双方顺利地实现合同的目的，避免不必要的麻烦。另外，还要注明如果卖方违反约定应承担相应的违约责任。需要特别注意的是，如果交付的为房地产、机动车辆、船舶等需要办理转移登记的标的物，应明确卖方有协助办理转移登记的义务。

6. 买卖合同中要明确买方及时收受标的物的责任。这样可以避免给卖方带来比如运输、保管等费用的损失。

7. 买卖合同中要明确争议解决的方式与违约责任。如明确具体的违约责任与损害赔偿的办法，如具体的违约金数额。明确争议是否需要仲裁，以及必要时约定一审诉讼的管辖法院。这样当纠纷出现时，就能够尽快地解决纠纷，减少相应费用的支出。

二、租赁合同

（一）基本知识

1. 什么是租赁合同？

租赁合同是指出租人将租赁物交付承租人使用、收益，承租人支付租金的合同。交付租赁物的一方为出租人，接受租赁物的一方为承租人，被交付使用的财产为租赁物，承租人向出租人交纳的使用租赁物的代价为租金。

2. 租赁合同包括哪些基本内容？

租赁合同通常包括但不限于下列条款：

（1）租赁物的名称。

租赁物即租赁合同的标的物。它是租赁合同的必要条款。

（2）租赁物的数量和质量。

数量和质量是交付财物的合同中的必备条款，它们是出租人准确地履行交付租赁物的义务和承租人准确接受租赁物并妥善保管租赁物的保障。

（3）租赁物的用途。

合同中明确租赁物的用途，可使承租人按照承租物的性能正确合理地加以使用，避免使用不当而使承租物受到损失。

（4）租赁期限。

我国《民法典》规定，当事人约定的租赁期限不得超过20年。超过20年的，超过部分无效。租赁期限届满，当事人可以续订租赁合同，但约定的租赁期限自续订之日起不得超过20年。租赁期限6个月以上的，应当采用书面形式。当事人未采用书面形式，可视为不定期租赁。

（5）租金的支付期限和方式。

租金是承租人依约定使用出租人的财产而应当向出租人支付的费用。租金的约定，是合同应具备的重要条款。租金支付期限是承租人交纳租金的时间界限，完全可由合同双方当事人自由约定。

（6）租赁物的维修。

通常情况下，出租人对合同标的物负有瑕疵担保责任，在租赁物的使用性能不符约定要求时，出租人负责维修。在承租期间，承租人有使租赁物处于完好状态及正常使用的义务，以保证租赁到期时依约将租赁物交还出租人。

（7）违约责任。

可约定违约金的数额及损害赔偿办法。

（8）争议解决的方式。

（二）法律依据

《中华人民共和国民法典》

第七百零三条 租赁合同是出租人将租赁物交付承租人使用、收益，承租人支付租金的合同。

第七百零四条 租赁合同的内容一般包括租赁物的名称、数量、用途、租赁期限、租金及其支付期限和方式、租赁物维修等条款。

第七百零五条 租赁期限不得超过二十年。超过二十年的，超过部分无效。

租赁期限届满，当事人可以续订租赁合同；但是，约定的租赁期限自续订之日起不得超过二十年。

第七百零七条 租赁期限六个月以上的，应当采用书面形式。当事人未采用书面形式，无法确定租赁期限的，视为不定期租赁。

（三）范本下载

（一）租赁合同（示范文本）①

合同编号：__________

出租人：________________ 签订地点：__________

承租人：________________ 签订时间：____年____月____日

第一条 租赁物

1. 名称：______________________________

2. 数量及相关配套设施：______________________________

3. 质量状况：______________________________

第二条 租赁期限从____年____月____日至____年____月____日。

（提示：租赁期限不得超过20年。超过20年的，超过部分无效）

第三条 租赁物的用途或性质：______________________________

____

① 发布机构：原国家工商行政管理局，合同文号：GF－2000－0601。根据《民法典》进行了个别调整。

租赁物的使用方法：______________________________

____

第四条 租金、租金支付期限及方式

1. 租金（大写）：______________________________

2. 租金支付期限：______________________________

3. 租金支付方式：______________________________

第五条 租赁物交付的时间、地点、方式及验收：______________________________

____

第六条 租赁物的维修

1. 出租人维修范围、时间及费用承担：______________________________

____

2. 承租人维修范围及费用承担：______________________________

____

第七条 因租赁物维修影响承租人使用的，出租人应相应减少租金或延长租期。其计算方法是：______________________________

____

第八条 租赁物的改善或增设他物

出租人（是/否）允许承租人对租赁物进行改善或增设他物。改善或增设他物不得因此损坏租赁物。

租赁合同期限满时，对租赁物的改善或增设的他物的处理方法是：______________

____

第九条 出租人（是/否）允许承租人转租租赁物。

第十条 违约责任：______________________________

____

第十一条 合同争议的解决方式：本合同在履行过程中发生的争议，由双方当事人协商解决；也可由当地工商行政管理部门调解；协商或调解不成的，按下列第__________种方式解决：

（一）提交________________仲裁委员会仲裁；

（二）依法向人民法院起诉。

第十二条 租赁期届满，双方有意续订的，可在租赁期满前____日续订租赁合同。

第十三条 租赁期满租赁物的返还时间为：____________________

第十四条 其他约定事项：______________________________

____

____

第十五条 本合同未作规定的，按照《中华人民共和国民法典》的规定执行。

出租人：（章）　　承租人：（章）　　鉴（公）证意见：
住所：　　住所：
法定代表人：　　法定代表人：
（签名）　　（签名）
居民身份证号码：　　居民身份证号码：
委托代理人：　　委托代理人：
（签名）　　（签名）
电话：　　电话：　　（公）证机关（章）
开户银行：　　开户银行：　　经办人：
账号：　　账号：　　年　月　日
邮政编码：　　邮政编码：
监制部门：　　印制单位：

（二）房屋租赁合同（示范文本）①

合同编号：__________

出租人：________________　　签订地点：__________

承租人：________________　　签订时间：______年____月____日

第一条　租赁房屋坐落在____________________；间数__________；建筑面积________________平方米；房屋质量______________________________。

第二条　租赁期限从______年____月____日至______年____月____日。

（提示：租赁期限不得超过 20 年。超过 20 年的，超过部分无效）

第三条　租金（大写）：________________

第四条　租金的支付期限与方式：____

第五条　承租人负责支付出租房屋的水费、电费、煤气费、电话费、光缆电视费、卫生费和物业管理费。

第六条　租赁房屋的用途：________________________________

第七条　租赁房屋的维修：________________________________

出租人维修的范围、时间及费用负担：________________________________

承租人维修的范围及费用负担：________________________________

第八条　出租人（是/否）允许承租人对租赁房屋进行装修或改善增设他物。装

① 发布机构：原国家工商行政管理局，合同文号：GF－2000－0602。

修、改善增设他物的范围是：____

____

租赁合同期满，租赁房屋的装修、改善增设他物的处理：____________________

____

第九条 出租人（是/否）允许承租人转租租赁房屋。

第十条 定金（大写____________）元。承租人在____________________前交给出租人。

第十一条 合同解除和条件

有下列情形之一，出租人有权解除本合同：

1. 承租人不交付或者不按约定交付租金达________________个月以上；
2. 承租人所欠各项费用达（大写）________________元以上；
3. 未经出租人同意及有关部门批准，承租人擅自改变出租房屋用途的；
4. 承租人违反本合同约定，不承担维修责任致使房屋或设备严重损坏的；
5. 未经出租人书面同意，承租人将出租房屋进行装修的；
6. 未经出租人书面同意，承租人将出租房屋转租第三人的；
7. 承租人在出租房屋进行违法活动的。

有下列情形之一，承租人有权解除本合同：

1. 出租人迟延交付出租房屋________________个月以上；
2. 出租人违反本合同约定，不承担维修责任，使承租人无法继续使用出租房屋；
3. ____

____________________。

第十二条 房屋租赁合同期满，承租人返还房屋的时间是：___________________

____

第十三条 违约责任：____

____

____

出租人未按时或未按要求维修出租房屋造成承租人人身受到伤害或财物毁损的，负责赔偿损失。

承租人逾期交付租金的，除应及时如数补交外，还应支付滞纳金。

承租人违反合同，擅自将出租房屋转租第三人使用，因此造成出租房屋毁坏的，应负损害赔偿责任。

第十四条 合同争议的解决方式：本合同在履行过程中发生的争议，由双方当事人协商解决；也可由有关部门调解；协商或调解不成的，按下列第______种方式解决：

（一）提交________________仲裁委员会仲裁；

（二）依法向人民法院起诉。

第十五条　其他约定事项：____

____

出租人：（章）	承租人：（章）	鉴（公）证意见：
住所：	住所：	
法定代表人：	法定代表人：	
（签名）	（签名）	
居民身份证号码：	居民身份证号码：	
委托代理人：	委托代理人：	
（签名）	（签名）	
电话：	电话：	（公）证机关（章）
开户银行：	开户银行：	经办人：
账号：	账号：	年　月　日
邮政编码：	邮政编码：	
监制部门：	印制单位：	

（四）实例演示

孙某大学毕业后来到南京，欲在南京找份工作，可是找工作之前需要找房子，于是孙某向邓某租了一套小平方米的房子。孙某应如何签订房屋租赁合同呢？

房屋租赁合同

出租人：邓某　　　签订地点：南京市××区××路××号

承租人：孙某　　　签订时间：2019 年 7 月 8 日

第一条　租赁房屋坐落在南京市××区××路××号；间数：两间；建筑面积：××平方米；房屋质量：合格。

第二条　租赁期限从 2019 年 7 月 8 日至 2020 年 7 月 9 日。

第三条　租金（大写）：22000 元人民币，（大写）贰万贰仟圆整。

第四条　租金的支付期限与方式：按季度支付，在每季度的前十日内支付。

第五条　承租人负责支付出租房屋的水费、电费、煤气费、电话费、光缆电视费、卫生费和物业管理费。

第六条　租赁房屋的用途：承租人个人居住。

第七条　租赁房屋的维修：由邓某负责维修。

第八条　未经出租人允许，承租人不得对租赁房屋本身进行装修、改善或增设他物，但承租人可以对屋内家具、电器、摆设等生活设施进行添设，承租人添设的生活设施在承租人退租时应撤走。

第九条　未经出租人事先允许，承租人不得转租租赁房屋。

第十条 定金1000元人民币，（大写）壹仟圆整。承租人在该租赁合同签订后3日内交给出租人。

第十一条 合同解除和条件

有下列情形之一，出租人有权解除本合同：

1. 承租人不交付或者不按约定交付租金达3个月以上；
2. 承租人所欠各项费用达3000元，（大写）叁仟圆以上；
3. 未经出租人同意及有关部门批准，承租人擅自改变出租房屋用途的；
4. 未经出租人同意，承租人将出租房屋进行装修或改装的；
5. 未经出租人同意，承租人将出租房屋转租第三人的；
6. 承租人在出租房屋进行违法活动的。

有下列情形之一，承租人有权解除本合同：

1. 出租人迟延交付出租房屋一个月以上；
2. 出租人违反本合同约定，不承担维修责任，使承租人无法继续使用出租房屋。

第十二条 房屋租赁合同期满，承租人返还房屋的时间是：2020年7月10日。

第十三条 违约责任：

出租人未按时或未按要求维修出租房屋造成承租人人身受到伤害或财物毁损的，负责赔偿损失。

承租人逾期交付租金的，除应及时如数补交外，还应支付滞纳金（按每日租金3%计算）。

承租人违反合同，擅自将出租房屋转租第三人使用，因此造成出租房屋毁坏的，应负损害赔偿责任。

第十四条 合同争议的解决方式：本合同在履行过程中发生的争议，由双方当事人协商解决；也可由有关部门调解；协商或调解不成的，可以依法向人民法院起诉。

出租人：邓某
居民身份证号码：××××××××××××××××××
住所：南京市××区××路××号
电话：××××××××
承租人：孙某
居民身份证号码：××××××××××××××××××
电话：××××××××

2019年7月8日

（五）特别提醒

1. 注意法律关于租赁期限的限制。我国《民法典》第七百零五条规定：租赁期限不得超过20年。超过20年的，超过部分无效。租赁期间届满，当事人可以续订租赁合同；但是，约定的租赁期限自续订之日起不得超过20年。

2. 注意法律关于合同形式的要求。我国《民法典》第七百零七条规定：租赁期限六个月以上的，应当采用书面形式。无法确定租赁期限的，视为不定期租赁。

3. 房屋租赁应注意的问题。

第一，我国房屋租赁实行备案制。我国《城市房地产管理法》规定，房屋租赁不仅须由双方当事人签订租赁合同（书面合同），而且应向房产管理部门备案。

第二，双方应在租赁合同中明确说明房屋的内部构造、使用的建材、相应的配套设施、房屋的面积、间数等。

第三，确定出租人是否具有出租房屋的权利。即看该出租人是否为房主、经房主授权的代理人或者是经房主同意转租的承租人。

第四，对房屋租赁时的状况以及一些必要的物业状况进行拍照记录，作为租赁合同的附件。日后租赁关系结束收回房屋时，一旦产生纠纷，可作为证据使用。

第五，详细约定当出现出租人提前收回房屋，承租人提前退租、续租、转租等其他事项的解决办法。

4. 明确争议解决的方式与违约责任。如明确具体的违约责任与损害赔偿的办法，如具体的违约金数额。明确争议是否需要仲裁。这样当纠纷出现时，就能够尽快地解决纠纷，减少相应费用的支出。

三、委托合同

（一）基本知识

1. 什么是委托合同？

委托合同是委托人和受托人约定，由受托人处理委托人事务的合同。

委托合同有如下特征：

（1）委托合同是建立在委托人与受托人相互信任基础上的。

（2）委托合同是提供劳务类的合同，其标的是劳务，这种劳务体现为受托人为委托人处理委托事务。

（3）委托合同可以是有偿的，也可以是无偿的。

（4）委托合同自双方达成一致的协议时成立，不以物的交付或当事人实际履行行为作为合同成立的要件。

2. 委托合同包括哪些基本内容？

委托合同通常包括但不限于下列条款：

（1）当事人。在签订委托合同时，应具体、准确地载明当事人的基本情况，不可简称或代称。

（2）委托处置的事务。委托的事项必须具体，处置的程度要清晰、明确，不可含混不清。

（3）双方当事人的权利、义务。合同中应明确双方当事人的权利、义务，以利于受托人在权利范围内完全履行义务，顺利完成委托事项，同时其也可以用来衡量自己及对方行为得失，便于争议的解决。

（4）受托人的报酬及支付方式。委托合同如果是有偿的，委托人在受托人完成委托事项后，应当支付约定的报酬。

（5）完成委托事项的质量或程度要求。即受托人处置委托事项应达到委托人的要求，制定该条款是衡量和计算报酬的依据。

（6）委托期限。委托期限届满，受托人则丧失委托人所授予的权限。

（7）完成委托事项的期限。委托人应按时间约定要求受托人保质保量完成委托事项，受托人也应在约定的时间内达到委托人的要求，任何一方有违约定，都要承担违约责任。

（8）违约责任。可约定违约金的数额及损害赔偿办法。

（9）争议解决的方式。

（二）法律依据

《中华人民共和国民法典》

第九百一十九条　委托合同是委托人和受托人约定，由受托人处理委托人事务的合同。

第九百二十条　委托人可以特别委托受托人处理一项或者数项事务，也可以概括委托受托人处理一切事务。

（三）范本下载

委托合同（示范文本）①

合同编号：__________

委托人：________________　签订地点：________________

受托人：________________　签订时间：______年____月____日

第一条　委托人委托受托人处理______________________________事务。

第二条　受托人处理委托事务的权限与具体要求：____________________________

---

① 发布机构：原国家工商行政管理局，合同文号：GF－2000－1001。根据《民法典》进行了个别调整。

____

____

第三条　委托期限自______年____月____日至______年____月____日。

第四条　委托人（是/否）允许受托人把委托处理的事务转委托给第三人处理。

第五条　受托人有将委托事务处理情况向委托人报告的义务。

第六条　受托人将处理委托事务所取得的财产转交给委托人的时间、地点及方式：

____

____

第七条　委托人支付受托人处理委托事务所需费用的时间、方式：____________

____

第八条　报酬及支付方式：____

____

第九条　本合同解除的条件：____

____

____

第十条　违约责任：____

____

____

第十一条　合同争议的解决方式：本合同在履行过程中发生的争议，由双方当事人协商解决；协商不成的，按下列第__________种方式解决：

（一）提交____________________仲裁委员会仲裁；

（二）依法向人民法院起诉。

第十二条　其他约定事项：____

____

____

第十三条　本合同未作规定的，按《中华人民共和国民法典》的规定执行。

第十四条　本合同一式________份，双方各执________份，具有同等法律效力。

委托人：（章） 住所： 法定代表人： （签名） 电话： 开户银行： 账号： 邮政编码：	受托人：（章） 住所： 法定代表人： （签名） 电话： 开户银行： 账号： 邮政编码：

监制部门：　　　　　　　　印制单位：

（四）实例演示

张某要去景德镇出差，邻居李某得知后，想托张某从景德镇买一青花瓷的花瓶。双方签订了委托合同。

委托合同

委托人：李某　　　　签订地点：××市××区××路××号

受托人：张某　　　　签订时间：2020年3月9日

第一条　委托人委托受托人从景德镇购买一青花瓷花瓶。

第二条　受托人可就花瓶的大小、形状、质地等特点自行挑选，为青花瓷花瓶即可。

第三条　委托期限自2020年3月9日至受托人从景德镇回到现在的住处。

第四条　委托人不允许受托人把委托处理的事务转委托给第三人处理。

第五条　受托人有将委托事务处理情况向委托人报告的义务。

第六条　受托人应在从景德镇回到现在的住处后三日内亲自将花瓶交与委托人。

第七条　委托人在接到花瓶的同时报销受托人购买花瓶的发票。

第八条　受托人的报酬为500元（大写：伍佰圆），在受托人交付花瓶时由委托人支付。

第九条　违约责任：任何一方违反本合同约定的义务的，未违约一方有权请求违约方支付违约金1000元（大写：壹仟圆），造成损失的，损失的一方有权请求损害赔偿。

第十条　合同争议的解决方式：本合同在履行过程中发生的争议，由双方当事人协商解决；协商不成的，提交××仲裁委员会仲裁。

第十一条　本合同未作规定的，按《中华人民共和国民法典》的规定执行。

第十二条　本合同一式两份，双方各执一份，具有同等法律效力。

委托人：李某

身份证号：××××××××××××××××××

电话：××××××××

受托人：张某

身份证号：××××××××××××××××××

电话：××××××××

2020年3月9日

（五）特别提醒

1. 确定受托人的能力与资格。了解受托人是否有能力完成委托事项，是否具备处理该委托事项的合法资格。

2. 明确规定委托事务。合同约定的委托的事项必须详细具体、清晰、明确，不可含混不清。

3. 依法明确规定双方当事人的权利义务。委托人与受托人都应严格按照合同约定全面履行自己的义务，当出现一方不履行义务时，有具体的权利义务的规定，便于解决纠纷。

4. 注明完成委托事项的标准与时间。完成委托事项的标准即受托人在完成委托事项时应当达到一个什么样的程度或者是结果。另外，该条规定也可以成为计算受托人报酬的依据。而注明时间，则是为了督促受托人按时完成受托事项，如其不能按时完成，则构成违约，不仅不能如数获得约定的报酬，还应承担违约责任。

5. 明确争议解决的方式与违约责任。如明确具体的违约责任与损害赔偿的办法，如具体的违约金数额。明确争议是否需要仲裁。这样当纠纷出现时，就能够尽快地解决纠纷，减少相应费用的支出。

四、赠与合同

（一）基本知识

1. 什么是赠与合同？

赠与合同是赠与人将自己的财产无偿给予受赠人，受赠人表示接受赠与的合同。赠与合同可以发生在个人对国家机关、企事业单位和社会团体以及个人相互之间。赠与的财产不限于所有权的移转，如抵押权、地役权的设定，均可作为赠与的标的。

2. 赠与合同包括哪些基本内容？

赠与合同通常包括但不限于下列条款：

（1）当事人基本情况。

写明赠与人、受赠人的名称或姓名、住所和联系方式等。

（2）赠与目的。

写明为什么赠与，如为了报恩，为了鼓励某人。

（3）赠与物名称、品质与数量。

合同要标明具体赠与物的性质和名称，如房屋、货币、有价证券或专利权等。

合同应具体写明赠与物的数量、品种、品质。根据赠与物的不同，也不限于这三项内容。例如，赠与物是货币的，应写明币种和数额；赠与物是房屋的，应写明房屋的坐落、规格、面积、是否出租等。

（4）履行期限、地点和方式。

此条款要明确规定赠与物的交付时间、地点和方式，以便合同的顺利履行。

（5）是否为附义务赠与。

如是附义务赠与，相应地写明具体的义务是什么。受赠人不履行附设义务的行为是违约行为，受赠人要承担违约责任。

（6）违约责任。

可约定违约金的数额及损害赔偿办法。

（7）合同的变更与终止。

赠与物尚未给予时，赠与人因经济状况显著恶化，严重影响生产经营或者家庭生活的，可以变更或终止合同。

（8）赠与合同的撤销。

严重侵害赠与人或者赠与人的近亲属、不履行对赠与人的抚养义务以及不履行赠与合同约定的义务等情形都是合同解除的条件。

赠与被撤销的，撤销权人可以向受赠人请求返还赠与财产。

（9）争议解决的方式。

当出现合同争议时，先由双方当事人协商解决。协商不成的，可以仲裁或者诉讼方式解决。

（二）法律依据

《中华人民共和国民法典》

第六百五十七条　赠与合同是赠与人将自己的财产无偿给予受赠人，受赠人表示接受赠与的合同。

第六百六十一条　赠与可以附义务。

赠与附义务的，受赠人应当按照约定履行义务。

（三）范本下载

赠与合同（示范文本）[①]

合同编号：________________

赠与人：__________　签订地点：________________

受赠人：__________　签订时间：______年____月____日

第一条　赠与财产的名称、数量、质量和价值

一、名称：____

二、数量：____

三、质量：____

---

① 发布机构：原国家工商行政管理局，合同文号：GF－2000－1301。根据《民法典》进行了个别调整。

四、价值：______________________________

赠与的财产属不动产的，该不动产所处的详细位置及状况：______________

____

____

第二条　赠与目的：______________________________

____

第三条　本赠与合同（是/否）是附义务的赠与合同。所附义务是：__________

____

____

第四条　赠与物（是/否）有瑕疵。瑕疵是指赠与物的______________

____

____

第五条　赠与财产的交付时间、地点及方式：______________________

____

____

第六条　合同争议的解决方式：本合同在履行过程中发生的争议，由双方当事人协商解决；协商不成的，按下列第______种方式解决：

（一）提交________________仲裁委员会仲裁；

（二）依法向人民法院起诉。

第七条　本合同未作规定的，按照《中华人民共和国民法典》的规定执行。

第八条　本合同自双方当事人签订之日起生效。

第九条　其他约定事项：______________________________

赠与人：（章）	受赠人：（章）
住所：	住所：
法定代表人：	法定代表人：
居民身份证号码：	居民身份证号码：
委托代理人：	委托代理人：
电话：	电话：
邮政编码：	邮政编码：
监制部门：	印制单位：

（四）实例演示

周某有一儿一女，但儿女都不孝顺，一次，周某得了一场大病，住院期间不能自理，其请的护工马某对其照顾有加，为此，二人结下了深厚的感情。为答谢马某，周某决定将自己的一个宝贝——清朝乾隆年间红宝石戒指一枚赠与马某。为此，签订了赠与合同。

赠与合同

赠与人：周某　　　签订地点：××市××区××路××号

受赠人：马某　　　签订时间：2019年4月9日

第一条　赠与财产的名称、数量、质量和价值

一、名称：清朝乾隆年间红宝石戒指

二、数量：一枚

三、质量：千足金

四、价值：××××××元人民币

第二条　赠与原因：答谢受赠人对赠与人大病时的悉心照顾。

第三条　本赠与合同为非附义务的赠与合同。

第四条　赠与物除因年代久远，有适当磨损外，无其他瑕疵。

第五条　赠与人在此合同签订后的3日内亲自将赠与物交付给受赠人，交付地点另行协商。

第六条　合同争议的解决方式：本合同在履行过程中发生的争议，由双方当事人协商解决；协商不成的，可提交××仲裁委员会仲裁。

第七条　本合同未作规定的，按照《中华人民共和国民法典》的规定执行。

第八条　本合同自双方当事人签订之日起生效。

赠与人：周某

身份证号：××××××××××××××××××

电话：××××××××

受赠人：马某

身份证号：××××××××××××××××××

电话：××××××××

2019年4月9日

（五）特别提醒

1. 确定当事人的合法性。赠与人必须具有完全民事行为能力，无民事行为能力人和限制民事行为能力人赠与他人房屋的合同，只要未经过其法定代理人同意，均为无效的合同。

2. 确保赠与人对赠与物有处分权。赠与人不能把不属于自己或者自己无权处分的财产和权利赠送他人，否则，构成侵害他人权益的行为。合同中要写清楚赠与人有权处分赠与财产的证明文件，确保赠与行为的合法有效。

3. 关于报批问题。权利转移涉及有关部门批准的，应当在合同中订立清楚。例

如，赠与房屋合同就需要到房管部门办理房屋所有权转移手续，没有办理手续的，其转让无效。

4. 关于房屋赠与申请变更登记应提交的文件。应向房屋所在地的房管部门提供以下文件：申请书、有关双方当事人的证件、原房屋产权证、房屋赠与合同书、公证书、契税收据、遗赠证明及赠与人死亡证明、遗赠证明公证书等。

五、借款合同

（一）基本知识

1. 什么是借款合同?

借款合同是借款人向贷款人借款，到期返还借款并支付利息的合同。其中，提供货币的一方称贷款人，受领货币的一方称借款人。借款合同一般为有偿合同（有息借款），也可以是无偿合同（无息借款）。

2. 借款合同包括哪些基本内容?

借款合同通常包括但不限于下列条款：

（1）借款的种类。该条款主要是针对金融机构作为贷款人的情况。可根据借款人的所有制性质、产业属性、借款的用途以及资金的来源和运用等确定借款的种类。比如，根据借款的期限可以划分为长期借款和短期借款。

（2）借款用途。主要是指借款使用的目的。使用所借款项应符合约定的用途，不得挪作他用。

（3）借款数额。是指借款的总数。有分批支付借款情况的，每一次支付借款的金额也应当写明。

（4）借款利息。由当事人在法定范围内予以约定。不得约定成高利贷等。

（5）借款期限。是指借款人在合同中约定能使用借款的时间。当事人一般根据借款人的生产经营周期、还款能力和贷款人的资金供给能力等，约定借款期限。

（6）还款期限和方式。是指贷款人和借款人约定何日还款以及以什么结算方式偿还借款给贷款人。

（7）保证条款。如约定借款方必须按照借款合同规定的用途使用借款，不得挪作他用，不得用借款进行违法活动。

（8）违约责任与争议解决条款。

（二）法律依据

《中华人民共和国民法典》

第六百六十七条　借款合同是借款人向贷款人借款，到期返还借款并支付利息的合同。

第六百六十八条　借款合同应当采用书面形式，但是自然人之间借款另有约定的除外。

借款合同的内容一般包括借款种类、币种、用途、数额、利率、期限和还款方式等条款。

第六百六十九条　订立借款合同，借款人应当按照贷款人的要求提供与借款有关的业务活动和财务状况的真实情况。

（三）范本下载

个人借款合同

甲方（借款人）：__________

身份证号码：________________

电话：________________

居住地：____________________

乙方（贷款人）：__________

身份证号码：________________

电话：________________

居住地：____________________

甲、乙双方在平等自愿、协商一致的基础上就下列事宜达成一致意见，为明确责任，签订本合同。

第一条　乙方贷给甲方人民币（大写）________________，于________________前交付甲方。

第二条　借款用途：____

____

第三条　贷款利息：____

____

第四条　借款期限：

借款方从______年____月起至______年____月止，按本合同规定的利息偿还借款。贷款逾期不还的部分，贷款方有权限期追回贷款。

第五条　还款日期和方式：____

____

第六条　保证条款：

（一）借款方必须按照借款合同规定的用途使用借款，不得挪作他用，不得用借款进行违法活动。

（二）____

____

（三）____

____

（四）____

____

第七条　违约责任：____

____

____

第八条　争议解决方式：

本合同在履行过程中发生的争议，由双方当事人协商解决；协商不成的，按下列第______种方式解决：

（一）提交________________仲裁委员会仲裁；

（二）依法向人民法院起诉。

第九条　本合同自______生效。本合同一式两份，双方各执一份，合同文本具有同等法律效力。

第十条　本合同未作约定的，按照《中华人民共和国民法典》的有关规定执行。

甲方（签字、盖章）：　　　　　　　　乙方（签字、盖章）：

签订日期：　　　　　　　　　　　　　签订日期：

签订地点：　　　　　　　　　　　　　签订地点：

（四）实例演示

2019年5月1日，赵某因做服装生意本钱不够，向孙某借取3万元人民币。双方签订了借款合同。

个人借款合同

甲方（借款人）：赵某

身份证号：××××××××××××××××××

电话：××××××××

居住地：××市××区××路××号

乙方（贷款人）：孙某

身份证号：××××××××××××××××××

电话：××××××××

居住地：××市××区××路××号

甲、乙双方在平等自愿、协商一致的基础上就下列事宜达成一致意见，为明确责任，签订本合同。

第一条 乙方贷给甲方人民币30000元（大写叁万圆），于本合同前交付甲方。

第二条 借款用途：用于服装进货。

第三条 借款期限为：2019年5月1日至2020年5月1日。

第四条 还款日期为2019年5月2日至2020年5月10日，还款方式为：现金支付。

第五条 保证条款：

（一）借款方必须按照借款合同规定的用途使用借款，不得挪作他用，不得用借款进行违法活动。

（二）按合同约定的日期如数还款。

第六条 违约责任：任何一方违反本合同约定的义务的，未违约一方有权请求违约方支付违约金500元（大写：伍佰圆），造成损失的，损失的一方有权请求损害赔偿。

第七条 争议解决方式：

本合同在履行过程中发生的争议，由双方当事人协商解决；协商不成的，依法向人民法院起诉。

第八条 本合同自双方签订之日起生效。本合同一式两份，双方各执一份，合同文本具有同等法律效力。

第九条 本合同未作约定的，按照《中华人民共和国民法典》的有关规定执行。

甲方（签字、盖章）：赵某

签订日期：2019年5月1日

签订地点：××市××区××路××号

乙方（签字、盖章）：孙某

签订日期：2019年5月1日

签订地点：××市××区××路××号

（五）特别提醒

1. 借款合同的生效。借款合同是实践合同，自交付款项时生效。

2. 明确债务人的身份。在签订借款合同的时候，应当将能证明债务人身份的资料作为附件，比如身份证复印件或营业执照复印件等。这样一旦以后出现纠纷，诉诸法庭，对于债权人来讲打官司就有了“明确的被告”，就具备了起诉条件之一。另外，债务人有配偶的，还应当要求其配偶签字及提供身份证明。

3. 借款利息问题。关于利息，我们应当注意以下几方面：首先，在签订借款合同时要特别注意，根据我国《民法典》第六百八十条的规定，自然人之间的借款不约定利息的，视为无利息。只有明确约定利息的，债权人才能向债务人要利息。其次，利息还要“明确”约定，不能模糊约定，以免以后出现不必要的麻烦。《最高人民法院关于审理民间借贷案件适用法律若干问题的规定》第二十六条规定：“出借人请求借款人按照合同约定利率支付利息的，人民法院应予支持，但是双方约定的利率超过合同成立时一年期贷款市场报价利率四倍的除外。前款所称‘一年期贷款市场报价利率’，是指中国人民银行授权全国银行间同业拆借中心自2019年8月20日起每月发布的一年期贷款市场报价利率。”最后，借款的利息不得预先在本金中扣除。预先扣除的，应当按照实际借款额返还并计算利息。

4. 尽量要求债务人提供担保。如果条件允许，应该尽可能要求债务人提供担保。担保一般分为人保和物保两种方式。人保即保证人担保，这种方式较为简单，担保人签字即可，在使用保证人作担保的时候要注意保证人的资格、能力、品行等方面。物保即我们日常生活中说的“抵押”“质押”，如房屋抵押、字画抵押，等等。在作抵押或质押时要注意办理相应的手续。

5. 约定争议解决方式。在这一点上最重要的就是要约定管辖法院。这对于债权人来讲至关重要。因为，依照我国《民事诉讼法》，如果当事人对管辖法院没有约定，往往就是采用“原告就被告”的原则，即由被告所在地法院管辖，这对原告（债权人）来讲是不利的。

六、仓储合同

（一）基本知识

1. 什么是仓储合同？

仓储合同是保管人储存存货人交付的仓储物，存货人支付仓储费的合同。仓储合同属于诺成合同，合同自双方意思表示达成一致时成立。仓储合同中的保管人必须具有从事仓储保管业务的经营资格。

2. 仓储合同包括哪些基本内容？

（1）合同当事人。一般为保管人和存货人，注意明确合同当事人的基本信息，如姓名或名称、公民身份证号码或统一社会信用代码、住所、联系方式等。

（2）仓储物。仓储物必须为动产，且其所有权不发生转移。合同中应说明仓储物的品名、品种规格、性质、数量、质量、包装、件数等信息。如仓储物存在其他特殊属性或存在瑕疵的，亦应列明，以避免当事人因此产生争议。

（3）仓储期限。该期限由当事人自由约定，若当事人没有约定或没有明确约定的，存货人或仓单持有人有权随时提取货物，保管人也有权随时要求存货人等提取货物，但需要给存货人等必要的准备时间。

（4）储存场所、储存物所占仓库的面积及位置。储存场所对仓储物的保管、存储至关重要，如仓储物需要特殊环境的，亦应在合同中明确。同时，应载明储存物所占仓库的面积及位置。

（5）仓储费及支付、结算方式。由当事人根据仓储物、仓储期限、储存场所等事项协商确定。

(6) 仓储物入库与出库检验的方法、时间、地点。入库前，保管人应按约定的方法、时间和地点对入库仓储物进行验收。验收时发现入库仓储物与约定不符的，应当及时通知存货人。验收后，发生仓储物的品种、数量、质量不符合约定的，保管人应当承担损害赔偿责任。出库时，保管人和提货人应对出库的仓储物进行检验，以便明确当事人的责任。

(7) 仓储物的损耗标准及计算方式。有的仓储物会因仓储产生损耗，应确定损耗定额标准及计算方式。

(8) 仓储物的保险情况。一般情况下，合同需载明仓储物是否已经办理保险，已经办理保险的，需在合同中载明险种、保险金额、保险期限、保险人名称等。

(9) 合同当事人的主要权利义务及违约责任。如存货人或仓单持有人逾期提货时应当加付的仓储费、保管人保管不当导致货损的违约金等。

(10) 争议解决方式及其他约定事项。

(二) 法律依据

《中华人民共和国民法典》

第九百零四条　仓储合同是保管人储存存货人交付的仓储物，存货人支付仓储费的合同。

第九百零五条　仓储合同自保管人和存货人意思表示一致时成立。

第九百零八条　存货人交付仓储物的，保管人应当出具仓单、入库单等凭证。

(三) 范本下载

仓储合同（示范文本）①

合同编号：__________

保管人：________________　签订地点：________________

存货人：________________　签订时间：________年________月________日

第一条　仓储物

品名	品种规格	性质	数量	质量	包装	件数	标记

① 发布机构：原国家工商行政管理局，合同文号：GF－2000－0901。收录本书时进行了个别调整。

（注：空格如不够用，可以另接）

第二条　储存场所、储存物占用仓库位置及面积：________________________

____

第三条　仓储物（是/否）有瑕疵。瑕疵是：________________________

____

第四条　仓储物（是/否）需要采取特殊保管措施。特殊保管措施是：________

____

第五条　仓储物入库检验的方法、时间与地点：________________________

____

第六条　存货人交付仓储物后，保管人应当给付仓单。

第七条　储存期限：从________年________月________日至________年________月________口。

第八条　仓储物的损耗标准及计算方法：________________________

____

第九条　保管人发现仓储物有变质或损坏的，应及时通知存货人或仓单持有人。

第十条　仓储物（是/否）已办理保险，险种名称：______________；保险金额：______________；保险期限：______________；保险人名称：______________。

第十一条　仓储物出库检验的方法与时间：________________________

____

第十二条　仓储费（大写）：________________元。

第十三条　仓储费结算方式与时间：________________________

____

第十四条　存货人未向保管人支付仓储费的，保管人（是/否）可以留置仓储物。

第十五条　违约责任：________________________

____

____

第十六条　合同争议的解决方式：本合同在履行过程中发生的争议，由双方当事人协商解决；也可由当地市场监管部门调解；协商或调解不成的，按下列第________种方式解决：

（一）提交________________仲裁委员会仲裁；

（二）依法向人民法院起诉。

第十七条　其他约定事项：________________________

____

存货人 存货人（章）： 住所： 法定代表人： 委托代理人： 电话： 开户银行： 账号： 邮政编码：	保管人 保管人（章）： 住所： 法定代表人： 委托代理人： 电话： 开户银行： 账号： 邮政编码：	鉴（公）证意见： 鉴（公）证机关（章） 经办人： 年 月 日

（四）实例演示

喜来公司欲将一批木材储存在鲲鹏公司的仓库中，喜来公司与鲲鹏公司应该如何签订仓储合同呢？

仓储合同

保管人：鲲鹏有限责任公司　　签订地点：浙江省杭州市

存货人：喜来有限责任公司　　签订时间：2019年12月26日

第一条 仓储物

品名	品种规格	性质	数量	质量	包装	件数	标记
××木	××	××	××	××	××	××	

第二条 储存场所、储存物占用仓库位置及面积

仓储物储存于浙江省杭州市××区××路××号××号仓库2-1F区，占地面积××平方米。

第三条 仓储物没有瑕疵。

第四条 仓储物需要采取特殊保管措施：通风、防潮、保持干燥。

第五条 仓储物入库检验的方法、时间与地点：仓储物经由存货人运送至仓储场所5日内，保管人应当对仓储物的外观进行全面检验。

第六条 存货人交付仓储物后，保管人应当给付仓单。

第七条 储存期限：从2020年1月1日至2020年4月30日。

第八条　仓储物的损耗标准及计算方法：略。

第九条　保管人发现仓储物有变质或损坏的，应及时通知存货人或仓单持有人。

第十条　仓储物已办理保险，险种名称：××；保险金额：×××××；保险期限：××××；保险人名称：××××。

第十一条　仓储物出库检验的方法与时间：存货人应于出库后5日内对仓储物的外观进行全面检验。

第十二条　仓储费（大写）：人民币30000元（叁万圆整）。

第十三条　仓储费结算方式与时间：2020年1月1日，存货人现金支付总仓储费的25%；2020年4月28日，存货人通过转账方式支付总仓储费的75%，一次付清。

存货人应将仓储费支付至以下账户：

开户人：喜来有限责任公司

开户银行：中国××银行××支行

账号：略。

第十四条　存货人未向保管人支付仓储费的，保管人可以留置仓储物。

第十五条　违约责任

（一）存货人未如实告知仓储物存在瑕疵，致使保管人遭受损失的，应当承担损害赔偿责任；

（二）存货人未依约提取仓储物的，应当按总仓储费的日均价格依据逾期天数支付仓储费；

（三）因保管人保管不当致使仓储物发生货损的，保管人应当承担损害赔偿责任。

第十六条　合同争议的解决方式：本合同在履行过程中发生的争议，由双方当事人协商解决；也可由当地市场监管部门调解；协商或调解不成的，可依法向人民法院起诉。

第十七条　其他未尽事项可协商补充约定，与本合同具有同等效力。

存货人：喜来有限责任公司

住所：四川省成都市青羊区××路××号

法定代表人：××

委托代理人：××

电话：×××××××××××

保管人：鲲鹏有限责任公司

住所：浙江省杭州市××区××路××号

法定代表人：××

委托代理人：××

电话：×××××××××××

（五）特别提醒

1. 存货人注意选择有资质及具备必要条件的保管人，如根据自己的货物性质选择场地条件好、服务水平高、收费合理、讲诚信的保管人。并且一定要注意，如果保管人没有从事仓储业务的资格，则不可与之签订仓储合同。

2. 明确保管人的责任。特别是在合同中具有保管方代办运输的条款时，应细化保管方的责任，如约定仓储物的运输方式、按期做好进站准备、向车站港口申报车船的托运情况等。

3. 合同中应特别明确货物入库、验收和出库、验收两个环节，要具体细化货物的验收方法、时间、标准以及货物的交接手续等。

4. 对仓储物的包装有明确要求的，具体条款应明确、细化，如明确包装物的外层包装用料、内层包装要求等。

5. 对储存条件和方法有特殊要求的，具体条款应明确、细化，如针对冷冻、高压、特殊装置进行储存等。

6. 存货人交付的仓储物存在瑕疵的，应当将有关内容告知保管人，如仓储物的外包装存在瑕疵、仓储物本身存在货损等。若存货人未如实告知，导致货损的，保管人不承担赔偿责任；保管人因此遭受损失的，存货人应当赔偿，除非保管人知道或者应当知道仓储物存在瑕疵并且未采取补救措施。

7. 给付仓单是保管人的基本义务之一。双方应对仓单进行认真填写及核对。仓单中应载明以下事项：(1) 存货人的名称或者姓名和住所；(2) 仓储物的品种、数量、质量、包装、件数和标记；(3) 仓储物的损耗标准；(4) 储存场所；(5) 储存期间；(6) 仓储费；(7) 仓储物已经办理保险的，其保险金额、期间以及保险人的名称；(8) 填发人、填发地和填发日期；等等。

第四章　知识产权法律文书

一、发明专利请求书

（一）基本知识

1. 什么是发明专利请求书？

所谓发明，是指对产品、方法或者其改进所提出的新的技术方案。而就此技术方案向有关部门申请专利时所递交的申请文书即为发明专利请求书。

2. 申请发明专利应当提交哪些文件？

《专利法》第二十六条规定，申请发明或者实用新型专利的，应当提交请求书、说明书及其摘要和权利要求书等文件。

请求书应当写明发明或者实用新型的名称，发明人或者设计人的姓名，申请人姓名或者名称、地址，以及其他事项。

说明书应当对发明或者实用新型作出清楚、完整的说明，以所属技术领域的技术人员能够实现为准；必要的时候，应当有附图。摘要应当简要说明发明或者实用新型的技术要点。

权利要求书应当以说明书为依据，说明要求专利保护的范围。

依赖遗传资源完成的发明创造，申请人应当在专利申请文件中说明该遗传资源的直接来源和原始来源；申请人无法说明原始来源的，应当陈述理由。

（二）法律依据

《中华人民共和国专利法》

第二十六条　申请发明或者实用新型专利的，应当提交请求书、说明书及其摘要和权利要求书等文件。

请求书应当写明发明或者实用新型的名称，发明人的姓名，申请人姓名或者名称、地址，以及其他事项。

说明书应当对发明或者实用新型作出清楚、完整的说明，以所属技术领域的技术人员能够实现为准；必要的时候，应当有附图。摘要应当简要说明发明或者实用新型的技术要点。

权利要求书应当以说明书为依据，清楚、简要地限定要求专利保护的范围。

依赖遗传资源完成的发明创造，申请人应当在专利申请文件中说明该遗传资源的直接来源和原始来源；申请人无法说明原始来源的，应当陈述理由。

（三）范本下载

发明专利请求书[①]

<table>
<tr><td colspan="4">请按照“注意事项”正确填写本表各栏</td><td>此框内容由国家知识产权局填写</td></tr>
<tr><td rowspan="2">⑦发明名称</td><td colspan="3" rowspan="2"></td><td>①申请号</td></tr>
<tr><td>②分案提交日</td></tr>
<tr><td rowspan="3">⑧发明人</td><td>发明人 1</td><td></td><td>□不公布姓名</td><td>③申请日</td></tr>
<tr><td>发明人 2</td><td></td><td>□不公布姓名</td><td>④费减审批</td></tr>
<tr><td>发明人 3</td><td></td><td>□不公布姓名</td><td>⑤向外申请审批</td></tr>
<tr><td colspan="4">⑨第一发明人国籍或地区　　　居民身份证件号码</td><td>⑥挂号号码</td></tr>
<tr><td rowspan="7">⑩申请人</td><td rowspan="6">申请人（1）</td><td colspan="2">姓名或名称</td><td>申请人类型</td></tr>
<tr><td colspan="2">居民身份证件号码或统一社会信用代码/组织机构代码
□请求费减且已完成费减资格备案</td><td>电子邮箱</td></tr>
<tr><td colspan="3">国籍或注册国家（地区）　　　经常居所地或营业所所在地</td></tr>
<tr><td>邮政编码</td><td colspan="2">电话</td></tr>
<tr><td colspan="3">省、自治区、直辖市</td></tr>
<tr><td colspan="3">市县</td></tr>
<tr><td></td><td colspan="3">城区（乡）、街道、门牌号</td></tr>
</table>

① 来源：国家知识产权局网站。

续　表

<table>
<tr><td rowspan="14">⑩申请人</td><td rowspan="7">申请人（2）</td><td colspan="2">姓名或名称</td><td colspan="2">申请人类型</td></tr>
<tr><td colspan="2">居民身份证件号码或统一社会信用代码/组织机构代码
□请求费减且已完成费减资格备案</td><td colspan="2">电子邮箱</td></tr>
<tr><td colspan="2">国籍或注册国家（地区）</td><td colspan="2">经常居所地或营业所所在地</td></tr>
<tr><td>邮政编码</td><td colspan="3">电话</td></tr>
<tr><td colspan="4">省、自治区、直辖市</td></tr>
<tr><td colspan="4">市县</td></tr>
<tr><td colspan="4">城区（乡）、街道、门牌号</td></tr>
<tr><td rowspan="7">申请人（3）</td><td colspan="2">姓名或名称</td><td colspan="2">申请人类型</td></tr>
<tr><td colspan="2">居民身份证件号码或统一社会信用代码/组织机构代码
□请求费减且已完成费减资格备案</td><td colspan="2">电子邮箱</td></tr>
<tr><td colspan="2">国籍或注册国家（地区）</td><td colspan="2">经常居所地或营业所所在地</td></tr>
<tr><td>邮政编码</td><td colspan="3">电话</td></tr>
<tr><td colspan="4">省、自治区、直辖市</td></tr>
<tr><td colspan="4">市县</td></tr>
<tr><td colspan="4">城区（乡）、街道、门牌号</td></tr>
<tr><td rowspan="5">⑪联系人</td><td colspan="2">姓名</td><td>电话</td><td colspan="2">电子邮箱</td></tr>
<tr><td colspan="5">邮政编码</td></tr>
<tr><td colspan="5">省、自治区、直辖市</td></tr>
<tr><td colspan="5">市县</td></tr>
<tr><td colspan="5">城区（乡）、街道、门牌号</td></tr>
<tr><td colspan="6">⑫代表人为非第一署名申请人时声明　　特声明第　　署名申请人为代表人</td></tr>
<tr><td rowspan="5">⑬专利代理机构</td><td colspan="5">声明已经与申请人签订了专利代理委托书且本表中的信息与委托书中相应信息一致</td></tr>
<tr><td colspan="3">名称</td><td colspan="2">机构代码</td></tr>
<tr><td rowspan="3">代理人（1）</td><td>姓名</td><td rowspan="3">代理人（2）</td><td colspan="2">姓名</td></tr>
<tr><td>执业证号</td><td colspan="2">执业证号</td></tr>
<tr><td>电话</td><td colspan="2">电话</td></tr>
</table>

续 表

<table>
<tr><td>⑭分案申请</td><td colspan="3">原申请号</td><td colspan="2">针对的分案申请号</td><td colspan="2">原申请日　　年　　月　　日</td></tr>
<tr><td rowspan="2">⑮生物材料样品保藏</td><td colspan="3">保藏单位代码</td><td colspan="2">地址</td><td>是否存活</td><td>□是　□否</td></tr>
<tr><td colspan="3">保藏日期　　年　　月　　日</td><td colspan="2">保藏编号</td><td colspan="2">分类命名</td></tr>
<tr><td>⑯
序列</td><td colspan="3">□本专利申请涉及核苷酸或氨基酸序列表</td><td>⑰遗传</td><td colspan="3">□本专利申请涉及的发明创造是依赖于遗传资源完成的</td></tr>
<tr><td rowspan="3">⑱
要求优先权声明</td><td>原受理机构名称</td><td>在先申请日</td><td>在先申请号</td><td>⑲不丧失新颖性宽限期声明</td><td colspan="3">□已在中国政府主办或承认的国际展览会上首次展出
□已在规定的学术会议或技术会议上首次发表
□他人未经申请人同意而泄露其内容</td></tr>
<tr><td rowspan="2"></td><td rowspan="2"></td><td rowspan="2"></td><td>⑳
保密请求</td><td colspan="3">□本专利申请可能涉及国家重大利益，请求按保密申请处理
□已提交保密证明材料</td></tr>
<tr><td colspan="4"></td></tr>
<tr><td colspan="4">㉑□声明本申请人对同样的发明创造在申请本发明专利的同日申请了实用新型专利</td><td>㉒提前公布</td><td colspan="3">□请求早日公布该专利申请</td></tr>
<tr><td colspan="2">㉓摘要附图</td><td colspan="6">指定说明书附图中的图　　　　为摘要附图</td></tr>
<tr><td colspan="4">㉔申请文件清单
1. 请求书　　份　　页
2. 说明书摘要　　份　　页
3. 权利要求书　　份　　页
4. 说明书　　份　　页
5. 说明书附图　　份　　页
6. 核苷酸或氨基酸序列表　　份　　页
7. 计算机可读形式的序列表　　份　　页

权利要求的项数　　　项</td><td colspan="4">㉕附加文件清单
□实质审查请求书　　份　共　　页
□实质审查参考资料　　份　共　　页
□优先权转让证明　　份　共　　页
□优先权转让证明中文题录　　份　共　　页
□保密证明材料　　份　共　　页
□专利代理委托书　　份　共　　页
　总委托书备案编号（　　　　）
□在先申请文件副本　　份　共　　页
□在先申请文件副本中文题录　　份　共　　页
□生物材料样品保藏及存活证明　　份　共　　页
□生物材料样品保藏及存活证明中文题录
　　份　共　　页
□向外国申请专利保密审查请求书　份　共　　页
□其他证明文件（注明文件名称）　份　共　　页</td></tr>
</table>

续 表

㉖全体申请人或专利代理机构签字或者盖章 年 月 日	㉗国家知识产权局审核意见 年 月 日

发明专利请求书外文信息表

<table>
<tr><td>发明名称</td><td colspan="2"></td></tr>
<tr><td rowspan="3">发明人姓名</td><td>发明人 1</td><td></td></tr>
<tr><td>发明人 2</td><td></td></tr>
<tr><td>发明人 3</td><td></td></tr>
<tr><td rowspan="3">申请人名称及地址</td><td>申请人 1</td><td>名称
地址</td></tr>
<tr><td>申请人 2</td><td>名称
地址</td></tr>
<tr><td>申请人 3</td><td>名称
地址</td></tr>
</table>

（四）实例演示

张某是一个电脑爱好者，比较喜欢研发点小产品，经过多次试验在家成功地发明了一款游戏软件，现在想申请专利，他应当怎样填写发明专利请求书呢？

发明专利请求书

请按照“注意事项”正确填写本表各栏				此框内容由国家知识产权局填写
⑦发明名称	××游戏软件			①申请号
				②分案提交日
⑧发明人	发明人1	张某	□不公布姓名	③申请日
	发明人2		□不公布姓名	④费减审批
	发明人3		□不公布姓名	⑤向外申请审批
⑨第一发明人国籍或地区　中华人民共和国　居民身份证件号码××××××××××××××××××				⑥挂号号码
⑩申请人	申请人（1）	姓名或名称　张某		申请人类型　个人
		居民身份证件号码或统一社会信用代码/组织机构代码×××××××××××××××××× □请求费减且已完成费减资格备案		电子邮箱××××@××.com
		国籍或注册国家（地区）中华人民共和国	经常居所地或营业所所在地　北京市海淀区××街道123号	
		邮政编码××××××	电话×××××××××××	
		省、自治区、直辖市　北京市		
		市县　海淀区		
		城区（乡）、街道、门牌号　××街道123号		
	申请人（2）	姓名或名称		申请人类型
		居民身份证件号码或统一社会信用代码/组织机构代码 □请求费减且已完成费减资格备案		电子邮箱
		国籍或注册国家（地区）	经常居所地或营业所所在地	
		邮政编码	电话	
		省、自治区、直辖市		
		市县		
		城区（乡）、街道、门牌号		

续　表

<table>
<tr><td rowspan="7">⑩申请人</td><td rowspan="7">申请人（3）</td><td colspan="3">姓名或名称</td><td colspan="2">申请人类型</td></tr>
<tr><td colspan="3">居民身份证件号码或统一社会信用代码/组织机构代码
□请求费减且已完成费减资格备案</td><td colspan="2">电子邮箱</td></tr>
<tr><td colspan="2">国籍或注册国家（地区）</td><td colspan="3">经常居所地或营业所所在地</td></tr>
<tr><td colspan="2">邮政编码</td><td colspan="3">电话</td></tr>
<tr><td colspan="5">省、自治区、直辖市</td></tr>
<tr><td colspan="5">市县</td></tr>
<tr><td colspan="5">城区（乡）、街道、门牌号</td></tr>
<tr><td rowspan="5">⑪联系人</td><td colspan="2">姓名</td><td colspan="2">电话</td><td colspan="2">电子邮箱</td></tr>
<tr><td colspan="6">邮政编码</td></tr>
<tr><td colspan="6">省、自治区、直辖市</td></tr>
<tr><td colspan="6">市县</td></tr>
<tr><td colspan="6">城区（乡）、街道、门牌号</td></tr>
<tr><td colspan="7">⑫代表人为非第一署名申请人时声明　　特声明第　　署名申请人为代表人</td></tr>
<tr><td rowspan="5">⑬专利代理机构</td><td colspan="6">声明已经与申请人签订了专利代理委托书且本表中的信息与委托书中相应信息一致</td></tr>
<tr><td colspan="3">名称</td><td colspan="3">机构代码</td></tr>
<tr><td rowspan="3">代理人（1）</td><td colspan="2">姓名</td><td rowspan="3">代理人（2）</td><td colspan="2">姓名</td></tr>
<tr><td colspan="2">执业证号</td><td colspan="2">执业证号</td></tr>
<tr><td colspan="2">电话</td><td colspan="2">电话</td></tr>
<tr><td>⑭分案申请</td><td colspan="2">原申请号</td><td colspan="2">针对的分案申请号</td><td colspan="2">原申请日　年　月　日</td></tr>
<tr><td rowspan="2">⑮生物材料样品保藏</td><td colspan="2">保藏单位代码</td><td colspan="2">地址</td><td>是否存活</td><td>□是　□否</td></tr>
<tr><td colspan="2">保藏日期　年　月　日</td><td colspan="2">保藏编号</td><td colspan="2">分类命名</td></tr>
<tr><td>⑯序列</td><td colspan="3">□本专利申请涉及核苷酸或氨基酸序列表</td><td>⑰遗传</td><td colspan="2">□本专利申请涉及的发明创造是依赖于遗传资源完成的</td></tr>
</table>

续 表

<table>
<tr><td rowspan="3">⑱要求优先权声明</td><td>原受理机构名称</td><td>在先申请日</td><td>在先申请号</td><td rowspan="2">⑲不丧失新颖性宽限期声明</td><td rowspan="2">□已在中国政府主办或承认的国际展览会上首次展出
□已在规定的学术会议或技术会议上首次发表
□他人未经申请人同意而泄露其内容</td></tr>
<tr><td rowspan="2"></td><td rowspan="2"></td><td rowspan="2"></td></tr>
<tr><td>⑳保密请求</td><td>□本专利申请可能涉及国家重大利益，请求按保密申请处理
□已提交保密证明材料</td></tr>
<tr><td colspan="4">㉑□声明本申请人对同样的发明创造在申请本发明专利的同日申请了实用新型专利</td><td>㉒提前公布</td><td>□请求早日公布该专利申请</td></tr>
<tr><td>㉓摘要附图</td><td colspan="5">指定说明书附图中的图××为摘要附图</td></tr>
<tr><td colspan="3">㉔申请文件清单
1. 请求书 份 页
2. 说明书摘要 份 页
3. 权利要求书 份 页
4. 说明书 份 页
5. 说明书附图 份 页
6. 核苷酸或氨基酸序列表 份 页
7. 计算机可读形式的序列表 份 页

权利要求的项数 ×项</td><td colspan="3">㉕附加文件清单
□实质审查请求书 份 共 页
□实质审查参考资料 份 共 页
□优先权转让证明 份 共 页
□优先权转让证明中文题录 份 共 页
□保密证明材料 份 共 页
□专利代理委托书 份 共 页
总委托书备案编号（ ）
□在先申请文件副本 份 共 页
□在先申请文件副本中文题录 份 共 页
□生物材料样品保藏及存活证明 份 共 页
□生物材料样品保藏及存活证明中文题录
份 共 页
□向外国申请专利保密审查请求书 份 共 页
□其他证明文件（注明文件名称） 份 共 页</td></tr>
<tr><td colspan="3">㉖全体申请人或专利代理机构签字或者盖章

张某

年 月 日</td><td colspan="3">㉗国家知识产权局审核意见

年 月 日</td></tr>
</table>

发明专利请求书外文信息表

发明名称	××game software	
发明人姓名	发明人1	Zhang mou
	发明人2	
	发明人3	
申请人名称及地址	申请人1	名称　Zhang mou 地址　123××Street，Haidian District，Beijing
	申请人2	名称 地址
	申请人3	名称 地址

（五）特别提醒

1. 申请发明专利，应当提交发明专利请求书、权利要求书、说明书、说明书摘要，有附图的应当同时提交说明书附图，并指定其中一幅作为摘要附图。（表格可在国家知识产权局网站 www. cnipa. gov. cn 下载）

2. 本表应当使用国家公布的中文简化汉字填写，表中文字应当打字或者印刷，字迹为黑色。外国人姓名、名称、地名无统一译文时，应当同时在请求书外文信息表中注明。

3. 本表中方格供填表人选择使用，若有方格后所述内容的，应当在方格内作标记。

4. 本表中所有详细地址栏，本国的地址应当包括省（自治区）、市（自治州）、区、街道门牌号码，或者省（自治区）、县（自治县）、镇（乡）、街道门牌号码，或者直辖市、区、街道门牌号码。有邮政信箱的，可以按规定使用邮政信箱。外国的地址应当注明国别、市（县、州），并附具外文详细地址。其中申请人、专利代理机构、联系人的详细地址应当符合邮件能够迅速、准确投递的要求。

5. 填表说明

（1）本表第①、②、③、④、⑤、⑥、㉗栏由国家知识产权局填写。

（2）本表第⑦栏发明名称应当简短、准确，一般不得超过25个字。

（3）本表第⑧栏发明人应当是个人。发明人可以请求国家知识产权局不公布其姓名。

（4）本表第⑨栏应当填写第一发明人国籍，第一发明人为中国内地居民的，应当同时填写居民身份证件号码。

（5）本表第⑩栏申请人是个人的，应当填写本人真实姓名，不得使用笔名或者其他非正式姓名；申请人是单位的，应当填写单位正式全称，并与所使用公章上的单位名称一致。申请人是中国内地单位或者个人的，应当填写其名称或者姓名、地址、邮政编码、统一社会信用代码/组织机构代码或者居民身份证件号码；申请人是外国人、外国企业或者外国其他组织的，应当填写其姓名或者名称、国籍或者注册的国家或者地区、经常居所地或者营业所所在地。申请人类型可从下列类型中选择填写：个人，企业，事业单位，机关团体，大专院校，科研单位。申请人请求费用减缴且已完成费减资格备案的，应当在方格内作标记，并在本栏填写证件号码处填写费减备案时使用的证件号码。

（6）本表第⑪栏，申请人是单位且未委托专利代理机构的，应当填写联系人，并同时填写联系人的通信地址、邮政编码、电子邮箱和电话号码，联系人只能填写一人，且应当是本单位的工作人员。

（7）本表第⑫栏，申请人指定非第一署名申请人为代表人时，应当在此栏指明被确定的代表人。

（8）本表第⑬栏，申请人委托专利代理机构的，应当填写此栏。

（9）本表第⑭栏，申请是分案申请的，应当填写此栏。申请是再次分案申请的，还应当填写所针对的分案申请的申请号。

（10）本表第⑮栏，申请涉及生物材料的发明专利，应当填写此栏，并自申请日起四个月内提交生物材料样品保藏及存活证明，对于外国保藏单位出具的生物材料样品保藏及存活证明，还应同时提交生物材料样品保藏及存活证明中文题录。本栏分类命名应填写所保藏生物材料的中文分类名称及拉丁文分类名称。

（11）本表第⑯栏，发明申请涉及核苷酸或氨基酸序列表的，应当填写此栏。

（12）本表第⑰栏，发明创造的完成依赖于遗传资源的，应当填写此栏。

（13）本表第⑱栏，申请人要求优先权的，应当填写此栏。

（14）本表第⑲栏，申请人要求不丧失新颖性宽限期的，应当填写此栏，并自申请日起两个月内提交证明文件。

（15）本表第⑳栏，申请人要求保密处理的，应当填写此栏。

（16）本表第㉑栏，申请人同日对同样的发明创造既申请实用新型专利又申请发明专利的，应当填写此栏。未作说明的，依照《专利法》第九条第一款关于同样的发明创造只能授予一项专利权的规定处理。（注：申请人应当在同日提交实用新型专利申请文件。）

（17）本表第㉒栏，申请人要求提前公布的，应当填写此栏。若填写此栏，不需要再单独提交发明专利请求提前公布声明。

(18) 本表第㉓栏，申请人应当填写说明书附图中的一幅附图的图号。

(19) 本表第㉔、㉕栏，申请人应当按实际提交的文件名称、份数、页数及权利要求项数正确填写。

(20) 本表第㉖栏，委托专利代理机构的，应当由专利代理机构加盖公章。未委托专利代理机构的，申请人为个人的应当由本人签字或者盖章，申请人为单位的应当加盖单位公章；有多个申请人的由全体申请人签字或者盖章。

(21) 本表第⑧、⑩、⑮、⑱栏，发明人、申请人、生物材料样品保藏、要求优先权声明的内容填写不下时，应当使用规定格式的附页续写。

二、实用新型专利请求书

（一）基本知识

1. 什么是实用新型专利请求书?

实用新型专利是指对产品的形状、构造或者其结合所提出的适于实用的新的技术方案。而就此技术方式向有关部门申请专利时所递交的申请文书即为实用新型专利请求书。

2. 申请实用新型专利应当提交哪些文件?

《专利法》第二十六条规定，申请发明或者实用新型专利的，应当提交请求书、说明书及其摘要和权利要求书等文件。

请求书应当写明发明或者实用新型的名称，发明人或者设计人的姓名，申请人姓名或者名称、地址，以及其他事项。

说明书应当对发明或者实用新型作出清楚、完整的说明，以所属技术领域的技术人员能够实现为准；必要的时候，应当有附图。摘要应当简要说明发明或者实用新型的技术要点。

权利要求书应当以说明书为依据，说明要求专利保护的范围。

依赖遗传资源完成的发明创造，申请人应当在专利申请文件中说明该遗传资源的直接来源和原始来源；申请人无法说明原始来源的，应当陈述理由。

（二）法律依据

《中华人民共和国专利法》

第二十六条　申请发明或者实用新型专利的，应当提交请求书、说明书及其摘要和权利要求书等文件。

请求书应当写明发明或者实用新型的名称，发明人的姓名，申请人姓名或者名称、地址，以及其他事项。

说明书应当对发明或者实用新型作出清楚、完整的说明，以所属技术领域的技术人员能够实现为准；必要的时候，应当有附图。摘要应当简要说明发明或者实用新型的技术要点。

权利要求书应当以说明书为依据，清楚、简要地限定要求专利保护的范围。

依赖遗传资源完成的发明创造，申请人应当在专利申请文件中说明该遗传资源的直接来源和原始来源；申请人无法说明原始来源的，应当陈述理由。

（三）范本下载

实用新型专利请求书①

<table>
<tr><td colspan="3">请按照“注意事项”正确填写本表各栏</td><td>此框内容由国家知识产权局填写</td></tr>
<tr><td rowspan="2">⑦实用新型名称</td><td colspan="2" rowspan="2"></td><td>①申请号　　　（实用新型）</td></tr>
<tr><td>②分案提交日</td></tr>
<tr><td rowspan="3">⑧发明人</td><td colspan="2" rowspan="3"></td><td>③申请日</td></tr>
<tr><td>④费减审批</td></tr>
<tr><td>⑤向外申请审批</td></tr>
<tr><td colspan="3">⑨第一发明人国籍　　　居民身份证件号码</td><td>⑥挂号号码</td></tr>
<tr><td rowspan="7">⑩申请人</td><td rowspan="7">申请人（1）</td><td>姓名或名称</td><td>申请人类型</td></tr>
<tr><td>居民身份证件号码或统一社会信用代码/组织机构代码
□请求费减且已完成费减资格备案</td><td>电子邮箱</td></tr>
<tr><td colspan="2">国籍或注册国家（地区）　　　经常居所地或营业所所在地</td></tr>
<tr><td>邮政编码</td><td>电话</td></tr>
<tr><td colspan="2">省、自治区、直辖市</td></tr>
<tr><td colspan="2">市县</td></tr>
<tr><td colspan="2">城区（乡）、街道、门牌号</td></tr>
</table>

① 来源：国家知识产权局网站。

续　表

<table>
<tr><td rowspan="14">⑩申请人</td><td rowspan="7">申请人(2)</td><td colspan="2">姓名或名称</td><td>申请人类型</td></tr>
<tr><td colspan="2">居民身份证件号码或统一社会信用代码/组织机构代码
□请求费减且已完成费减资格备案</td><td>电子邮箱</td></tr>
<tr><td colspan="2">国籍或注册国家（地区）</td><td>经常居所地或营业所所在地</td></tr>
<tr><td colspan="2">邮政编码</td><td>电话</td></tr>
<tr><td colspan="3">省、自治区、直辖市</td></tr>
<tr><td colspan="3">市县</td></tr>
<tr><td colspan="3">城区（乡）、街道、门牌号</td></tr>
<tr><td rowspan="7">申请人(3)</td><td colspan="2">姓名或名称</td><td>申请人类型</td></tr>
<tr><td colspan="2">居民身份证件号码或统一社会信用代码/组织机构代码
□请求费减且已完成费减资格备案</td><td>电子邮箱</td></tr>
<tr><td colspan="2">国籍或注册国家（地区）</td><td>经常居所地或营业所所在地</td></tr>
<tr><td colspan="2">邮政编码</td><td>电话</td></tr>
<tr><td colspan="3">省、自治区、直辖市</td></tr>
<tr><td colspan="3">市县</td></tr>
<tr><td colspan="3">城区（乡）、街道、门牌号</td></tr>
<tr><td rowspan="5">⑪联系人</td><td>姓名</td><td>电话</td><td colspan="2">电子邮箱</td></tr>
<tr><td colspan="4">邮政编码</td></tr>
<tr><td colspan="4">省、自治区、直辖市</td></tr>
<tr><td colspan="4">市县</td></tr>
<tr><td colspan="4">城区（乡）、街道、门牌号</td></tr>
<tr><td colspan="5">⑫代表人为非第一署名申请人时声明　特声明第　署名申请人为代表人</td></tr>
<tr><td rowspan="5">⑬专利代理机构</td><td colspan="4">□声明已经与申请人签订了专利代理委托书且本表中的信息与委托书中相应信息一致</td></tr>
<tr><td colspan="3">名称</td><td>机构代码</td></tr>
<tr><td rowspan="3">代理人(1)</td><td>姓名</td><td rowspan="3">代理人(2)</td><td>姓名</td></tr>
<tr><td>执业证号</td><td>执业证号</td></tr>
<tr><td>电话</td><td>电话</td></tr>
</table>

续 表

<table>
<tr><td>⑭分案申请</td><td colspan="3">原申请号</td><td>针对的分案申请号</td><td colspan="2">原申请日　　年　　月　　日</td></tr>
<tr><td rowspan="2">⑮要求优先权声明</td><td>原受理机构名称</td><td>在先申请日</td><td>在先申请号</td><td>⑯不丧失新颖性宽限期声明</td><td colspan="2">□已在中国政府主办或承认的国际展览会上首次展出
□已在规定的学术会议或技术会议上首次发表
□他人未经申请人同意而泄露其内容</td></tr>
<tr><td></td><td></td><td></td><td>⑰保密请求</td><td colspan="2">□本专利申请可能涉及国家重大利益，请求按保密申请处理
□已提交保密证明材料</td></tr>
<tr><td>⑱</td><td colspan="6">□声明本申请人对同样的发明创造在申请本实用新型专利的同日申请了发明专利</td></tr>
<tr><td>⑲</td><td colspan="6">指定说明书附图中的图　　　为摘要附图</td></tr>
<tr><td colspan="4">⑳申请文件清单
1. 请求书　份　页
2. 说明书摘要　份　页
3. 权利要求书　份　页
4. 说明书　份　页
5. 说明书附图　份　页
6. 核苷酸或氨基酸序列表　份　页
7. 计算机可读形式的序列表　份　页

权利要求的项数　　　项</td><td colspan="3">㉑附加文件清单
□优先权转让证明　份　共　页
□优先权转让证明中文题录　份　共　页
□保密证明材料　份　共　页
□专利代理委托书　份　共　页
总委托书备案编号（　　　）
□在先申请文件副本　份　共　页
□在先申请文件副本中文题录　份　共　页
□向外国申请专利保密审查请求书　份　共　页
□其他证明文件（名称　　　）
份　共　页</td></tr>
<tr><td colspan="4">㉒全体申请人或专利代理机构签字或者盖章

年　　月　　日</td><td colspan="3">㉓国家知识产权局审核意见

年　　月　　日</td></tr>
</table>

实用新型专利请求书英文信息表

实用新型名称	
发明人姓名	
申请人名称及地址	

（四）实例演示

刘某天生是一个发明爱好者，喜欢研发点小产品，经过多次试验，他个人发明了一款实用新型的产品——按摩鼠标，现在想申请专利，他应当怎样填写实用新型专利请求书呢？

实用新型专利请求书

<table>
<tr><td colspan="2">请按照“注意事项”正确填写本表各栏</td><td>此框内容由国家知识产权局填写</td></tr>
<tr><td rowspan="2">⑦实用新型名称</td><td rowspan="2">×××按摩鼠标</td><td>①申请号　　（实用新型）</td></tr>
<tr><td>②分案提交日</td></tr>
<tr><td rowspan="3">⑧发明人</td><td rowspan="3">刘某</td><td>③申请日</td></tr>
<tr><td>④费减审批</td></tr>
<tr><td>⑤向外申请审批</td></tr>
</table>

续 表

<table>
<tr><td colspan="4">⑨第一发明人国籍　中华人民共和国　　居民身份证件号码××××××××××××××××××</td><td>⑥挂号号码</td></tr>
<tr><td rowspan="22">⑩申请人</td><td rowspan="8">申请人(1)</td><td colspan="2">姓名或名称　刘某</td><td>申请人类型　个人</td></tr>
<tr><td colspan="2" rowspan="2">居民身份证件号码或统一社会信用代码/组织机构代码××××××××××××××××××
□请求费减且已完成费减资格备案</td><td></td></tr>
<tr><td>电子邮箱××@××.com</td></tr>
<tr><td colspan="3">国籍或注册国家（地区）中华人民共和国　　经常居所地或营业所所在地　北京市朝阳区××路24号</td></tr>
<tr><td>邮政编码××××××</td><td colspan="2">电话×××××××××××</td></tr>
<tr><td colspan="3">省、自治区、直辖市　北京市</td></tr>
<tr><td colspan="3">市县　朝阳区</td></tr>
<tr><td colspan="3">城区（乡）、街道、门牌号　××路24号</td></tr>
<tr><td rowspan="7">申请人(2)</td><td colspan="2">姓名或名称</td><td>申请人类型</td></tr>
<tr><td colspan="2">居民身份证件号码或统一社会信用代码/组织机构代码
□请求费减且已完成费减资格备案</td><td>电子邮箱</td></tr>
<tr><td colspan="3">国籍或注册国家（地区）　　经常居所地或营业所所在地</td></tr>
<tr><td>邮政编码</td><td colspan="2">电话</td></tr>
<tr><td colspan="3">省、自治区、直辖市</td></tr>
<tr><td colspan="3">市县</td></tr>
<tr><td colspan="3">城区（乡）、街道、门牌号</td></tr>
<tr><td rowspan="7">申请人(3)</td><td colspan="2">姓名或名称</td><td>申请人类型</td></tr>
<tr><td colspan="2">居民身份证件号码或统一社会信用代码/组织机构代码
□请求费减且已完成费减资格备案</td><td>电子邮箱</td></tr>
<tr><td colspan="3">国籍或注册国家（地区）　　经常居所地或营业所所在地</td></tr>
<tr><td>邮政编码</td><td colspan="2">电话</td></tr>
<tr><td colspan="3">省、自治区、直辖市</td></tr>
<tr><td colspan="3">市县</td></tr>
<tr><td colspan="3">城区（乡）、街道、门牌号</td></tr>
</table>

续　表

<table>
<tr><td rowspan="5">⑪联系人</td><td colspan="2">姓名</td><td colspan="2">电话</td><td colspan="2">电子邮箱</td></tr>
<tr><td colspan="6">邮政编码</td></tr>
<tr><td colspan="6">省、自治区、直辖市</td></tr>
<tr><td colspan="6">市县</td></tr>
<tr><td colspan="6">城区（乡）、街道、门牌号</td></tr>
<tr><td colspan="7">⑫代表人为非第一署名申请人时声明　　特声明第　　署名申请人为代表人</td></tr>
<tr><td rowspan="5">⑬专利代理机构</td><td colspan="6">□声明已经与申请人签订了专利代理委托书且本表中的信息与委托书中相应信息一致</td></tr>
<tr><td colspan="3">名称</td><td colspan="3">机构代码</td></tr>
<tr><td rowspan="3">代理人（1）</td><td colspan="2">姓名</td><td rowspan="3">代理人（2）</td><td colspan="2">姓名</td></tr>
<tr><td colspan="2">执业证号</td><td colspan="2">执业证号</td></tr>
<tr><td colspan="2">电话</td><td colspan="2">电话</td></tr>
<tr><td>⑭分案申请</td><td colspan="2">原申请号</td><td colspan="2">针对的分案申请号</td><td colspan="2">原申请日　　年　　月　　日</td></tr>
<tr><td rowspan="3">⑮要求优先权声明</td><td>原受理机构名称</td><td>在先申请日</td><td>在先申请号</td><td rowspan="2">⑯不丧失新颖性宽限期声明</td><td colspan="2" rowspan="2">□已在中国政府主办或承认的国际展览会上首次展出
□已在规定的学术会议或技术会议上首次发表
□他人未经申请人同意而泄露其内容</td></tr>
<tr><td rowspan="2"></td><td rowspan="2"></td><td rowspan="2"></td></tr>
<tr><td>⑰保密请求</td><td colspan="2">□本专利申请可能涉及国家重大利益，请求按保密申请处理
□已提交保密证明材料</td></tr>
<tr><td>⑱</td><td colspan="6">□声明本申请人对同样的发明创造在申请本实用新型专利的同日申请了发明专利</td></tr>
<tr><td>⑲</td><td colspan="6">指定说明书附图中的图××为摘要附图</td></tr>
</table>

续 表

⑳申请文件清单			㉑附加文件清单			
1. 请求书	份	页	□优先权转让证明	份	共	页
2. 说明书摘要	份	页	□优先权转让证明中文题录	份	共	页
3. 权利要求书	份	页	□保密证明材料	份	共	页
4. 说明书	份	页	□专利代理委托书	份	共	页
5. 说明书附图	份	页	总委托书备案编号（　　）			
6. 核苷酸或氨基酸序列表	份	页	□在先申请文件副本	份	共	页
7. 计算机可读形式的序列表	份	页	□在先申请文件副本中文题录	份	共	页
			□向外国申请专利保密审查请求书	份	共	页
权利要求的项数　　项			□其他证明文件（名称　　）			
				份	共	页
㉒全体申请人或专利代理机构签字或者盖章 刘某 年　月　日			㉓国家知识产权局审核意见 年　月　日			

实用新型专利请求书英文信息表

实用新型名称	××× Massage mouse
发明人姓名	Liu mou
申请人名称及地址	Liu mou 24 ×× Road, Chaoyang District, Beijing

（五）特别提醒

1. 申请实用新型专利，应当提交实用新型专利请求书、权利要求书、说明书、说明书附图、说明书摘要，并指定说明书附图中的一幅作为摘要附图。申请文件应当一式一份。（表格可在国家知识产权局网站 www. cnipa. gov. cn 下载）

2. 本表应当使用国家公布的中文简化汉字填写，表中文字应当打字或者印刷，字迹为黑色。外国人姓名、名称、地名无统一译文时，应当同时在请求书英文信息表中注明。

3. 本表中方格供填表人选择使用，若有方格后所述内容的，应当在方格内作标记。

4. 本表中所有详细地址栏，本国的地址应当包括省（自治区）、市（自治州）、区、街道门牌号码，或者省（自治区）、县（自治县）、镇（乡）、街道门牌号码，或者直辖市、区、街道门牌号码。有邮政信箱的，可以按规定使用邮政信箱。外国的地址应当注明国别、市（县、州），并附具外文详细地址。其中申请人、专利代理机构、联系人的详细地址应当符合邮件能够迅速、准确投递的要求。

5. 填表说明

（1）本表第①、②、③、④、⑤、⑥、㉓栏由国家知识产权局填写。

（2）本表第⑦栏实用新型名称应当简短、准确，一般不得超过25个字。

（3）本表第⑧栏发明人应当是个人。发明人有两个以上的应当自左向右顺序填写。发明人姓名之间应当用分号隔开。发明人可以请求国家知识产权局不公布其姓名。若请求不公布姓名，应当在此栏所填写的相应发明人后面注明“（不公布姓名）”。

（4）本表第⑨栏应当填写第一发明人国籍，第一发明人为中国内地居民的，应当同时填写居民身份证件号码。

（5）本表第⑩栏申请人是中国单位或者个人的，应当填写其名称或者姓名、地址、邮政编码、统一社会信用代码/组织机构代码或者居民身份证件号码；申请人是外国人、外国企业或者外国其他组织的，应当填写其姓名或者名称、国籍或者注册的国家或者地区。申请人是个人的，应当填写本人真实姓名，不得使用笔名或者其他非正式的姓名；申请人是单位的，应当填写单位正式全称，并与所使用的公章上的单位名称一致。申请人请求费用减缴且已完成费减资格备案的，应当在方格内作标记，并在本栏填写证件号码处填写费减备案时使用的证件号码。

（6）本表第⑪栏，申请人是单位且未委托专利代理机构的，应当填写联系人，并同时填写联系人的通信地址、邮政编码、电子邮箱和电话号码，联系人只能填写一人，且应当是本单位的工作人员。申请人为个人且需由他人代收国家知识产权局所发信函的，也可以填写联系人。

（7）本表第⑫栏，申请人指定非第一署名申请人为代表人时，应当在此栏指明被确定的代表人。

（8）本表第⑬栏，申请人委托专利代理机构的，应当填写此栏。

（9）本表第⑭栏，申请是分案申请的，应当填写此栏。申请是再次分案申请的，还应当填写所针对的分案申请的申请号。

（10）本表第⑮栏，申请人要求外国或者本国优先权的，应当填写此栏。

（11）本表第⑯栏，申请人要求不丧失新颖性宽限期的，应当填写此栏，并自申请日起两个月内提交证明文件。

（12）本表第⑰栏，申请人要求保密处理的，应当填写此栏。

（13）本表第⑱栏，申请人同日对同样的发明创造既申请实用新型专利又申请发明专利的，应当填写此栏。未作声明的，依照《专利法》第九条第一款关于同样的发明创造只能授予一项专利权的规定处理。（注：申请人应当在同日提交发明专利申请文件。）

（14）本表第⑲栏，申请人应当填写说明书附图中的一幅附图的图号。

（15）本表第⑳、㉑栏，申请人应当按实际提交的文件名称、份数、页数及权利要求项数正确填写。

（16）本表第㉒栏，委托专利代理机构的，应当由专利代理机构加盖公章。未委托专利代理机构的，申请人为个人的应当由本人签字或者盖章，申请人为单位的应当加盖单位公章；有多个申请人的由全体申请人签字或者盖章。

（17）本表第⑧、⑩、⑮栏，发明人、申请人、要求优先权声明的内容填写不下时，应当使用规定格式的附页续写。

三、外观设计专利请求书

（一）基本知识

1. 什么是外观设计专利请求书？

外观设计专利是指对产品的形状、图案、色彩或者其结合所作出的富有美感并适于工业上应用的新设计。而就此新设计向有关部门申请专利时所递交的申请文书即为外观设计专利请求书。

外观设计是指工业品的外观设计，也就是工业品的式样。它与发明或实用新型完全不同，即外观设计不是技术方案。我国《专利法》第二条第四款规定："外观设计，是指对产品的整体或者局部的形状、图案或者其结合以及色彩与形状、图案的结合所作出的富有美感并适于工业应用的新设计。"

2. 申请外观设计专利应当提交哪些文件？

根据《专利法》的规定，申请外观设计专利的，应当提交请求书、该外观设计的图片或者照片以及对该外观设计的简要说明等文件。

申请人提交的有关图片或者照片应当清楚地显示要求专利保护的产品的外观设计。

（二）法律依据

《中华人民共和国专利法》

第二十七条　申请外观设计专利的，应当提交请求书、该外观设计的图片或者照片以及对该外观设计的简要说明等文件。

申请人提交的有关图片或者照片应当清楚地显示要求专利保护的产品的外观设计。

（三）范本下载

外观设计专利请求书①

<table>
<tr><td colspan="4">请按照“注意事项”正确填写本表各栏</td><td>此框内容由国家知识产权局填写</td></tr>
<tr><td rowspan="2">⑥使用外观设计的产品名称</td><td colspan="3" rowspan="2"></td><td>①申请号　　　（外观设计）</td></tr>
<tr><td>②分案提交日</td></tr>
<tr><td rowspan="2">⑦设计人</td><td colspan="3" rowspan="2"></td><td>③申请日</td></tr>
<tr><td>④费减审批</td></tr>
<tr><td colspan="4">⑧第一设计人国籍　　　居民身份证件号码</td><td>⑤挂号号码</td></tr>
<tr><td rowspan="4">⑨申请人</td><td rowspan="4">申请人（1）</td><td colspan="2">姓名或名称</td><td>电话</td></tr>
<tr><td colspan="2">居民身份证件号码或统一社会信用代码/组织机构代码
☐请求费减且已完成费减资格备案</td><td>电子邮箱</td></tr>
<tr><td colspan="3">国籍或注册国家（地区）　　　经常居所地或营业所所在地</td></tr>
<tr><td>邮政编码</td><td colspan="2">详细地址</td></tr>
</table>

① 来源：国家知识产权局网站。

续　表

<table>
<tr><td rowspan="8">⑨申请人</td><td rowspan="4">申请人（2）</td><td colspan="2">姓名或名称</td><td colspan="2">电话</td></tr>
<tr><td colspan="2">居民身份证件号码或统一社会信用代码/组织机构代码
□请求费减且已完成费减资格备案</td><td colspan="2">电子邮箱</td></tr>
<tr><td colspan="2">国籍或注册国家（地区）</td><td colspan="2">经常居所地或营业所所在地</td></tr>
<tr><td colspan="2">邮政编码</td><td colspan="2">详细地址</td></tr>
<tr><td rowspan="4">申请人（3）</td><td colspan="2">姓名或名称</td><td colspan="2">电话</td></tr>
<tr><td colspan="2">居民身份证件号码或统一社会信用代码/组织机构代码
□请求费减且已完成费减资格备案</td><td colspan="2">电子邮箱</td></tr>
<tr><td colspan="2">国籍或注册国家（地区）</td><td colspan="2">经常居所地或营业所所在地</td></tr>
<tr><td colspan="2">邮政编码</td><td colspan="2">详细地址</td></tr>
<tr><td rowspan="2">⑩联系人</td><td colspan="2">姓名</td><td>电话</td><td colspan="2">电子邮箱</td></tr>
<tr><td colspan="2">邮政编码</td><td>详细地址</td><td colspan="2"></td></tr>
<tr><td colspan="4">⑪代表人为非第一署名申请人时声明</td><td colspan="2">特声明第　署名申请人为代表人</td></tr>
<tr><td rowspan="4">⑫专利代理机构</td><td colspan="3">名称</td><td colspan="2">机构代码</td></tr>
<tr><td rowspan="3">代理人（1）</td><td colspan="2">姓名</td><td rowspan="3">代理人（2）</td><td>姓名</td></tr>
<tr><td colspan="2">执业证号</td><td>执业证号</td></tr>
<tr><td colspan="2">电话</td><td>电话</td></tr>
<tr><td>⑬分案申请</td><td colspan="2">原申请号</td><td>针对的分案申请号</td><td colspan="2">原申请日　年　月　日</td></tr>
<tr><td rowspan="2">⑭要求优先权声明</td><td>原受理机构名称</td><td>在先申请日</td><td>在先申请号</td><td rowspan="2">⑮不丧失新颖性宽限期声明</td><td rowspan="2">□已在中国政府主办或承认的国际展览会上首次展出
□已在规定的学术会议或技术会议上首次发表
□他人未经申请人同意而泄露其内容</td></tr>
<tr><td></td><td></td><td></td></tr>
<tr><td>⑯相似设计</td><td colspan="5">□本案为同一产品的相似外观设计，其所包含的项数为　项。</td></tr>
</table>

续　表

<table>
<tr><td>⑰成套产品</td><td colspan="2">□本案为成套产品的多项外观设计，其所包含的项数为　　项。</td></tr>
<tr><td>⑱延迟审查</td><td colspan="2">□请求对本申请延迟审查，延迟期限为 1 年。
□请求对本申请延迟审查，延迟期限为 2 年。
□请求对本申请延迟审查，延迟期限为 3 年。</td></tr>
<tr><td colspan="2">⑲申请文件清单
1. 请求书　　份　　页
2. 图片或照片　　份　　页
3. 简要说明　　份　　页

图片或照片　　幅</td><td>⑳附加文件清单
□优先权转让证明　　份　共　　页
□专利代理委托书　　份　共　　页
　总委托书备案编号（　　　　）
□在先申请文件副本　　份　共　　页
□在先申请文件副本首页译文　　份　共　　页
□其他证明文件（名称　　　　）
　　份　共　　页</td></tr>
<tr><td colspan="2">㉑全体申请人或专利代理机构签字或者盖章

年　　月　　日</td><td>㉒国家知识产权局审核意见

年　　月　　日</td></tr>
</table>

外观设计专利请求书英文信息表

使用外观设计的产品名称	
设计人姓名	
申请人名称及地址	

（四）实例演示

冯某设计了一款新式笔筒，样子十分精灵古怪，现在想申请外观设计专利，他应当怎样填写外观设计专利请求书呢？

外观设计专利申请书

请按照“注意事项”正确填写本表各栏		此框内容由国家知识产权局填写
⑥使用外观设计的产品名称	×××笔筒	①申请号　　　（外观设计）
		②分案提交日

续　表

<table>
<tr><td rowspan="2">⑦设计人</td><td colspan="3" rowspan="2">冯某</td><td>③申请日</td></tr>
<tr><td>④费减审批</td></tr>
<tr><td colspan="4">⑧第一设计人国籍　中华人民共和国　居民身份证件号码××××××××××××××××××</td><td>⑤挂号号码</td></tr>
<tr><td rowspan="12">⑨申请人</td><td rowspan="4">申请人（1）</td><td colspan="2">姓名或名称　冯某</td><td>电话×××××××××××</td></tr>
<tr><td colspan="2">居民身份证件号码或统一社会信用代码/组织机构代码××××××××××××××××××
□请求费减且已完成费减资格备案</td><td>电子邮箱××@××.com</td></tr>
<tr><td colspan="3">国籍或注册国家（地区）中华人民共和国　　经常居所地或营业所所在地　北京市海淀区</td></tr>
<tr><td>邮政编码××××××</td><td colspan="2">详细地址　北京市海淀区××街道66号</td></tr>
<tr><td rowspan="4">申请人（2）</td><td colspan="2">姓名或名称</td><td>电话</td></tr>
<tr><td colspan="2">居民身份证件号码或统一社会信用代码/组织机构代码
□请求费减且已完成费减资格备案</td><td>电子邮箱</td></tr>
<tr><td colspan="3">国籍或注册国家（地区）　　经常居所地或营业所所在地</td></tr>
<tr><td>邮政编码</td><td colspan="2">详细地址</td></tr>
<tr><td rowspan="4">申请人（3）</td><td colspan="2">姓名或名称</td><td>电话</td></tr>
<tr><td colspan="2">居民身份证件号码或统一社会信用代码/组织机构代码
□请求费减且已完成费减资格备案</td><td>电子邮箱</td></tr>
<tr><td colspan="3">国籍或注册国家（地区）　　经常居所地或营业所所在地</td></tr>
<tr><td>邮政编码</td><td colspan="2">详细地址</td></tr>
<tr><td rowspan="2">⑩联系人</td><td>姓名</td><td>电话</td><td colspan="2">电子邮箱</td></tr>
<tr><td>邮政编码</td><td>详细地址</td><td colspan="2"></td></tr>
<tr><td colspan="5">⑪代表人为非第一署名申请人时声明　　特声明第　署名申请人为代表人</td></tr>
<tr><td rowspan="4">⑫专利代理机构</td><td colspan="2">名称</td><td colspan="2">机构代码</td></tr>
<tr><td rowspan="3">代理人（1）</td><td>姓名</td><td rowspan="3">代理人（2）</td><td>姓名</td></tr>
<tr><td>执业证号</td><td>执业证号</td></tr>
<tr><td>电话</td><td>电话</td></tr>
</table>

续 表

<table>
<tr><td>⑬分案申请</td><td colspan="2">原申请号</td><td colspan="2">针对的分案申请号</td><td>原申请日　　年　　月　　日</td></tr>
<tr><td rowspan="2">⑭要求优先权声明</td><td>原受理机构名称</td><td>在先申请日</td><td>在先申请号</td><td rowspan="2">⑮不丧失新颖性宽限期声明</td><td rowspan="2">□已在中国政府主办或承认的国际展览会上首次展出
□已在规定的学术会议或技术会议上首次发表
□他人未经申请人同意而泄露其内容</td></tr>
<tr><td></td><td></td><td></td></tr>
<tr><td>⑯相似设计</td><td colspan="5">□本案为同一产品的相似外观设计，其所包含的项数为　　项。</td></tr>
<tr><td>⑰成套产品</td><td colspan="5">□本案为成套产品的多项外观设计，其所包含的项数为　　项。</td></tr>
<tr><td>⑱延迟审查</td><td colspan="5">□请求对本申请延迟审查，延迟期限为 1 年。
□请求对本申请延迟审查，延迟期限为 2 年。
□请求对本申请延迟审查，延迟期限为 3 年。</td></tr>
<tr><td colspan="3">⑲申请文件清单
1. 请求书　　份　　页
2. 图片或照片　　份　　页
3. 简要说明　　份　　页

图片或照片　　幅</td><td colspan="3">⑳附加文件清单
□优先权转让证明　　份　共　　页
□专利代理委托书　　份　共　　页
　总委托书备案编号（　　　　）
□在先申请文件副本　　份　共　　页
□在先申请文件副本首页译文　　份　共　　页
□其他证明文件（名称　　　　）
份　共　　页</td></tr>
<tr><td colspan="3">㉑全体申请人或专利代理机构签字或者盖章

冯某

年　　月　　日</td><td colspan="3">㉒国家知识产权局审核意见

年　　月　　日</td></tr>
</table>

外观设计专利请求书英文信息表

使用外观设计的产品名称	×××Pen container
设计人姓名	Feng mou
申请人名称及地址	Feng mou 66 ×× Street, Haidian District, Beijing

（五）特别提醒

1. 申请外观设计专利，应当提交外观设计专利请求书、外观设计图片或照片以及外观设计简要说明。（表格可在国家知识产权局网站 www. cnipa. gov. cn 下载）

2. 本表应当使用国家公布的中文简化汉字填写，表中文字应当打字或者印刷，字迹为黑色。外国人姓名、名称、地名无统一译文时，应当同时在请求书英文信息表中注明。

3. 本表中方格供填表人选择使用，若有方格后所述内容的，应当在方格内作标记。

4. 本表中所有详细地址栏，本国的地址应当包括省（自治区）、市（自治州）、区、街道门牌号码，或者省（自治区）、县（自治县）、镇（乡）、街道门牌号码，或者直辖市、区、街道门牌号码。有邮政信箱的，可以按规定使用邮政信箱。外国的地址应当注明国别、市（县、州），并附具外文详细地址。其中申请人、专利代理机构、联系人的详细地址应当符合邮件能够迅速、准确投递的要求。

5. 填表说明

（1）本表第①、②、③、④、⑤、㉒栏由国家知识产权局填写。

（2）本表第⑥栏使用外观设计的产品名称应当与外观设计图片或者照片中表示的外观设计相符合，准确、简明地表明要求保护的产品的外观设计。产品名称一般应当符合国际外观设计分类表中小类列举的名称。产品名称一般不得超过20个字。

（3）本表第⑦栏设计人应当是个人。设计人有两个以上的应当自左向右顺序填写。设计人姓名之间应当用分号隔开。设计人可以请求国家知识产权局不公布其姓名。若请求不公布姓名，应当在此栏所填写的相应设计人后面注明“（不公布姓名）”。

（4）本表第⑧栏应当填写第一设计人国籍，第一设计人为中国内地居民的，应当同时填写居民身份证件号码。

（5）本表第⑨栏申请人是个人的，应当填写本人真实姓名，不得使用笔名或者其他非正式的姓名；申请人是单位的，应当填写单位正式全称，并与所使用的公章上的单位名称一致。申请人是中国单位或者个人的，应当填写其名称或者姓名、地址、邮政编码、统一社会信用代码/组织机构代码或者居民身份证件号码；申请人是外国人、外国企业或者外国其他组织的，应当填写其姓名或者名称、国籍或者注册的国家或者地区、经常居所地或者营业所所在地。申请人请求费用减缴且已完成费减资格备案的，应当在方格内作标记，并在本栏填写证件号码处填写费减备案时使用的证件号码。

（6）本表第⑩栏，申请人是单位且未委托专利代理机构的，应当填写联系人，并同时填写联系人的通信地址、邮政编码、电子邮箱和电话号码，联系人只能填写一人，且应当是本单位的工作人员。申请人为个人且需由他人代收国家知识产权局所发信函的，也可以填写联系人。

（7）本表第⑪栏，申请人指定非第一署名申请人为代表人时，应当在此栏指明被确定的代表人。

（8）本表第⑫栏，申请人委托专利代理机构的，应当填写此栏。

（9）本表第⑬栏，申请是分案申请的，应当填写此栏。申请是再次分案申请的，还应当填写所针对的分案申请的申请号。

（10）本表第⑭栏，申请人要求外国优先权的，应当填写此栏。

（11）本表第⑮栏，申请人要求不丧失新颖性宽限期的，应当填写此栏，自申请日起两个月内提交证明文件。

（12）本表第⑯栏，同一产品两项以上的相似外观设计，作为一件申请提出时，申请人应当填写相关信息。一件外观设计专利申请中的相似外观设计不得超过10项。

（13）本表第⑰栏，用于同一类别并且成套出售或者使用的产品的两项以上外观设计，作为一件申请提出时，申请人应当填写相关信息。成套产品外观设计专利申请中不应包含某一件或者几件产品的相似外观设计。

（14）本表第⑱栏，申请人请求延迟审查的，应当填写此栏。请注意，延迟审查请求只能选择一项，在提出延迟审查请求后，请求人不得更改延迟期限或撤销延迟审查请求。

（15）本表第⑲、⑳栏，申请人应当按实际提交的文件名称、份数、页数及图片或照片幅数正确填写。

（16）本表第㉑栏，委托专利代理机构的，应当由专利代理机构加盖公章。未委托专利代理机构的，申请人为个人的应当由本人签字或盖章，申请人为单位的应当加盖单位公章；有多个申请人的由全体申请人签字或者盖章。

（17）本表第⑦、⑨、⑭栏，设计人、申请人、要求优先权声明的内容填写不下时，应当使用规定格式的附页续写。

四、商标注册申请书

（一）基本知识

1. 什么是商标注册申请书？

自然人、法人或者其他组织在生产经营活动中，对其商品或者服务需要取得商标专用权的，应当向商标局申请商标注册。而申请人为此所提交的文书即为商标注册申请书。

2. 商标注册申请书应当提交哪些文件？

申请商标注册的，应当向商标局提交下列文件：

（1）《商标注册申请书》一份，其填写必须遵循一类商品一商标一份申请的原则，即一份申请书填报的商品或服务只能限定在我国《类似商品和服务区分表》中的一个类别之内。委托商标代理组织代为办理的，还应提交《商标代理委托书》一份。

（2）商标图样五份。指定颜色的，并应当提交着色图样五份、黑白稿一份。商标图样必须清晰，便于粘贴，用光洁耐用的纸张印刷或者用照片代替，长或者宽应当不大于10厘米，不小于5厘米。

（3）能够证明申请人身份的有效证件的复印件，如法人或者其他组织的《营业执照》复印件，自然人的身份证复印件。

（4）用人物肖像作为商标申请注册的，必须提供肖像权人的授权书并经公证机关公证。

（5）申请注册集体商标、证明商标的，应当提交申请人主体资格证明和使用管理规则。

（6）外国申请人要求优先权的，须在申请书上填写初次申请国、初次申请日期及申请号，并须在三个月内向商标局提交优先权证明文件，逾期不提交证明文件的，其优先权请求无效。

（7）商标申请文件应当使用中文，外文文件应当附送中文译本。

（二）法律依据

《中华人民共和国商标法》

第四条　自然人、法人或者其他组织在生产经营活动中，对其商品或者服务需要取得商标专用权的，应当向商标局申请商标注册。不以使用为目的的恶意商标注册申请，应当予以驳回。

本法有关商品商标的规定，适用于服务商标。

第五条　两个以上的自然人、法人或者其他组织可以共同向商标局申请注册同一商标，共同享有和行使该商标专用权。

第六条　法律、行政法规规定必须使用注册商标的商品，必须申请商标注册，未经核准注册的，不得在市场销售。

（三）范本下载

商标注册申请书[①]

申请人名称（中文）：
（英文）：
申请人国籍/地区：
申请人地址（中文）：
（英文）：
邮政编码：
联系人：
电话：
代理组织名称：
外国申请人的国内接收人：
国内接收人地址：
邮政编码：
商标申请声明：集体商标　　证明商标
以三维标志申请商标注册
以颜色组合申请商标注册
以声音标志申请商标注册
两个以上申请人共同申请注册同一商标
要求优先权声明：基于第一次申请的优先权
基于展会的优先权
优先权证明文件后补
申请/展出国家/地区：
申请/展出日期：
申请号：

申请人章戳（签字）：　　代理组织章戳：
代理人签字：
注：请按说明填写

下框为商标图样粘贴处。图样应当不大于10厘米×10厘米，不小于5厘米×5厘米。以颜色组合或者着色图样申请商标注册的，应当提交着色图样并提交黑白稿1份；

---

① 来源：国家知识产权局网站。

不指定颜色的，应当提交黑白图样。以三维标志申请商标注册的，应当提交能够确定三维形状的图样，提交的商标图样应当至少包含三面视图。以声音标志申请商标注册的，应当以五线谱或者简谱对申请用作商标的声音加以描述并附加文字说明；无法以五线谱或者简谱描述的，应当使用文字进行描述；商标描述与声音样本应当一致。

商标说明：
类别：
商品/服务项目：
类别：
商品/服务项目：

商标注册申请书（附页）

其他共同申请人名称列表：

（四）实例演示

某食品加工有限责任公司准备为其生产的干制水果类食品注册商标，其委托了某知识产权代理公司为其申请。他们应当如何填写商标注册申请书呢？

商标注册申请书

申请人名称(中文)：××食品加工有限责任公司
(英文)：Food processing Co.，Ltd
申请人国籍/地区：中华人民共和国
申请人地址(中文)：北京市海淀区××路88号
(英文)：88 ××Road，Haidian District，Beijing
邮政编码：××××××
联系人：程某
电话：×××××××××××

代理组织名称：××知识产权代理公司

外国申请人的国内接收人：

国内接收人地址：

邮政编码：

商标申请声明：集体商标　　　　　　　证明商标

以三维标志申请商标注册

以颜色组合申请商标注册

以声音标志申请商标注册

两个以上申请人共同申请注册同一商标

要求优先权声明：基于第一次申请的优先权

基于展会的优先权

优先权证明文件后补

申请/展出国家/地区：

申请/展出日期：

申请号：

申请人章戳（签字）：　　　　　　　　代理组织章戳：

××食品加工有限责任公司　　　　　　　××知识产权代理公司

代理人签字：

注：请按说明填写

下框为商标图样粘贴处。图样应当不大于10厘米×10厘米，不小于5厘米×5厘米。以颜色组合或者着色图样申请商标注册的，应当提交着色图样并提交黑白稿1份；不指定颜色的，应当提交黑白图样。以三维标志申请商标注册的，应当提交能够确定三维形状的图样，提交的商标图样应当至少包含三面视图。以声音标志申请商标注册的，应当以五线谱或者简谱对申请用作商标的声音加以描述并附加文字说明；无法以五线谱或者简谱描述的，应当使用文字进行描述；商标描述与声音样本应当一致。

商标说明：略
类别：略
商品/服务项目：略
类别：
商品/服务项目：

商标注册申请书（附页）

其他共同申请人名称列表：（略）

（五）特别提醒

1. 办理商标注册申请，适用本书式。申请书应当打字或者印刷。申请人应当按照规定并使用国家公布的中文简化汉字填写，不得修改格式。

2. “申请人名称”栏：申请人应当填写身份证明文件上的名称。申请人是自然人的，应当在姓名后注明证明文件号码。外国申请人应当同时在英文栏内填写英文名称。共同申请的，应将指定的代表人填写在“申请人名称”栏，其他共同申请人名称应当填写在“商标注册申请书（附页）——其他共同申请人名称列表”栏。没有指定代表人的，以申请书中顺序排列的第一人为代表人。

3. “申请人国籍/地区”栏：申请人应当如实填写，国内申请人不填写此栏。

4. “申请人地址”栏：申请人应当按照身份证明文件中的地址填写。身份证明文件中的地址未冠有省、市、县等行政区划的，申请人应当增加相应行政区划名称。申请人为自然人的，可以填写通信地址。符合自行办理商标申请事宜条件的外国申请人地址应当冠以省、市、县等行政区划详细填写。不符合自行办理商标申请事宜条件的外国申请人应当同时详细填写中英文地址。

5. “邮政编码”“联系人”“电话”栏：此栏供国内申请人和符合自行办理商标申请事宜条件的外国申请人填写其在中国的联系方式。

6. “代理组织名称”栏：申请人委托已备案的商标代理组织代为办理商标申请事宜的，此栏填写商标代理组织名称。申请人自行办理商标申请事宜的，不填写此栏。

7. “外国申请人的国内接收人”“国内接收人地址”“邮政编码”栏：外国申请人应当在申请书中指定国内接收人负责接收国家知识产权局后继商标业务的法律文件。国内接收人地址应当冠以省、市、县等行政区划详细填写。

8. “商标申请声明”栏：申请注册集体商标、证明商标的，以三维标志、颜色组合、声音标志申请商标注册的，两个以上申请人共同申请注册同一商标的，应当在本栏声明。申请人应当按照申请内容进行选择，并附送相关文件。

9. “要求优先权声明”栏：申请人依据《商标法》第二十五条要求优先权的，选择“基于第一次申请的优先权”，并填写“申请/展出国家/地区”“申请/展出日期”

“申请号”栏。申请人依据《商标法》第二十六条要求优先权的，选择“基于展会的优先权”，并填写“申请/展出国家/地区”“申请/展出日期”栏。申请人应当同时提交优先权证明文件（包括原件和中文译文）；优先权证明文件不能同时提交的，应当选择“优先权证明文件后补”，并自申请日起三个月内提交。未提出书面声明或者逾期未提交优先权证明文件的，视为未要求优先权。

10. “申请人章戳”栏：申请人为法人或其他组织的，应加盖公章。申请人为自然人的，应当由本人签字。所盖章戳或者签字应当完整、清晰。

11. “代理机构章戳”栏：代为办理申请事宜的商标代理机构应在此栏加盖公章，并由代理人签字。

12. “商标图样”栏：商标图样应当粘贴在图样框内。

13. “商标说明”栏：申请人应当根据实际情况填写。以三维标志、声音标志申请商标注册的，应当说明商标使用方式。以颜色组合申请商标注册的，应当提交文字说明，注明色标，并说明商标使用方式。商标为外文或者包含外文的，应当说明含义。自然人将自己的肖像作为商标图样进行注册申请应当予以说明。申请人将他人肖像作为商标图样进行注册申请应当予以说明，附送肖像人的授权书。

14. “类别”“商品/服务项目”栏：申请人应按《类似商品和服务项目区分表》填写类别、商品/服务项目名称。商品/服务项目应按类别对应填写，每个类别的项目前应分别标明顺序号。类别和商品/服务项目填写不下的，可按本申请书的格式填写在附页上。全部类别和项目填写完毕后应当注明“截止”字样。

15. “商标注册申请书（附页）——其他共同申请人名称列表”栏：此栏填写其他共同申请人名称，外国申请人应当同时填写中文名称和英文名称。并在空白处按顺序加盖申请人章戳或由申请人本人签字。

16. 收费标准：一个类别受理商标注册费 300 元人民币（限定本类 10 个商品/服务项目，本类中每超过 1 个另加收 30 元人民币）。受理集体商标注册费 1500 元人民币。受理证明商标注册费 1500 元人民币。

17. 申请事宜并请详细阅读“商标申请指南”（www. saic. gov. cn）。

五、专利申请权转让合同

（一）基本知识

1. 什么是专利申请权转让合同？

专利申请权转让合同是由具有某项产品专利申请权的人与接受该产品专利申请权的人签订的，将产品的专利申请权转移的合同。专利申请权转让合同由当事人在平等、自愿的基础上，遵循《专利法》的有关规定协商确定。

2. 专利申请权转让合同包括哪些基本内容？

专利申请权转让合同的内容，一般应当具备下列条款：

（1）项目名称；

（2）发明创造的名称和内容；

（3）发明创造的性质；

（4）技术情报和资料的清单；

（5）专利申请被驳回的责任；

（6）价款及其支付方式；

（7）违约金或者损失赔偿额的计算方法；

（8）争议的解决办法。

（二）法律依据

《中华人民共和国专利法》

第十条　专利申请权和专利权可以转让。

中国单位或者个人向外国人、外国企业或者外国其他组织转让专利申请权或者专利权的，应当依照有关法律、行政法规的规定办理手续。

转让专利申请权或者专利权的，当事人应当订立书面合同，并向国务院专利行政部门登记，由国务院专利行政部门予以公告。专利申请权或者专利权的转让自登记之日起生效。

（三）范本下载

专利申请权转让合同（示范文本）[①]

合同编号：____________

项目名称：____________

签订时间：____________

签订地点：____________

有效期限：____________

受让方（甲方）：____________　　让与方（乙方）：____________

住所地：________________　　住所地：________________

法定代表人：____________　　法定代表人：____________

项目联系人：____________　　项目联系人：____________

联系方式：____________　　联系方式：____________

---

① 中华人民共和国科学技术部印制。收录本书时进行了个别调整。

通信地址：____________	通信地址：____________
电　　话：____________	电　　话：____________
传　　真：____________	传　　真：____________
电子信箱：____________	电子信箱：____________

本合同乙方拥有________的技术发明创造并已申请专利，甲方受让该项技术发明的专利申请权并支付相应的转让价款。双方就此项专利申请权转让事项，经过平等协商，在真实、充分地表达各自意愿的基础上，根据《中华人民共和国民法典》的规定，达成如下协议，并由双方共同恪守。

第一条：本项发明创造的专利申请权：

1. 属于________________（发明、实用新型、外观设计）申请。

2. 发明人/设计人：________________。

3. 专利申请人：________________。

4. 专利申请日：________________。

5. 专利申请号：________________。

第二条：乙方在本合同签署前实施或转让本项发明创造的状况如下：

1. 乙方实施本发明创造的状况（时间、地点、方式和规模）：____。

2. 乙方许可他人使用本发明创造的状况（时间、地点、方式和规模）：____。

3. 本合同生效后，乙方有义务在____日内将本发明创造专利申请权转让的状况告知被许可使用本发明创造的当事人。

第三条：甲方应在本合同生效后，保证原技术转让合同的履行。乙方在原技术转让合同中享有的权利和义务，自本合同生效之日起，由甲方承受。乙方应当在____日内通知并协助原技术转让合同的让与人与甲方办理合同变更事项。

第四条：为保证甲方申请专利，乙方应向甲方提交以下技术资料：

1. ____；

2. ____；

3. ____；

4. ____。

第五条：乙方向甲方提交技术资料的时间、地点、方式如下：

1. 提交时间：____

2. 提交地点：____

3. 提交方式：____

第六条：乙方应当保证其专利申请权不侵犯任何第三人的合法权益。如发生第三人指控甲方侵权的，乙方应当____________________。

第七条：甲方向乙方支付该发明创造专利申请权的价款及支付方式如下：

1. 专利申请权的转让价款总额为：____________________。

2. 专利申请权的转让价款由甲方（一次、分期或提成）支付给乙方。

具体支付方式和时间如下：

（1）____

（2）____

（3）____

乙方开户银行名称、地址和账号为：

开户银行：____

地　　址：____

账　　号：____

3. 双方确定，甲方以实施研究开发成果所产生的利益提成支付乙方的研究开发经费和报酬的，乙方有权以________方式查阅甲方有关的会计账目。

第八条：双方确定，本合同生效后，甲方专利申请被国家专利行政主管机关驳回的，乙方不退还已收取的转让费用；尚未收取的，按以下方式处理：

____

____。

双方对专利申请被驳回的特别约定如下：

____

____

____

____。

第九条：双方确定：

1. 本合同生效后，甲方取得专利权的，乙方应按以下约定实施或使用该发明创造：

____

____

____

____。

2. 本合同生效后，该项专利申请在专利公开前被驳回的，双方按以下约定实施或使用该发明创造：

____

____

____

____。

第十条：双方确定，在本发明创造专利申请公开前，以及专利申请被驳回后，均对该项发明创造负有保密义务。具体保密约定如下：

甲方：

1. 保密内容（包括技术信息和经营信息）：
____
____
____
____。

2. 涉密人员范围：
____
____
____
____。

3. 保密期限：
____
____
____
____。

4. 泄密责任：
____
____
____
____。

乙方：

1. 保密内容（包括技术信息和经营信息）：
____
____
____
____。

2. 涉密人员范围：
____
____
____
____。

3. 保密期限：

____

____

____

____。

4. 泄密责任：

____

____

____

____。

第十一条：本合同签署后，由____方负责在____日内办理专利申请权转让的登记事宜。

第十二条：双方确定：

1. 甲方有权利用乙方交付专利申请权所涉及的发明创造进行后续改进，由此产生的具有实质性或创造性技术进步特征的新的技术成果，归____（甲方、双方）所有。具体相关利益的分配办法如下：

____

____

____

____。

2. 乙方有权在已交付甲方专利申请权后对此发明创造进行后续改进，由此产生的具有实质性或创造性技术进步特征的新的技术成果，归____（乙方、双方）所有。具体相关利益的分配办法如下：

____

____

____

____。

第十三条：双方确定，按以下约定承担各自的违约责任：

1. ____方违反本合同第____条约定，应当________（支付违约金或损失赔偿额的计算方法）。

2. ____方违反本合同第____条约定，应当________（支付违约金或损失赔偿额的计算方法）。

3. ____方违反本合同第____条约定，应当________（支付违约金或损失赔偿额的计算方法）。

4. ____方违反本合同第____条约定，应当________（支付违约金或损失赔偿额的计算方法）。

第十四条：双方确定，在本合同有效期内，甲方指定____为甲方项目联系人，乙方指定____为乙方项目联系人。项目联系人承担以下责任：

1. ____

2. ____

3. ____

一方变更项目联系人的，应当及时以书面形式通知另一方。未及时通知并影响本合同履行或造成损失的，应承担相应的责任。

第十五条：双方确定，出现下列情形，致使本合同的履行成为不必要或不可能的；可以解除本合同：

1. 因发生不可抗力；

2. ____；

3. ____。

第十六条：双方因履行本合同而发生的争议，应协商、调解解决。协商、调解不成的，确定按以下第____种方式处理：

1. 提交__________仲裁委员会仲裁；

2. 依法向人民法院起诉。

第十七条：双方确定：本合同及相关附件中所涉及的有关名词和技术术语，其定义和解释如下：

1. ____

2. ____

3. ____

4. ____

5. ____

第十八条：与履行本合同有关的下列技术文件，经双方确认后，为本合同的组成部分：

1. 技术背景资料：____________；

2. 可行性论证报告：____________；

3. 技术评价报告：____________；

4. 技术标准和规范：____________；

5. 原始设计和工艺文件：____________；

6. 其他：____________。

第十九条：双方约定本合同其他相关事项为：____________。

第二十条：本合同一式____份，具有同等法律效力。

第二十一条：本合同自国家专利行政主管机关登记之日起生效。

甲方：________（盖章）　　　　　　乙方：________（盖章）

法定代表人/委托代理人：____（签名） 法定代表人/委托代理人：____（签名）
年 月 日 年 月 日

（四）实例演示

某科技有限责任公司的孟某经过多次试验，成功地发明了一款感应遥控器，此时，该科技公司想将该发明的专利申请权转让给某电子有限责任公司，他们该如何签订转让合同呢？

专利申请权转让合同

合同编号：××××
项目名称：×××感应遥控器
签订时间：×年×月×日
签订地点：××市××县×路×号
有效期限：×年×月×日至×年×月×日
受让方（甲方）：××市××电子有限责任公司
住所地：××市××县×路×号
法定代表人：李某
项目联系人：李某
通信地址：××市××县×路×号
电　　话：×××××××××
传　　真：×××××××××
电子信箱：×××@163. com
让与方（乙方）：××市××科技有限责任公司
住所地：××市××县×路×号
法定代表人：谭某
项目联系人：孟某
通信地址：××市××县×路×号
电　　话：×××××××××
传　　真：×××××××××
电子信箱：××××@163. com

本合同乙方拥有×××感应遥控器的技术发明创造并已申请专利，甲方受让该项技术发明的专利申请权并支付相应的转让价款。双方就此项专利申请权转让事项，经过平等协商，在真实、充分地表达各自意愿的基础上，根据《中华人民共和国民法典》的规定，达成如下协议，并由双方共同恪守。

第一条：本项发明创造的专利申请权：

1. 属于发明申请。

2. 发明人/设计人：××市××科技有限责任公司员工孟某。

3. 专利申请人：××市××科技有限责任公司。

4. 专利申请日：×年×月×日。

5. 专利申请号：××××××××××××××。

第二条：乙方在本合同签署前实施或转让本项发明创造的状况如下：

1. 乙方实施本发明创造的状况（时间、地点、方式和规模）：略。

2. 乙方许可他人使用本发明创造的状况（时间、地点、方式和规模）：略。

3. 本合同生效后，乙方有义务在10日内将本发明创造专利申请权转让的状况告知被许可使用本发明创造的当事人。

第三条：甲方应在本合同生效后，保证原技术转让合同的履行。乙方在原技术转让合同中享有的权利和义务，自本合同生效之日起，由甲方承受。乙方应当在15日内通知并协助原技术转让合同的让与人与甲方办理合同变更事项。

第四条：为保证甲方申请专利，乙方应向甲方提交以下技术资料：

1. 略；

2. 略；

3. 略。

第五条：乙方向甲方提交技术资料的时间、地点、方式如下；

1. 提交时间：×年×月×日

2. 提交地点：××市××县×路×号

3. 提交方式：由乙方上门递交

第六条：乙方应当保证其专利申请权不侵犯任何第三人的合法权益。如发生第三人指控甲方侵权的，乙方应当赔偿甲方因此造成的损失。

第七条：甲方向乙方支付该发明创造专利申请权的价款及支付方式如下：

1. 专利申请权的转让价款总额为：200万元人民币。

2. 专利申请权的转让价款由甲方一次支付给乙方。

具体支付方式和时间如下：

方式：现金支票支付

时间：×年×月×日。

乙方开户银行名称、地址和账号为：

开户银行：××市××银行

地　　址：××市××区×路×号

账　　号：××××××××××××××××××

3. 双方确定，甲方以实施研究开发成果所产生的利益提成支付乙方的研究开发经费和报酬的，乙方有权以____________方式查阅甲方有关的会计账目。

第八条：双方确定，本合同生效后，甲方专利申请被国家专利行政主管机关驳回的，乙方不退还已收取的转让费用。

双方对专利申请被驳回的特别约定：略。

第九条：双方确定：

1. 本合同生效后，甲方取得专利权的，乙方应按以下约定实施或使用该发明创造：

乙方仅供自己使用，不得将专利技术告知他人，不得转让专利技术。

2. 本合同生效后，该项专利申请在专利公开前被驳回的，双方按以下约定实施或使用该发明创造：略。

第十条：双方确定，在本发明创造专利申请公开前，以及专利申请被驳回后，均对该项发明创造负有保密义务。具体保密约定如下：

甲方：

1. 保密内容（包括技术信息和经营信息）：

略。

2. 涉密人员范围：

公司董事长×××、总经理×××、副总经理×××、发明设计人李某。

3. 保密期限：

×年×月×日至×年×月×日。

4. 泄密责任：

赔偿因泄密给对方造成的一切损失。

乙方：

1. 保密内容（包括技术信息和经营信息）：

略。

2. 涉密人员范围：

公司董事长×××、总经理×××、副总经理×××。

3. 保密期限：

×年×月×日至×年×月×日。

4. 泄密责任：

赔偿因泄密给对方造成的一切损失。

第十一条：本合同签署后，由乙方负责在15日内办理专利申请权转让的登记事宜。

第十二条：双方确定：

1. 甲方有权利用乙方交付专利申请权所涉及的发明创造进行后续改进，由此产生的具有实质性或创造性技术进步特征的新的技术成果，归甲方所有。

2. 乙方有权在已交付甲方专利申请权后对此发明创造进行后续改进，由此产生的具有实质性或创造性技术进步特征的新的技术成果，归乙方所有。

第十三条：双方确定，按以下约定承担各自的违约责任：

1. 双方中的任何一方违反本合同第十条约定，应当支付违约金10万元人民币。

2. 双方中的任何一方违反本合同第十二条约定，应当支付违约金10万元人民币。

第十四条：双方确定，在本合同有效期内，甲方指定李某为甲方项目联系人，乙方指定孟某为乙方项目联系人。项目联系人承担以下责任：略。

一方变更项目联系人的，应当及时以书面形式通知另一方。未及时通知并影响本合同履行或造成损失的，应承担相应的责任。

第十五条：双方确定，出现下列情形，致使本合同的履行成为不必要或不可能的；可以解除本合同：

1. 因发生不可抗力；

2. 一方或双方公司倒闭的。

第十六条：双方因履行本合同而发生的争议，应协商、调解解决。协商、调解不成的，确定按以下第________种方式处理：

1. 提交×××市仲裁委员会仲裁；

2. 依法向人民法院起诉。

第十七条：双方确定：本合同及相关附件中所涉及的有关名词和技术术语，其定义和解释如下：

略。

第十八条：与履行本合同有关的下列技术文件，经双方确认后，为本合同的组成部分：

1. 技术背景资料：略；

2. 可行性论证报告：略；

3. 技术评价报告：略；

4. 技术标准和规范：略；

5. 原始设计和工艺文件：略；

6. 其他：略。

第十九条：本合同一式两份，具有同等法律效力。

第二十条：本合同自国家专利行政主管机关登记之日起生效。

甲方：××市××电子有限责任公司（盖章）
法定代表人/委托代理人：李某
×年×月×日

乙方：××市××科技有限责任公司（盖章）
法定代表人/委托代理人：谭某
×年×月×日

（五）特别提醒

1. 本合同为中华人民共和国科学技术部印制的技术转让（专利申请权）合同示范文本，各技术合同认定登记机构可推介技术合同当事人参照使用。

2. 本合同书适用于一方当事人（让与方）将其就特定的发明创造申请专利的权利转让受让方，受让方支付约定价款而订立的合同。

3. 签约一方为多个当事人的，可按各自在合同关系中的作用等，在“委托方”“受托方”项下（增页）分别排列为共同受让人或共同让与人。

4. 本合同书未尽事项，可由当事人附页另行约定，并作为本合同的组成部分。

5. 当事人使用本合同书时约定无需填写的条款，应在该条款处注明“无”等字样。

六、技术转让（专利实施许可）合同

（一）基本知识

1. 什么是技术转让（专利实施许可）合同？

技术转让（专利实施许可）合同是指专利权人、专利申请人或者其他权利人作为让与人，许可受让人在约定的范围内实施专利，受让人支付约定使用费所订立的合同。

2. 技术转让（专利实施许可）合同包括哪些基本内容？

专利实施许可合同的主要条款一般包括以下几方面：

（1）专利技术的内容和专利的实施方式；

（2）实施许可合同的种类；

（3）实施许可合同的有效期限和地域范围；

（4）技术指导和技术服务条款；

（5）专利权瑕疵担保和保证条款；

（6）专利许可使用费用及其支付方式；

（7）违约责任以及违约金或者赔偿损失额的计算方法。

除了上述内容外，还可以就当事人双方认为必要的其他事项进行约定。例如，不可抗力条款；专利技术改进成果的归属；争议的解决办法；关键名词和术语的解释。

（二）法律依据

《中华人民共和国专利法》

第十二条　任何单位或者个人实施他人专利的，应当与专利权人订立实施许可合同，向专利权人支付专利使用费。被许可人无权允许合同规定以外的任何单位或者个人实施该专利。

（三）范本下载

技术转让（专利实施许可）合同①

合同编号：××××

项目名称：______

① 中华人民共和国科学技术部印制。收入本书时进行了个别调整。

签订时间：________年____月____日

签订地点：____________市________县________路________号

有效期限：________年____月____日至________年____月____日

受让方（甲方）：__________________________________

住所地：____

法定代表人：____

项目联系人：____

联系方式：____

通信地址：____

电话：______________传真：_______________

电子信箱：____

让与方（乙方）：____

住所地：____

法定代表人：____

项目联系人：____

联系方式：____

通信地址：____

电话：________________传真：_________________

电子信箱：_____________________

本合同乙方以____________（独占、排他、普通）方式许可甲方实施其所拥有的________________专利权，甲方受让该项专利的实施许可并支付相应的实施许可使用费。双方经过平等协商，在真实、充分地表达各自意愿的基础上，根据《中华人民共和国民法典》的规定，达成如下协议，并由双方共同恪守。

第一条：本合同许可实施的专利权：

1. 为____________（发明、实用新型、外观设计）专利。

2. 发明人/设计人：____。

3. 专利权人为：____。

4. 专利授权日：____。

5. 专利号：____。

6. 专利有效期限：____。

7. 专利年费已交至____。

第二条：乙方在本合同生效前实施或许可本项专利的基本状况如下：

1. 乙方实施本项专利权的状况（时间、地点、方式和规模）：__________________
____
____。

2. 乙方许可他人使用本项专利权的状况（时间、地点、方式和规模）：____。

第三条：乙方许可甲方以如下范围、方式和期限实施本项专利：

1. 实施方式：____。
2. 实施范围：____。
3. 实施期限：____。

第四条：为保证甲方有效实施本项专利，乙方应向甲方提交以下技术资料：

1. ______________________；
2. ______________________；
3. ______________________；
4. ______________________。

第五条：乙方提交技术资料的时间、地点、方式如下：

1. 提交时间：______________________。
2. 提交地点：______________________。
3. 提交方式：______________________。

第六条：为保证甲方有效实施本项专利，乙方向甲方转让与实施本项专利有关的技术秘密：

1. 技术秘密的内容：____。
2. 技术秘密的实施要求：____。
3. 技术秘密的保密范围和期限：____。

第七条：为保证甲方有效实施本项专利，乙方向甲方提供以下技术服务和技术指导：

1. 技术服务和技术指导的内容：____。
2. 技术服务和技术指导的方式：____。

第八条：双方确定，乙方许可甲方实施本项专利及转让技术秘密、提供技术服务和技术指导，按以下标准和方式验收：

1. ______________________
2. ______________________
3. ______________________

第九条：甲方向乙方支付实施该项专利权使用费及支付方式为：

1. 许可实施使用费总额为：________________________________

其中：技术秘密的使用费为：________________________________

技术服务和指导费为：________________________________

2. 许可实施使用费由甲方__________（一次、分期或提成）支付给乙方。

具体支付方式和时间如下：

（1）________________________________

（2）________________________________

（3）________________________________

乙方开户银行名称、地址和账号为：

开户银行：________________________________

地址：________________________________

账号：________________________________

3. 双方确定，甲方以实施专利技术所产生的利益提成支付乙方许可使用费的，乙方有权以________________方式查阅甲方有关的会计账目。

第十条：乙方应当保证其专利权实施许可不侵犯任何第三人的合法权益，如发生第三人指控甲方侵犯专利权的，乙方应当____。

第十一条：乙方应当在本合同有效期内维持本项专利权的有效性。如由于乙方过错致使本项专利权终止的，乙方应当按本合同第十六条的约定，支付甲方违约金或赔偿损失。

本项专利权被国家专利行政主管机关宣布无效的，乙方应当赔偿甲方损失，但甲方已给付乙方的使用费，不再返还。

第十二条：甲方应当在本合同生效后________日内开始实施本项专利；逾期未实施的，应当及时通知乙方并予以正当解释，征得乙方认可。甲方逾期________日未实施本项专利且未予解释，影响乙方技术转让提成收益的，乙方有权要求甲方支付违约金或赔偿损失。

第十三条：双方确定，在本合同履行中，任何一方不得以下列方式限制另一方的技术竞争和技术发展：

1. ________________________________

2. ________________________________

3. ________________________________

第十四条：双方确定：

1. 甲方有权利用乙方许可实施的专利技术和技术秘密进行后续改进。由此产生的具有实质性或创造性技术进步特征的新的技术成果，归________（甲方、双方）所有。具体相关利益的分配办法如下：____。

2. 乙方有权在许可甲方实施该项专利权后，对该项专利权涉及的发明创造及技术秘密进行后续改进。由此产生的具有实质性或创造性技术进步特征的新的技术成果，归________（乙方、双方）所有。具体相关利益的分配办法如下：____。

第十五条：本合同的变更必须由双方协商一致，并以书面形式确定。但有下列情形之一的，一方可以向另一方提出变更合同权利与义务的请求，另一方应当在________日内予以答复；逾期未予答复的，视为同意：

1. ____；
2. ____；
3. ____；
4. ____。

第十六条：双方确定，按以下约定承担各自的违约责任：

1. ____方违反本合同第____条约定，应当____________________（支付违约金或损失赔偿额的计算方法）。
2. ____方违反本合同第____条约定，应当____________________（支付违约金或损失赔偿额的计算方法）。
3. ____方违反本合同第____条约定，应当____________________（支付违约金或损失赔偿额的计算方法）。
4. ____方违反本合同第____条约定，应当____________________（支付违约金或损失赔偿额的计算方法）。

第十七条：双方确定，在本合同有效期内，甲方指定____________为甲方项目联系人，乙方指定____________为乙方项目联系人。项目联系人承担以下责任：

1. ____
2. ____
3. ____

一方变更项目联系人的，应当及时以书面形式通知另一方。未及时通知并影响本合同履行或造成损失的，应承担相应的责任。

第十八条：双方确定，出现下列情形，致使本合同的履行成为不必要或不可能，可以解除本合同：

1. 发生不可抗力；
2. ____；
3. ____。

第十九条：双方因履行本合同而发生的争议，应协商、调解解决。协商、调解不成的，确定按以下第____种方式处理：

1. 提交____________仲裁委员会仲裁；

2. 依法向人民法院起诉。

第二十条：双方确定：本合同及相关附件中所涉及的有关名词和技术术语，其定义和解释如下：

1. ____

2. ____

3. ____

4. ____

5. ____

第二十一条：与履行本合同有关的下列技术文件，经双方确认后，____________为本合同的组成部分：

1. 技术背景资料：____________________；

2. 可行性论证报告：____________________；

3. 技术评价报告：____________________；

4. 技术标准和规范：____________________；

5. 原始设计和工艺文件：____________________；

6. 其他：____________________。

第二十二条：双方约定本合同其他相关事项为：____

第二十三条：本合同一式____份，具有同等法律效力。

第二十四条：本合同经双方签字盖章后生效。

甲方：____________（盖章）

法定代表人/委托代理人：____________（签名）

年　月　日

乙方：____________（盖章）

法定代表人/委托代理人：____________（签名）

年　月　日

印花税票粘贴处：

（此页由技术合同登记机构填写）

合同登记编号：

1. 申请登记人：________________________
2. 登记材料：（1）________________________
　　　　　　（2）________________________
　　　　　　（3）________________________
3. 合同类型：________________________
4. 合同交易额：________________________
5. 技术交易额：________________________

技术合同登记机构（印章）

经办人：

年　月　日

（四）实例演示

甲科技有限责任公司经过多次试验，成功地发明了一款汽车驾驶室降温器，此时，乙科技有限责任公司想使用该项技术，他们该如何签订技术转让合同呢？

技术转让（专利实施许可）合同

合同编号：××××

项目名称：×××汽车驾驶室降温器

签订时间：×年×月×日

签订地点：××市××县×路×号

有效期限：×年×月×日至×年×月×日

受让方（甲方）：乙科技有限责任公司

住所地：××市××县×路×号

法定代表人：李某

项目联系人：李某

通信地址：××市××县×路×号

电　　话：××××××××

传　　真：××××××××

电子信箱：×××@163. com

让与方（乙方）：甲科技有限责任公司

住所地：××市××县×路×号

法定代表人：谭某

项目联系人：孟某

通信地址：××市××县×路×号

电　　话：×××××××××

传　　真：×××××××××

电子信箱：××××@163.com

本合同乙方以排他方式许可甲方实施其所拥有的×××汽车驾驶室降温器专利权，甲方受让该项专利的实施许可并支付相应的实施许可使用费。双方经过平等协商，在真实、充分地表达各自意愿的基础上，根据《中华人民共和国民法典》的规定，达成如下协议，并由双方共同恪守。

第一条：本合同许可实施的专利权：

1. 为发明专利。

2. 发明人/设计人：孟某。

3. 专利权人为：甲科技有限责任公司。

4. 专利授权日：×年×月×日。

5. 专利号：×××××××××××××。

6. 专利有效期限：×年。

7. 专利年费已交至×年×月×日。

第二条：乙方在本合同生效前实施或许可本项专利的基本状况如下：

1. 乙方实施本项专利权的状况（时间、地点、方式和规模）：略。

2. 乙方许可他人使用本项专利权的状况（时间、地点、方式和规模）：略。

第三条：乙方许可甲方以如下范围、方式和期限实施本项专利：

1. 实施方式：排他方式。

2. 实施范围：略。

3. 实施期限：×年×月×日至×年×月×日。

第四条：为保证甲方有效实施本项专利，乙方应向甲方提交以下技术资料：略。

第五条：乙方提交技术资料的时间、地点、方式如下：

1. 提交时间：×年×月×日。

2. 提交地点：××市××县×路×号。

3. 提交方式：甲方到乙方处自提。

第六条：为保证甲方有效实施本项专利，乙方向甲方转让与实施本项专利有关的技术秘密：

1. 技术秘密的内容：略。

2. 技术秘密的实施要求：略。

3. 技术秘密的保密范围和期限：略。

第七条：为保证甲方有效实施本项专利，乙方向甲方提供以下技术服务和技术指导：

1. 技术服务和技术指导的内容：略。

2. 技术服务和技术指导的方式：略。

第八条：双方确定，乙方许可甲方实施本项专利及转让技术秘密、提供技术服务和技术指导，按以下标准和方式验收：略。

第九条：甲方向乙方支付实施该项专利权使用费及支付方式为：

1. 许可实施使用费总额为：200 万元人民币。

其中：技术秘密的使用费为：100 万元人民币

技术服务和指导费为：100 万元人民币

2. 许可实施使用费由甲方一次支付给乙方。

具体支付方式和时间如下：

方式：现金支票支付。

时间：×年×月×日。

乙方开户银行名称、地址和账号为：

开户银行：××市××银行

地　　址：××市××区×路×号

账　　号：××××××××××××××××

第十条：乙方应当保证其专利权实施许可不侵犯任何第三人的合法权益，如发生第三人指控甲方侵犯专利权的，乙方应当赔偿甲方由此造成的损失。

第十一条：乙方应当在本合同有效期内维持本项专利权的有效性。如由于乙方过错致使本项专利权终止的，乙方应当按本合同第十六条的约定，支付甲方违约金或赔偿损失。

本项专利权被国家专利行政主管机关宣布无效的，乙方应当赔偿甲方损失，但甲方已给付乙方的使用费，不再返还。

第十二条：甲方应当在本合同生效后 30 日内开始实施本项专利；逾期未实施的，应当及时通知乙方并予以正当解释，征得乙方认可。甲方逾期 15 日未实施本项专利且未予解释，影响乙方技术转让提成收益的，乙方有权要求甲方支付违约金或赔偿损失。

第十三条：双方确定，在本合同履行中，任何一方不得以任何方式限制另一方的技术竞争和技术发展。

第十四条：双方确定：

1. 甲方有权利用乙方许可实施的专利技术和技术秘密进行后续改进。由此产生的具有实质性或创造性技术进步特征的新的技术成果，归甲方所有。

2. 乙方有权在许可甲方实施该项专利权后，对该项专利权涉及的发明创造及技术秘密进行后续改进。由此产生的具有实质性或创造性技术进步特征的新的技术成果，归乙方所有。

第十五条：本合同的变更必须由双方协商一致，并以书面形式确定。但有下列情形之一的，一方可以向另一方提出变更合同权利与义务的请求，另一方应当在10日内予以答复；逾期未予答复的，视为同意：

1. 一方公司生产需要的；
2. 略；
3. 略。

第十六条：双方确定，按以下约定承担各自的违约责任：

1. 任何一方违反本合同第十三条约定，应当支付违约金10万元。
2. 任何一方违反本合同第十四条约定，应当支付违约金10万元。
3. 任何一方违反本合同第十五条约定，应当支付违约金10万元。

第十七条：双方确定，在本合同有效期内，甲方指定李某为甲方项目联系人，乙方指定孟某为乙方项目联系人。项目联系人承担以下责任：略。

一方变更项目联系人的，应当及时以书面形式通知另一方。未及时通知并影响本合同履行或造成损失的，应承担相应的责任。

第十八条：双方确定，出现下列情形，致使本合同的履行成为不必要或不可能，可以解除本合同：

1. 发生不可抗力；
2. 公司解散的。

第十九条：双方因履行本合同而发生的争议，应协商、调解解决。协商、调解不成的，提交×××仲裁委员会仲裁。

第二十条：双方确定：本合同及相关附件中所涉及的有关名词和技术术语，其定义和解释如下：略。

第二十一条：与履行本合同有关的下列技术文件，经双方确认后，均为本合同的组成部分：

1. 技术背景资料：略；
2. 可行性论证报告：略；
3. 技术评价报告：略；
4. 技术标准和规范：略；
5. 原始设计和工艺文件：略；
6. 其他：略。

第二十二条：本合同一式两份，具有同等法律效力。

第二十三条：本合同经双方签字盖章后生效。

甲方：乙科技有限责任公司（盖章）

法定代表人/委托代理人：李某

×年×月×日

乙方：甲科技有限责任公司（盖章）
法定代表人/委托代理人：谭某
×年×月×日

印花税票粘贴处：

（此页由技术合同登记机构填写）
合同登记编号：

1. 申请登记人：____________________
2. 登记材料：（1）______________________________
（2）______________________________
（3）______________________________
3. 合同类型：________________________________
4. 合同交易额：______________________________
5. 技术交易额：______________________________

技术合同登记机构（印章）
经办人：
年 月 日

（五）特别提醒

1. 本合同为中华人民共和国科学技术部印制的技术转让（专利实施许可）合同示范文本，各技术合同认定登记机构可推介技术合同当事人参照使用。

2. 本合同书适用于让与人（专利权人或者其授权的人）许可受让方在约定的范围内实施专利，受让方支付约定使用费而订立的合同。

3. 签约一方为多个当事人的，可按各自在合同关系中的作用等，在“委托方”“受托方”项下（增页）分别排列为共同受让人或共同让与人。

4. 本合同书未尽事项，可由当事人附页另行约定，并作为本合同的组成部分。

5. 当事人使用本合同书时约定无需填写的条款，应在该条款处注明“无”等字样。

七、图书出版合同

（一）基本知识

1. 什么是图书出版合同？

图书出版合同，是指图书出版者就出版作品与报酬等事宜与作者或其他著作权人达成的协议。

2. 图书出版合同包括哪些基本内容？

（1）作者要按合同约定的日期交付书稿；书稿要按合同约定的方式去创作，达到合同约定的标准。

（2）作者要担保交付的书稿不存在侵权或违约的情况。作者如果违反这种担保义务，就可能要对出版社承担损害赔偿义务。

（3）出版社负责出版作者交来的书稿；有关出版的一切费用由出版社承担；出版社按合同约定的数额、日期和方式向作者支付报酬。

（4）出版社通过合同取得专有出版权。在合同有效期内，作者不得许可第三人以相同方式出版。

（5）对专有出版权的地域、期间应有明确约定。

（6）合同中如果没有特别约定，作者还保留表演、录音、摄制电影、播放、展览、改编、翻译或以其他任何方式使用其作品的权利。如果出版社希望代理出版权以外的一些权利，比如翻译权，应与作者在出版合同中明确约定。

（7）如果图书发行后发生脱销现象，应如何处理。按《著作权法》第三十二条规定，作者在发现作品脱销后，有权向出版社提出重印或再版的要求，出版社拒绝的，作者有权终止合同。

（8）应在合同中明确约定，作品出版后，作者可得样书以及能买优惠价图书的数量。

（9）如果出版社与作者约定图书再版的，出版社在再版图书之前，应征询作者有无修改意见。

（10）在合同中写明出版社如果要修改稿件，须经作者许可。

（11）如果出版社主动约请作者创作的书稿经作者一再修改，仍然达不到出版水平，出版社也应该根据合同约定或有关规定支付适量的约稿费。

（12）出版社在出版作品之后应将原稿退还给作者。

（13）对作者的损害赔偿。如由于出版社等方面的原因致使书稿不能出版，在作者无法请求强制履行的情况下，出版社除应向作者支付全部应付报酬外，还应赔偿作者因未出书而受到的损害。

（二）法律依据

《中华人民共和国著作权法》

第二十六条　使用他人作品应当同著作权人订立许可使用合同，本法规定可以不经许可的除外。

许可使用合同包括下列主要内容：

（一）许可使用的权利种类；

（二）许可使用的权利是专有使用权或者非专有使用权；

（三）许可使用的地域范围、期间；

（四）付酬标准和办法；

（五）违约责任；

（六）双方认为需要约定的其他内容。

第二十七条　转让本法第十条第一款第（五）项至第（十七）项规定的权利，应当订立书面合同。

权利转让合同包括下列主要内容：

（一）作品的名称；

（二）转让的权利种类、地域范围；

（三）转让价金；

（四）交付转让价金的日期和方式；

（五）违约责任；

（六）双方认为需要约定的其他内容。

第三十二条　图书出版者出版图书应当和著作权人订立出版合同，并支付报酬。

（三）范本下载

图书出版合同①

甲方（著作权人）：____________________　地址：____________________

乙方（出 版 者）：____________________　地址：____________________

作品名称：____________________

作者姓名：____________________

甲、乙双方就上述作品的出版达成如下协议：

第一条　甲方授予乙方在合同有效期内，以图书形式出版发行上述作品文本的专有使用权。

---

① 国家版权局1999年3月发布。

第二条 根据本合同出版发行的作品不得含有下列内容：

（一）反对宪法确定的基本原则；

（二）危害国家统一、主权和领土完整；

（三）危害国家安全、荣誉和利益；

（四）煽动民族分裂，侵害少数民族风俗习惯，破坏民族团结；

（五）泄露国家机密；

（六）宣扬淫秽、迷信或者渲染暴力，危害社会公德和民族优秀文化传统；

（七）侮辱或者诽谤他人；

（八）法律、法规规定禁止的其他内容。

第三条 甲方保证拥有第一条授予乙方的权利。因上述权利的行使侵犯他人著作权的，甲方承担全部责任并赔偿因此给乙方造成的损失，乙方可以终止合同。

第四条 甲方的上述作品含有侵犯他人名誉权、肖像权、姓名权等人身权内容的，甲方承担全部责任并赔偿因此给乙方造成的损失，乙方可以终止合同。

第五条 上述作品的内容、篇幅、体例、图表、附录等应符合下列要求：______。

第六条 甲方应于____年____月____日前将上述作品的誊清稿交付乙方。甲方不能按时交稿的，应在交稿期限届满前____日通知乙方，双方另行约定交稿日期。甲方到期仍不能交稿的，应按本合同约定报酬的____%向乙方支付违约金，乙方可以终止合同。

甲方交付的稿件应有作者的签章。

第七条 乙方应于____年____月____日前出版上述作品，最低印数为____册。乙方不能按时出版的，应在出版期限届满前____日通知甲方，并按本合同约定报酬的____%向甲方支付违约金，双方另行约定出版日期。乙方在另行约定期限内仍不出版的，除非因不可抗力所致，乙方应按本合同约定向甲方支付报酬和归还作品原件，并按该报酬的____%向甲方支付赔偿金，甲方可以终止合同。

第八条 在合同有效期内，未经双方同意，任何一方不得将第一条约定的权利许可第三方使用。如有违反，另一方有权要求经济赔偿并终止合同。一方经对方同意许可第三方使用上述权利，应将所得报酬的____%交付对方。

第九条 乙方尊重甲方确定的署名方式。乙方如需更动上述作品的名称，对作品进行修改、删节、增加图表及前言、后记，应征得甲方同意，并经甲方书面认可。

第十条 上述作品的校样由乙方审校。

*上述作品的校样由甲方审校。甲方应在____日内签字后退还乙方。甲方未按期审校的，乙方可自行审校，并按计划付印。因甲方修改造成版面改动超过____%或未能按期出版，甲方承担改版费用或推迟出版的责任。

第十一条 乙方采用下列方式及标准之一向甲方支付报酬：

（一）基本稿酬加印数稿酬：____元/每千字×千字+印数（以千字为单位）×基本稿酬____%。

（二）一次性付酬：____元。

（三）版税：____元（图书定价）×____%（版税率）×印数。

第十二条　以基本稿酬加印数稿酬方式付酬的，乙方应在上述作品出版后____日内向甲方支付报酬，但最长不得超过半年。

以一次性支付方式付酬的，乙方在甲方交稿后____日内向甲方付清。

以版税方式付酬的，乙方在出版后____日内向甲方付清。

乙方在合同签字后____日内，向甲方预付上述报酬的____%（____元）。

乙方未在约定期限内支付报酬的，甲方可以终止合同并要求乙方继续履行付酬的义务。

第十三条　甲方交付的稿件未达到合同第五条约定的要求，乙方有权要求甲方进行修改，如甲方拒绝按照合同的约定修改，乙方有权终止合同并要甲方返还本合同第十二条约定的预付报酬。如甲方同意修改，且反复修改仍未达到合同第五条的要求，预付报酬不返还乙方；如未支付预付报酬，乙方按合同第十一条约定报酬的____%向甲方支付酬金，并有权终止合同。

第十四条　上述作品首次出版____年内，乙方可以自行决定重印。首次出版____年后，乙方重印应事先通知甲方。如果甲方需要对作品进行修改，应于收到通知后____日内签复乙方，否则乙方可按原版重印。

第十五条　乙方重印、再版，应将印数通知甲方，并在重印、再版____日内按第十一条的约定向甲方支付报酬。

第十六条　甲方有权核查乙方应向甲方支付报酬的账目。甲方指定第三方进行核查，需提供书面授权书。如乙方故意少付甲方应得的报酬，除向甲方补齐应付报酬外，还应支付全部报酬____%的赔偿金并承担核查费用。如核查结果与乙方提供的应付报酬相符，核查费用由甲方承担。

第十七条　在合同有效期内，如图书脱销，甲方有权要求乙方重印、再版。如甲方收到乙方拒绝重印、再版的书面答复，或乙方收到甲方重印、再版的书面要求后____月内未重印、再版，甲方可以终止合同。

第十八条　上述作品出版后____日内乙方应将作品原稿退还甲方。如有损坏，应赔偿甲方____元；如有遗失，赔偿____元。

第十九条　上述作品首次出版后____日内，乙方向甲方赠样书20册，并以____折价售予甲方图书____册。再版后____日内，乙方向甲方赠样书____册。

第二十条　在合同有效期内乙方按本合同（一）基本稿酬加印数稿酬方式，或者按本合同（二）一次性付酬方式向甲方支付报酬的，出版上述作品的修订本、缩编本的付酬的方式和标准应由双方另行约定。

第二十一条　在合同有效期内，甲方许可第三方出版包含上述作品的选集、文集、全集的，须取得乙方许可。

在合同有效期内，乙方出版包含上述作品的选集、文集、全集或者许可第三方出版包含上述作品的选集、文集、全集的，须另行取得甲方书面授权。乙方取得甲方授权的，应及时将出版包含上述作品选集、文集、全集的情况通知甲方，并将所得报酬的____%交付甲方。

第二十二条 在合同有效期内，甲方许可第三方出版上述作品的电子版的，须取得乙方的许可。

在合同有效期内，乙方出版上述作品电子版或者许可第三方出版上述作品电子版的，须另行取得甲方书面授权。乙方取得甲方授权的，应及时将出版上述作品电子版的情况通知甲方，并将所得报酬的____%交付甲方。

第二十三条 未经甲方书面许可，乙方不得行使本合同第一条授权范围以外的权利。

*甲方授权乙方代理行使使用上述作品的权利，其使用所得报酬甲、乙双方按比例分成。

第二十四条 双方因合同的解释或履行发生争议，由双方协商解决。协商不成将争议提交仲裁机构仲裁。

*向人民法院提起诉讼。

第二十五条 合同的变更、续签及其他未尽事宜，由双方另行商定。

第二十六条 本合同自签字之日起生效，有效期为____年。

第二十七条 本合同一式两份，双方各执一份为凭。

甲方：________________ 乙方：________________

（签章） （签章）

年 月 日 年 月 日

注：注*的为选择性内容。

（四）实例演示

张某正在撰写一本励志书，名叫《明天》，他想和某出版社签订一份图书出版合同，应该如何签订？

图书出版合同

甲方（著作权人）：张某 地址：×市×县×路×号，电话：××××××××

乙方（出版者）：××出版社 地址：×市×县×路×号，电话：××××××××

作品名称：《明天》

作者姓名：张某

甲、乙双方就上述作品的出版达成如下协议：

第一条 甲方授予乙方在合同有效期内，以图书形式出版发行上述作品文本的专有使用权。

第二条　根据本合同出版发行的作品不得含有下列内容：

（一）反对宪法确定的基本原则；

（二）危害国家统一、主权和领土完整；

（三）危害国家安全、荣誉和利益；

（四）煽动民族分裂，侵害少数民族风俗习惯，破坏民族团结；

（五）泄露国家机密；

（六）宣扬淫秽、迷信或者渲染暴力，危害社会公德和民族优秀文化传统；

（七）侮辱或者诽谤他人；

（八）法律、法规规定禁止的其他内容。

第三条　甲方保证拥有第一条授予乙方的权利。因上述权利的行使侵犯他人著作权的，甲方承担全部责任并赔偿因此给乙方造成的损失，乙方可以终止合同。

第四条　甲方的上述作品含有侵犯他人名誉权、肖像权、姓名权等人身权内容的，甲方承担全部责任并赔偿因此给乙方造成的损失，乙方可以终止合同。

第五条　上述作品的内容、篇幅、体例、图表、附录等应符合下列要求：______。

第六条　甲方应于2010年×月×日前将上述作品的誊清稿交付乙方。甲方不能按时交稿的，应在交稿期限届满前15日通知乙方，双方另行约定交稿日期。甲方到期仍不能交稿的，应按本合同约定报酬的5%向乙方支付违约金，乙方可以终止合同。

甲方交付的稿件应有作者的签章。

第七条　乙方应于2010年×月×日前出版上述作品，最低印数为10000册。乙方不能按时出版的，应在出版期限届满前15日通知甲方，并按本合同约定报酬的5%向甲方支付违约金，双方另行约定出版日期。乙方在另行约定期限内仍不出版的，除非因不可抗力所致，乙方应按本合同约定向甲方支付报酬和归还作品原件，并按该报酬的5%向甲方支付赔偿金，甲方可以终止合同。

第八条　在合同有效期内，未经双方同意，任何一方不得将第一条约定的权利许可第三方使用。如有违反，另一方有权要求经济赔偿并终止合同。一方经对方同意许可第三方使用上述权利，应将所得报酬的5%交付对方。

第九条　乙方尊重甲方确定的署名方式。乙方如需更动上述作品的名称，对作品进行修改、删节、增加图表及前言、后记，应征得甲方同意，并经甲方书面认可。

第十条　上述作品的校样由乙方审校。

第十一条　乙方采用下列方式及标准之一向甲方支付报酬：一次性付酬：××××元。

第十二条　乙方在甲方交稿后30日内向甲方付清。

乙方在合同签字后5日内，向甲方预付上述报酬的10%（____元）。

乙方未在约定期限内支付报酬的，甲方可以终止合同并要求乙方继续履行付酬的义务。

第十三条 甲方交付的稿件未达到合同第五条约定的要求，乙方有权要求甲方进行修改，如甲方拒绝按照合同的约定修改，乙方有权终止合同并要甲方返还本合同第十二条约定的预付报酬。如甲方同意修改，且反复修改仍未达到合同第五条的要求，预付报酬不返还乙方。

第十四条 上述作品首次出版 2 年内，乙方可以自行决定重印。首次出版 2 年后，乙方重印应事先通知甲方。如果甲方需要对作品进行修改，应于收到通知后 10 日内签复乙方，否则乙方可按原版重印。

第十五条 乙方重印、再版，应将印数通知甲方，并在重印、再版 30 日内按第十一条的约定向甲方支付报酬。

第十六条 甲方有权核查乙方应向甲方支付报酬的账目。甲方指定第三方进行核查，需提供书面授权书。如乙方故意少付甲方应得的报酬，除向甲方补齐应付报酬外，还应支付全部报酬 5% 的赔偿金并承担核查费用。如核查结果与乙方提供的应付报酬相符，核查费用由甲方承担。

第十七条 在合同有效期内，如图书脱销，甲方有权要求乙方重印、再版。如甲方收到乙方拒绝重印、再版的书面答复，或乙方收到甲方重印、再版的书面要求后 2 个月内未重印、再版，甲方可以终止合同。

第十八条 上述作品出版后 30 日内乙方应将作品原稿退还甲方。如有损坏，应赔偿甲方 1000 元；如有遗失，赔偿 5000 元。

第十九条 上述作品首次出版后 30 日内，乙方向甲方赠样书 20 册，并以 5 折价售予甲方图书 100 册。再版后 30 日内，乙方向甲方赠样书 20 册。

第二十条 在合同有效期内乙方出版上述作品的修订本、缩编本的付酬的方式和标准应由双方另行约定。

第二十一条 在合同有效期内，甲方许可第三方出版包含上述作品的选集、文集、全集的，须取得乙方许可。

在合同有效期内，乙方出版包含上述作品的选集、文集、全集或者许可第三方出版包含上述作品的选集、文集、全集的，须另行取得甲方书面授权。乙方取得甲方授权的，应及时将出版包含上述作品选集、文集、全集的情况通知甲方，并将所得报酬的 40% 交付甲方。

第二十二条 在合同有效期内，甲方许可第三方出版上述作品的电子版的，须取得乙方的许可。

在合同有效期内，乙方出版上述作品电子版或者许可第三方出版上述作品电子版的，须另行取得甲方书面授权。乙方取得甲方授权的，应及时将出版上述作品电子版的情况通知甲方，并将所得报酬的 40% 交付甲方。

第二十三条 未经甲方书面许可，乙方不得行使本合同第一条授权范围以外的权利。

第二十四条 双方因合同的解释或履行发生争议，由双方协商解决。协商不成向人民法院提起诉讼。

第二十五条　合同的变更、续签及其他未尽事宜，由双方另行商定。

第二十六条　本合同自签字之日起生效，有效期为×年。

第二十七条　本合同一式两份，双方各执一份为凭。

甲方：张某　　　　　　　　　　　　乙方：××出版社　　（签章）

×年×月×日　　　　　　　　　　　　×年×月×日

（五）特别提醒

1. 图书出版合同一般有两种形式。一种适用于已创作出来的书稿，该书稿经过编辑加工就可以出版，这种合同是一般的图书出版合同。另一种适用于尚未创作的书稿，根据出版社的约请，作者和出版社订立合同，然后根据合同创作出一部作品，这种合同是包含约稿条款的图书出版合同。在我国，一些出版社习惯将后一种图书出版合同分解为两个独立的合同，即约稿合同和出版合同。

2. 如果没有专门约定专有出版权的地域、期间的，则应认为只是中国大陆范围的出版权。

3. 从法律上讲，作品的原件，特别是美术作品原件，属于作者的个人财产。有的出版社由于保管不善，将作品原件损坏或者遗失。如果合同中没有免责条款，出版社应适当赔偿作者。而作者自愿放弃原稿所有权的情况除外。

第五章　仲裁法律文书

一、仲裁协议书

（一）基本知识

1. 什么是仲裁协议书？

仲裁协议书是指各方当事人在纠纷发生前或者纠纷发生后达成的以书面方式请求仲裁的协议。即由当事人各方经过相互协商，一致达成的将其争议提交仲裁委员会依法评断，并作出裁决的一种书面的协议。

2. 仲裁协议书包括哪些基本内容？

（1）首部

①标题：写“仲裁协议书”。

②当事人基本情况：当事人是公民的，应当写明姓名、性别、出生年月日、民族、籍贯、职业（或工作单位和职务）、住址；当事人是法人、其他组织的，应写明其名称、所在地址、法定代表人（或代表人）的姓名、职务和联系电话。

（2）正文

主要写明：请求仲裁的意思表示；选定的仲裁委员会；提请仲裁的事项。

（3）尾部

当事人签名，当事人为法人或其他组织的，应加盖单位公章，并由其法定代表人签名，注明订立仲裁协议日期。

（二）法律依据

《中华人民共和国仲裁法》

第十六条　仲裁协议包括合同中订立的仲裁条款和以其他书面方式在纠纷发生前或者纠纷发生后达成的请求仲裁的协议。

仲裁协议应当具有下列内容：

（一）请求仲裁的意思表示；

（二）仲裁事项；

（三）选定的仲裁委员会。

第十七条 有下列情形之一的，仲裁协议无效：

（一）约定的仲裁事项超出法律规定的仲裁范围的；

（二）无民事行为能力人或者限制民事行为能力人订立的仲裁协议；

（三）一方采取胁迫手段，迫使对方订立仲裁协议的。

第十八条 仲裁协议对仲裁事项或者仲裁委员会没有约定或者约定不明确的，当事人可以补充协议；达不成补充协议的，仲裁协议无效。

第十九条 仲裁协议独立存在，合同的变更、解除、终止或者无效，不影响仲裁协议的效力。

仲裁庭有权确认合同的效力。

第二十条 当事人对仲裁协议的效力有异议的，可以请求仲裁委员会作出决定或者请求人民法院作出裁定。一方请求仲裁委员会作出决定，另一方请求人民法院作出裁定的，由人民法院裁定。

当事人对仲裁协议的效力有异议，应当在仲裁庭首次开庭前提出。

（三）范本下载

仲裁协议书

当事人（甲方）：

当事人（乙方）：

甲、乙双方就本合同的履行（写明仲裁的事由）达成仲裁协议如下：

____

____

____

如果双方在履行本合同过程中发生纠纷，自愿将此纠纷提交________仲裁委员会仲裁，其仲裁裁决对双方有约束力。

本协议一式两份，甲、乙双方各执一份。

本协议自双方签字之日起生效。

甲方： （签字、盖章）

乙方： （签字、盖章）

年 月 日

（四）实例演示

某商场从某服装厂购进了一批畅销女上装，双方已经签订服装买卖合同。但就纠纷解决事项，双方在合同中未作出约定。现在合同履行中，因买方对卖方提供的服装的质量等级提出了异议，导致双方发生争议，经协商解决不成。双方欲订立仲裁协议，申请仲裁。

仲裁协议书

当事人（甲方）：×××商贸有限责任公司

地址：××市××区×路×号

法定代表人：赵某　　　职务：董事长

电话：××××××××

当事人（乙方）：×××服装厂

地址：××市××县×路×号

法定代表人：钱某　　　职务：董事长

电话：××××××××

甲、乙双方达成仲裁协议如下：

双方于×年×月签订服装买卖合同。在合同履行中，因买方对卖方提供的服装的质量等级提出异议，导致双方发生争议，经协商解决不成。故双方一致同意选择××市仲裁委员会依据《中华人民共和国仲裁法》及该会仲裁规则，对双方合同中所涉服装的质量等级和双方如何继续履行合同作出裁断。

双方自愿将此纠纷提交××市仲裁委员会仲裁，其仲裁裁决对双方有约束力。

本协议一式两份，甲、乙双方各执一份。

本协议自双方签字之日起生效。

甲方：×××商贸有限责任公司（盖章）

法定代表人：赵某

乙方：×××服装厂（盖章）

法定代表人：钱某

×年×月×日

（五）特别提醒

1. 当事人应具有请求仲裁的意思表示。即将某些事项愿意提交某仲裁委员会仲裁。

2. 具有合法的仲裁事项。我国《仲裁法》规定，平等主体的公民、法人和其他组织之间发生的合同纠纷和其他财产权益纠纷，可以仲裁。应特别注意以下两类纠纷不能提交仲裁：一类是婚姻、收养、监护、扶养、继承纠纷；另一类是依法应当由行政机关处理的行政争议。

3. 要选定仲裁委员会。仲裁实行协议管辖，在订立仲裁协议时，要明确由哪个仲裁委员会对争议进行仲裁。

二、仲裁申请书

（一）基本知识

1. 什么是仲裁申请书?

仲裁申请书，是指纠纷的一方当事人依据仲裁协议，向仲裁机构提交的，要求对争议进行仲裁审理的法律文书。仲裁申请书既是仲裁机构受理争议案件的书面依据，也是引起仲裁活动的前提条件。

2. 仲裁申请书包括哪些基本内容?

（1）首部

①标题：写“仲裁申请书”。

②申请人基本情况：申请人基本情况这一部分主要是申请人和被申请人的基本情况。申请人是公民的，应当写明姓名、性别、出生年月日、民族、籍贯、职业（或工作单位和职务）、住址；申请人是法人、其他组织的，应写明其名称、所在地址、法定代表人（或代表人）的姓名、职务和联系电话。

（2）案由

写明提请仲裁的纠纷性质。

（3）请求事项

明确写出当事人请求仲裁机构予以评断、解决的具体事项。有多个请求的须分项列出。

（4）事实与理由

该部分主要是陈述为何要申请仲裁，简要阐述纠纷情况。其中，事实和理由都要写清楚、透彻。

（5）证据和证据来源，证人姓名及住址

写明提请仲裁所依据的证据的名称、来源、证据线索，证人的姓名、地址。

（6）尾部及附项

致送仲裁委员会名称；申请人签名，申请人为法人或其他组织的，应加盖单位公章，并由其法定代表人签名；注明申请日期；附项附上相关证据及材料。

（二）法律依据

《中华人民共和国仲裁法》

第二十二条　当事人申请仲裁，应当向仲裁委员会递交仲裁协议、仲裁申请书及副本。

第二十三条　仲裁申请书应当载明下列事项：

（一）当事人的姓名、性别、年龄、职业、工作单位和住所，法人或者其他组织的名称、住所和法定代表人或者主要负责人的姓名、职务；

（二）仲裁请求和所根据的事实、理由；

（三）证据和证据来源、证人姓名和住所。

第二十四条　仲裁委员会收到仲裁申请书之日起五日内，认为符合受理条件的，应当受理，并通知当事人；认为不符合受理条件的，应当书面通知当事人不予受理，并说明理由。

（三）范本下载

仲裁申请书

申请人：

被申请人：

案由：

仲裁请求：____

____

事实与理由：____

____

____

____

证据和证据来源，证人姓名和住址：

____

此致

________仲裁委员会

申请人：

（印章）

年　月　日

附：证明材料　　份。

（四）实例演示

某商场和某服装厂在签订仲裁协议书之后，某商场决定向××市仲裁委员会申请仲裁，他该如何书写仲裁申请书？

仲裁申请书

申请人：×××商贸有限责任公司

地址：××市××区×路×号

法定代表人：赵某　　　职务：董事长

电话：××××××××

被申请人：×××服装厂

地址：××市××县×路×号

法定代表人：钱某　　　职务：董事长

电话：××××××××

案由：货物买卖纠纷。

仲裁请求：

1. 终止合同。

2. 赔偿因被申请人所交货物的差质给申请人造成的损失××万元人民币。

事实和理由：

申请人与被申请人于×年×月签订服装买卖合同。在合同履行中，因申请人对被申请人提供的服装的质量等级提出异议，导致双方发生争议，经协商解决不成。双方一致同意选择××市仲裁委员会依据《中华人民共和国仲裁法》及该会仲裁规则，对双方合同中所涉服装的质量等级和双方如何继续履行合同作出裁断，并签订了仲裁协议书。

被申请人的不正确履行合同给申请人带来了很大的损失，现申请人将此纠纷提交××市仲裁委员会，申请就请求事项作出裁决。

证据或证据来源：

×年×月×日申请人与被申请人签订的货物买卖合同；

×年×月×日××部门出具的质检报告。

此致

××市仲裁委员会

申请人：×××商贸有限责任公司（印章）

法定代表人：赵某

×年×月×日

附：1. 本申请书副本×份。

2. 仲裁协议书1份。

3. 货物买卖合同1份。

4. 质检报告1份。

（五）特别提醒

1. 当事人双方必须订立合法有效的仲裁协议。

2. 当事人必须是与本纠纷有直接利害关系的人。

3. 仲裁申请书中有具体的仲裁请求和事实、理由。

4. 申请人提请仲裁的事项必须属于《仲裁法》第二条规定的可仲裁范围。即平等主体的公民、法人和其他组织之间发生的合同纠纷和其他财产权益纠纷，可以仲裁。

5. 当事人必须向双方在仲裁协议书中约定的仲裁机构提交仲裁申请书，申请仲裁。

三、仲裁答辩状

（一）基本知识

1. 什么是仲裁答辩状？

仲裁答辩状是被申请人向仲裁机关提交的，就申请人已向仲裁机关提交的申请事项做出回应或抗辩的法律文书。

2. 仲裁答辩状包括哪些基本内容？

（1）首部

①标题：写“仲裁答辩状”。

②答辩人基本情况：答辩人是公民的，应当写明姓名、性别、出生年月日、民族、籍贯、职业（或工作单位和职务）、住址；答辩人是法人、其他组织的，应写明其名称、所在地址、法定代表人（或代表人）的姓名、职务和联系电话。

③案由：写明答辩人进行答辩所针对的纠纷名称。

（2）正文

这是仲裁答辩状的主体部分，主要阐明答辩的理由，针对仲裁申请书中的主张和理由进行辩解，并阐述被申请人对争议的主张和观点。

（3）尾部及附项

致送仲裁委员会名称；答辩人签名，答辩人为法人或其他组织的，应加盖单位公章，并由其法定代表人签名；注明答辩日期；附项附上相关证据及材料。

（二）法律依据

《中华人民共和国仲裁法》

第二十五条　仲裁委员会受理仲裁申请后，应当在仲裁规则规定的期限内将仲裁规则和仲裁员名册送达申请人，并将仲裁申请书副本和仲裁规则、仲裁员名册送达被申请人。

被申请人收到仲裁申请书副本后，应当在仲裁规则规定的期限内向仲裁委员会提交答辩书。仲裁委员会收到答辩书后，应当在仲裁规则规定的期限内将答辩书副本送达申请人。被申请人未提交答辩书的，不影响仲裁程序的进行。

（三）范本下载

仲裁答辩状

答辩人：

答辩人于______年____月____日收到你会转来的申请人____因与我方发生________争议而提出的仲裁申请书。现提出答辩如下：

____

此致

________仲裁委员会

答辩人：

年　月　日

附：有关证据材料　　份。

（四）实例演示

某商场和某服装厂在签订仲裁协议书之后，某商场向××市仲裁委员会申请了仲裁，作为被申请方的某服装厂应如何作出答辩？

仲裁答辩状

答辩人：×××服装厂

地址：××市××县×路×号

法定代表人：钱某　　　职务：董事长

答辩人于×年×月×日收到你会转来的申请人×××商贸有限责任公司因与我方之间的服装买卖纠纷而提交的仲裁申请书。现提出答辩如下：

答辩人与申请人于×年×月签订服装买卖合同。合同中约定服装等级是一等品，但在合同签订以后，该类服装原材料价格大幅上涨，导致答辩人难以按照原合同价格供货。在答辩人与申请人沟通后，申请人既不提高订购价格，也不说换次等类服装，就是一直催告发货，并称其所订购的服装款式畅销，即将断货。答辩人无奈，只好就同款式的次等质地的服装向申请人供货。

综上所述，答辩人对货物质量不合格和交货后申请人的损失不负有主要责任。故提请仲裁委员会驳回申请人之仲裁请求。

此致

××市仲裁委员会

答辩人：×××服装厂

法定代表人：钱某

×年×月×日

附：本答辩状副本×份。

（五）特别提醒

1. 答辩理由应有鲜明的针对性，既要运用事实和证据揭示申请人在仲裁申请书中出现的不当之处，又要充分论证自己主张的正确性和合法性。

2. 答辩理由应实事求是，不可强词夺理，任意歪曲事实。

四、仲裁反请求书

（一）基本知识

1. 什么是仲裁反请求书？

仲裁反请求是指在仲裁程序中，被申请人向申请人提出的，旨在抵消申请人的仲裁请求的，与仲裁请求之标的和理由有牵连关系的，保护自己民事权利和合法权益的独立请求。而仲裁反请求书则是为了实现仲裁反请求，而向仲裁机关提交的书面法律文书。

2. 仲裁反请求书包括哪些基本内容？

（1）首部

①标题：写“仲裁反请求书”。

②反请求人和被反请求人基本情况：反请求人是公民的，应当写明姓名、性别、出生年月日、民族、籍贯、职业（或工作单位和职务）、住址；反请求人是法人、其他组织的，应写明其名称、所在地址、法定代表人（或代表人）的姓名、职务和联系电话。

③案由：写明反请求人针对何纠纷提出仲裁反请求。

（2）正文

①反请求事项。

明确写出反请求人请求仲裁机构予以评断、解决的具体事项。有多个请求的须分项列出。

②事实与理由。

该部分主要是陈述为何要做出反请求，其中，事实和理由都要写清楚、透彻，并注意对申请人事实与理由的针对性与牵连性。

（3）尾部及附项

致送仲裁委员会名称；反请求人签名，反请求人为法人或其他组织的，应加盖单位公章，并由其法定代表人签名；注明反申请日期；附项附上相关证据及材料。

（二）法律依据

《中华人民共和国仲裁法》

第二十七条 申请人可以放弃或者变更仲裁请求。被申请人可以承认或者反驳仲裁请求，有权提出反请求。

（三）范本下载

仲裁反请求书

反请求人（本案被申请人）：
被反请求人（本案申请人）：
案由：____
反请求事项：____________________________________
事实与理由：

____

____

此致

________仲裁委员会

反申请人：
年 月 日

附：1. 证据 份。
2. 本反申请书副本 份。

（四）实例演示

某商场和某服装厂在签订仲裁协议书之后，某商场向××市仲裁委员会申请了仲裁，作为被申请方的某服装厂若想做出反请求，应如何书写仲裁反请求书？

仲裁反请求书

反请求人（本案被申请人）：×××服装厂
地址：××市××县×路×号
法定代表人：钱某 职务：董事长
电话：××××××××
被反请求人（本案申请人）：×××商贸有限责任公司
地址：××市××区×路×号
法定代表人：赵某 职务：董事长

电话：××××××××

案由：货物买卖合同纠纷

反请求事项：被反请求人如数付清货款××万元。

事实和理由：

反请求人于×年×月×日收到你会转来的被反请求人×××商贸有限责任公司因与我方之间的服装买卖纠纷而提交的仲裁申请书。现提出反请求如下：

反请求人与被反请求人于×年×月签订服装买卖合同。合同中约定服装等级是一等品，但在合同签订以后，该类服装原材料价格大幅上涨，导致反请求人难以按照原合同价格供货。在反请求人与被反请求人沟通后，被反请求人既不提高订购价格，也不说换次等类服装，就是一直催告发货，并称其所订购的服装款式畅销，即将断货。反请求人无奈，只好就同款式的次等质地的服装向被反请求人供货。而供货后，被反请求人至今未向反请求人付款，经反请求人多次催促，未果。

综上所述，反请求人对货物质量不合格和交货后被反请求人的损失不具有主要责任。相反，被反请求人应当如数付清货款××万元。

此致

××市仲裁委员会

答辩人：×××服装厂

法定代表人：钱某

×年×月×日

附：××市政府所下达的《关于××材料价格上涨的通知》。

（五）特别提醒

1. 反请求的内容与申请人的仲裁请求属于同一仲裁协议中约定的仲裁事项且反请求与仲裁请求具有牵连性。

2. 反请求必须在庭审辩论终结前提出，反请求一般与正请求合并审理。

五、执行仲裁裁决申请书

（一）基本知识

1. 什么是执行仲裁裁决申请书？

仲裁裁决执行，是指人民法院根据仲裁裁决的一方当事人的申请，强制另一方当事人履行仲裁裁决文书确定的义务的活动。执行仲裁裁决申请书即为仲裁裁决的一方当事人向人民法院递交的强制另一方当事人履行仲裁裁决文书确定的义务的法律文书。

2. 执行仲裁裁决申请书包括哪些基本内容？

（1）首部

①标题：写“执行仲裁裁决申请书”。

②申请执行人基本情况：申请执行人基本情况这一部分主要是申请执行人和被申请执行人的基本情况。申请执行人是公民的，应当写明姓名、性别、出生年月日、民族、籍贯、职业（或工作单位和职务）、住址；申请执行人是法人、其他组织的，应写明其名称、所在地址、法定代表人（或代表人）的姓名、职务和联系电话。

（2）请求事项

这部分必须写明确、具体。有多个请求的须分项列出。

（3）事实与理由

首先写明案由及案件已作出仲裁裁决，简要阐述作为执行根据的生效法律文书的基本内容，说明被申请人应履行的义务，然后写明被申请人拒不履行法律文书所确认的义务的情况（如知道被申请人可供强制执行的财产状况，则应写明其经济收入、现有财产状况）。最后根据有关法律的规定，向人民法院提出强制执行的申请。

（4）尾部及附项

致送人民法院名称；申请执行人签名，申请执行人为法人或其他组织的，应加盖单位公章，并由其法定代表人签名；注明申请日期；附项附上执行依据的生效法律文书，以及其他相关证据材料，如被申请执行人财产状况证明、被申请执行人未履行义务的证明材料等。

（二）法律依据

《中华人民共和国仲裁法》

第六十二条　当事人应当履行裁决。一方当事人不履行的，另一方当事人可以依照民事诉讼法的有关规定向人民法院申请执行。受申请的人民法院应当执行。

《中华人民共和国民事诉讼法》

第二百三十七条　对依法设立的仲裁机构的裁决，一方当事人不履行的，对方当事人可以向有管辖权的人民法院申请执行。受申请的人民法院应当执行。

被申请人提出证据证明仲裁裁决有下列情形之一的，经人民法院组成合议庭审查核实，裁定不予执行：

（一）当事人在合同中没有订有仲裁条款或者事后没有达成书面仲裁协议的；

（二）裁决的事项不属于仲裁协议的范围或者仲裁机构无权仲裁的；

（三）仲裁庭的组成或者仲裁的程序违反法定程序的；

（四）裁决所根据的证据是伪造的；

（五）对方当事人向仲裁机构隐瞒了足以影响公正裁决的证据的；

（六）仲裁员在仲裁该案时有贪污受贿，徇私舞弊，枉法裁决行为的。

人民法院认定执行该裁决违背社会公共利益的，裁定不予执行。

裁定书应当送达双方当事人和仲裁机构。

仲裁裁决被人民法院裁定不予执行的，当事人可以根据双方达成的书面仲裁协议重新申请仲裁，也可以向人民法院起诉。

（三）范本下载

执行仲裁裁决申请书

申请执行人：
被申请执行人：
请求事项：
____
____
事实与理由：
____
____
此致
________人民法院

申请执行人：
年　月　日

附：仲裁裁决书及相关证据材料　　份。

（四）实例演示

某商场和某服装厂在签订仲裁协议书之后，某商场向××市仲裁委员会申请了仲裁，××市仲裁委员会依法进行了仲裁，并裁决某服装厂赔偿因其供货等级差给某商场造成的损失。仲裁裁决作出后，某服装厂没有执行，某商场决定向人民法院申请强制执行。

执行仲裁裁决申请书

申请执行人：×××商贸有限责任公司
地址：××市××区×路×号
法定代表人：赵某　　　职务：董事长
电话：××××××××
被执行人：×××服装厂
地址：××市××县×路×号
法定代表人：钱某　　　职务：董事长
电话：××××××××

请求事项：被执行人赔偿因其供货等级差给某商场造成的损失××万元。

申请执行人与被执行人间因服装买卖合同纠纷，业经××仲裁委员会依法裁决，被执行人拒不遵照裁决履行义务。请求人民法院予以强制执行。

申请执行人与被执行人于×年×月签订服装买卖合同。在合同履行中，被执行人不正确履行合同，给申请执行人发的货是次等品，申请执行人由此造成了很大的损失，后经××市仲裁委员会依法作出裁决，裁决被执行人赔偿因其供货等级差给某商场造成的损失××万元。但被执行人拒不执行此裁决。

故根据《中华人民共和国仲裁法》和《中华人民共和国民事诉讼法》的有关规定，向人民法院申请强制被执行人给付赔偿款××万元人民币。

此致

××市××区人民法院

申请人：×××商贸有限责任公司

法定代表人：赵某

×年×月×日

附：××仲裁委员会所作（20××）仲字第×号仲裁裁决书。

（五）特别提醒

1. 当事人要向有管辖权的人民法院提出仲裁裁决的执行申请，如是国内仲裁机构作出的仲裁裁决，当事人可以向被执行人住所地或者被执行财产所在地的人民法院申请执行；如是涉外仲裁机构作出的仲裁裁决，当事人可以向被申请人住所地或者被执行财产所在地的中级人民法院申请执行。

2. 申请执行，应向人民法院提交下列文件和证件：

（1）申请执行书。申请执行书中应当写明申请执行的理由、事项、执行标的，以及申请执行人所了解的被执行人的财产状况。

申请执行人书写申请执行书确有困难的，可以口头提出申请。人民法院接待人员对口头申请应当制作笔录，由申请执行人签字或盖章。

外国一方当事人申请执行的，应当提交中文申请执行书。当事人所在国与我国缔结或共同参加的司法协助条约有特别规定的，按照条约规定办理。

（2）生效法律文书副本。

（3）申请执行人的身份证明。公民个人申请的，应当出示居民身份证；法人申请的，应当提交法人营业执照副本和法定代表人身份证明；其他组织申请的，应当提交营业执照副本和主要负责人身份证明。

（4）继承人或权利承受人申请执行的，应当提交继承或承受权利的证明文件。

（5）其他应当提交的文件或证件。

六、撤销仲裁裁决申请书

（一）基本知识

1. 什么是撤销仲裁裁决申请书？

撤销仲裁裁决申请书是指由当事人向人民法院提交的，请求撤销某仲裁裁决的法律文书。

仲裁庭作出的仲裁裁决具有终局性，一经作出即约束双方当事人，不得随意更改。为了保证仲裁机构裁决的正确性和合法性，保护当事人的合法权益，使得错误而又具有法律效力的裁决得到纠正，法律赋予了当事人申请撤销不合法作出的仲裁裁决的权利。

2. 撤销仲裁裁决申请书包括哪些基本内容？

（1）首部

①标题：写“撤销仲裁裁决申请书”。

②撤销仲裁裁决申请人的基本情况：申请人是公民的，应当写明姓名、性别、出生年月日、民族、籍贯、职业（或工作单位和职务）、住址；申请人是法人、其他组织的，应写明其名称、所在地址、法定代表人（或代表人）的姓名、职务和联系电话。

（2）正文

①申请撤销事项。

明确写出请求人民法院予以撤销的具体事项，要清晰、简练，有多个请求的须分项列出。

②事实与理由。

该部分主要是陈述为何要申请撤销仲裁裁决，其中，事实和理由都要写清楚、透彻，并注意申请撤销仲裁裁决应符合法定的理由。

③证据和证据来源，证人姓名及住址：写明申请撤销仲裁裁决所依据的证据的名称、来源、证据线索，证人的姓名、地址。

（3）尾部及附项

致送仲裁委员会名称；申请人签名，申请人为法人或其他组织的，应加盖单位公章，并由其法定代表人签名；注明申请日期；附项附上相关证据及材料。

（二）法律依据

《中华人民共和国仲裁法》

第五十八条　当事人提出证据证明裁决有下列情形之一的，可以向仲裁委员会所在地的中级人民法院申请撤销裁决：

（一）没有仲裁协议的；

（二）裁决的事项不属于仲裁协议的范围或者仲裁委员会无权仲裁的；
（三）仲裁庭的组成或者仲裁的程序违反法定程序的；
（四）裁决所根据的证据是伪造的；
（五）对方当事人隐瞒了足以影响公正裁决的证据的；
（六）仲裁员在仲裁该案时有索贿受贿，徇私舞弊，枉法裁决行为的。
人民法院经组成合议庭审查核实裁决有前款规定情形之一的，应当裁定撤销。
人民法院认定该裁决违背社会公共利益的，应当裁定撤销。
第五十九条　当事人申请撤销裁决的，应当自收到裁决书之日起六个月内提出。

（三）范本下载

撤销仲裁裁决申请书

申请人：
申请撤销事项：

____

事实和理由：

____

____

证据：

____

____

此致
________中级人民法院

申请人：
年　月　日

附：1. 本申请书副本　　份。
　　2. ××仲裁委员会裁决书　　份。
　　3. 证据　件。

（四）实例演示

某商场和某服装厂在签订仲裁协议书之后，某商场向××市仲裁委员会申请了仲裁，××市仲裁委员会依法进行了仲裁，并裁决某服装厂赔偿因其供货等级差给某商场造成的损失。仲裁裁决作出后，某服装厂认为仲裁员刘某在仲裁该案时有索贿受贿、徇私舞弊、枉法裁判的行为，于是向仲裁委员会所在地的中级人民法院提出了撤销仲裁裁决的申请。

撤销仲裁裁决申请书

申请人：×××服装厂

地址：××市××县×路×号

法定代表人：钱某　　　职务：董事长

电话：×××××××××

申请撤销事项：

××仲裁委员会（20××）仲字第×号仲裁裁决不符合仲裁法规定，请求人民法院依法撤销该裁决书。

事实和理由：

申请人与某商场于×年×月×日签订服装买卖合同。后因履行合同发生纠纷而依法向××仲裁委员会申请仲裁。但在裁决过程中，申请人发现仲裁员刘某在仲裁该案时有索贿受贿、徇私舞弊的行为，直至最后在未查明事情真相的情况下作出了枉法裁判。由此作出的裁决严重侵害了申请人的合法权益，特请求贵院依法撤销该裁决书。

证据：申请人于×年×月×日×时拍到的仲裁员刘某受贿的照片。

此致

××市中级人民法院

申请人：×××服装厂

×年×月×日

附：1. 本申请书副本×份。

2. ××仲裁委员会（20××）仲字第×号仲裁裁决书。

3. 仲裁员刘某受贿的照片×张。

（五）特别提醒

1. 应当向仲裁委员会所在地的中级人民法院申请撤销裁决。

2.《仲裁法》明确规定，当事人申请撤销裁决的应当自收到裁决书之日起六个月内提出。所以，当事人应当严格遵守，超过此期限，人民法院则不再受理当事人撤销裁决的申请。

第六章　刑事诉讼法律文书

一、刑事自诉状

（一）基本知识

1. 什么是刑事自诉状？

刑事自诉状是刑事自诉案件的被害人或者他的法定代理人为追究被告人的刑事责任，直接向人民法院提起诉讼时所使用的法律文书。根据我国《刑事诉讼法》第十九条第三款的规定，自诉案件，由人民法院直接受理。

《刑事诉讼法》第二百一十条规定："自诉案件包括下列案件：

（一）告诉才处理的案件；

（二）被害人有证据证明的轻微刑事案件；

（三）被害人有证据证明对被告人侵犯自己人身、财产权利的行为应当依法追究刑事责任，而公安机关或者人民检察院不予追究被告人刑事责任的案件。"

凡属上述法律规定范围以内的刑事案件，被害人或者他的法定代理人都有权向人民法院提出刑事自诉状，请求人民法院受理，并在依法审理后作出公正裁决。

2. 刑事自诉状包括哪些基本内容？

（1）首部

①标题：写"刑事自诉状"。

②当事人基本情况：当事人基本情况这一部分主要是自诉人和被告人的基本情况。当事人是公民的，应当写明姓名、性别、出生年月日、民族、籍贯、职业（或工作单位和职务）、住址；当事人是法人、其他组织的，应写明其名称、所在地址、法定代表人（或代表人）的姓名、职务和联系电话。

（2）案由和诉讼请求

这部分必须写明确、具体。案由即为被告人被控告的罪名。有多个诉讼请求的须分项列出。

（3）事实与理由

该部分为被告人犯罪的时间、地点、侵害的对象、动机、目的、情节、手段及造成的后果，理由应阐明被告人构成犯罪的罪名和法律依据。有附带民事诉讼内容的，在写明被告人的犯罪事实之后写清。事实理由要写清楚、透彻，描述事实和说明理由时要把握住争议的焦点所在。

（4）证据和证据来源，证人姓名和住址

有关举证事项，应写明证据的名称、件数、来源或证据线索。有证人的，应写明证人的姓名、住址。

（5）尾部及附项

尾部包括：致送人民法院的名称；自诉人签名；自诉时间；附项主要应当列明材料的内容以及份数，并标号分项。

（二）法律依据

《中华人民共和国刑事诉讼法》

第二百一十一条　人民法院对于自诉案件进行审查后，按照下列情形分别处理：

（一）犯罪事实清楚，有足够证据的案件，应当开庭审判；

（二）缺乏罪证的自诉案件，如果自诉人提不出补充证据，应当说服自诉人撤回自诉，或者裁定驳回。

自诉人经两次依法传唤，无正当理由拒不到庭的，或者未经法庭许可中途退庭的，按撤诉处理。

法庭审理过程中，审判人员对证据有疑问，需要调查核实的，适用本法第一百九十六条的规定。

（三）范本下载

刑事自诉状

自诉人：

被告人：

案由：____

诉讼请求：____________________________________

事实与理由：

____

____

证据及其来源，证人姓名和住址：

____

此致

________人民法院

具状人：

年　月　日

附：相关证据材料。

（四）实例演示

赵某和刘某于2015年结婚，婚后生有一女。2017年刘某去外地出差时，在外有了情人，与情人发生了不正当关系。赵某知道后，曾多次和刘某理论，要求其停止不道德的行为。刘某不仅不听劝告，还多次打骂赵某，逼着赵某与其离婚，好让其和情人结婚。赵某不肯离婚，刘某就对赵某在精神、肉体上加以虐待。赵某实在难以忍受，便向法院提起了刑事自诉。

刑事自诉状

自诉人：赵某，女，34岁，汉族，××市××县××乡××村农民。

被告人：刘某，男，35岁，汉族，××市××县××乡××村农民。

案由：虐待家庭成员。

诉讼请求：被告人犯虐待罪，请依法惩处。

事实和理由：

自诉人和被告人于2015年结婚，婚后生有一女。2017年被告人去外地出差时，在外有了情人，与情人发生了不正当关系。自诉人知道后，曾多次与被告人理论，要求其停止不道德的行为。被告人不仅不听劝告，还多次打骂自诉人，逼着自诉人与其离婚，好让其和情人结婚。自诉人不肯离婚，被告人就对自诉人在精神、肉体上加以虐待。2018年8月9日夜间，二人又发生口角，后被告人趁自诉人睡觉之际，将破损的电线连接到自诉人的脚部，致使自诉人差点送命。

2018年12月的一天夜里，被告人又对自诉人下毒手，用水果刀狠扎自诉人。因自诉人大声喊叫，并用右手将刀攥住，邻居孙某进屋帮助夺下水果刀，自诉人才幸免于难。但自诉人右手无名指的筋骨被割断，后住院多日，从其腕部取筋才将手指的筋给接上。此事有医院证明为据，邻居孙某、王某、周某均可作证。

被告人刘某为了达到与自诉人离婚的目的，从2018年开始，对自诉人在精神上进行折磨，在肉体上进行摧残，情节恶劣，根据《中华人民共和国刑法》第二百六十条之规定，已构成虐待罪，请人民法院依法追究被告人的刑事责任。

证据和证据来源，证人姓名和住址：

（1）证人孙某，女，本村农民；王某，男，本村农民；周某，女，本村农民可证明自诉人受被告人虐待已达3年之久。

（2）××市××××医院病情证明书一份可证明自诉人右手无名指的筋骨被被告人割断。

此致

××市××县人民法院

具状人：赵某

×年×月×日

附：1. 本诉状副本1份。

2. 相关证据复印件×份。

（五）特别提醒

1. 写事实理由部分的时候，务必要把案件当事人之间的关系交代清楚，把被告人实施犯罪行为的关键情节叙述清楚，以便人民法院查证核实，依法处理。

2. 记叙事实要尊重客观事实，明确关键性的情节，内容也要前后一致，尤其是一定要写明侵害的结果与被告人的犯罪行为之间的因果关系。

3. 凡是自诉人认为能够证明案件事实的真实性的证据，都应列举。还要注意证据排列的先后顺序，使证据之间具有严密的锁链关系。

二、刑事附带民事起诉状

（一）基本知识

1. 什么是刑事附带民事起诉状?

刑事附带民事诉讼是指司法机关在刑事诉讼过程中，在解决被告人刑事责任的同时，附带解决因被告人的犯罪行为所造成的物质损失的赔偿问题而进行的诉讼活动。

刑事附带民事起诉状是被害人或者他的法定代理人向人民法院提交的，请求给予被告人刑事处罚和就其犯罪行为给予被害人损害赔偿的法律文书。

2. 刑事附带民事起诉状包括哪些基本内容?

（1）首部

①标题：写“刑事附带民事起诉状”。

②当事人基本情况：当事人基本情况这一部分主要是原告人和被告人的基本情况。当事人是公民的，应当写明姓名、性别、出生年月日、民族、籍贯、职业（或工作单位和职务）、住址；当事人是法人、其他组织的，应写明其名称、所在地址、法定代表人（或代表人）的姓名、职务和联系电话。

（2）诉讼请求

这部分必须写明确、具体。有多个诉讼请求的须分项列出。

（3）事实与理由

该部分为被告人犯罪的时间、地点、侵害的对象、动机、目的、情节、手段及造成的后果，理由应阐明被告人构成犯罪的罪名和法律依据。在写明被告人的犯罪事实之后，将由此犯罪行为导致的物质损失陈述清楚。

（4）证据和证据来源，证人姓名和住址

有关举证事项，应写明证据的名称、件数、来源或证据线索。有证人的，应写明证人的姓名、住址。

（5）尾部及附项

尾部包括：致送人民法院的名称；自诉人签名；自诉时间；附项主要应当列明材料的内容以及份数，并标号分项。

（二）法律依据

《中华人民共和国刑事诉讼法》

第一百零一条　被害人由于被告人的犯罪行为而遭受物质损失的，在刑事诉讼过程中，有权提起附带民事诉讼。被害人死亡或者丧失行为能力的，被害人的法定代理人、近亲属有权提起附带民事诉讼。

如果是国家财产、集体财产遭受损失的，人民检察院在提起公诉的时候，可以提起附带民事诉讼。

第一百零二条　人民法院在必要的时候，可以采取保全措施，查封、扣押或者冻结被告人的财产。附带民事诉讼原告人或者人民检察院可以申请人民法院采取保全措施。人民法院采取保全措施，适用民事诉讼法的有关规定。

第一百零三条　人民法院审理附带民事诉讼案件，可以进行调解，或者根据物质损失情况作出判决、裁定。

第一百零四条　附带民事诉讼应当同刑事案件一并审判，只有为了防止刑事案件审判的过分迟延，才可以在刑事案件审判后，由同一审判组织继续审理附带民事诉讼。

（三）范本下载

刑事附带民事起诉状

原告人：

被告人：

诉讼请求：______________________________

事实与理由：

____

____

证据及其来源，证人姓名和住址：

____

____

此致

________人民法院

具状人：

年 月 日

附：相关证据材料。

（四）实例演示

2019年5月25日上午7时许，李某到小区的早市买菜，途经一胡同的时候，没注意到身后有车驶来，于是没有躲闪，致使差点被车撞到。车上司机刘某下车后把李某按倒在地就拳打脚踢，致使李某多处受伤，而后刘某逃之夭夭。后李某住院治疗多日，并经法医鉴定为轻伤。李某为此遭受较大的精神痛苦和蒙受较大的经济损失。为了维护自己的合法权益，其向法院递交了诉状。

刑事附带民事起诉状

原告人：李某，男，×年×月×日出生，汉族，住所地：××市××县×路×号，电话：×××××××××。

被告人：刘某，男，×年×月×日出生，汉族，住所地：××市××县×路×号。

诉讼请求：

1. 请求依法追究被告人刘某犯故意伤害罪的刑事责任，并要求对其从重处罚。

2. 请求依法判令被告人刘某赔偿我受伤的医疗费15000元，误工费5000元、护理费2000元、伙食补助费1200元、营养费2000元、交通费600元、法医鉴定费200元以及伤残补助费（待伤残鉴定后确定），共计26000元。

事实和理由：

2019年5月25日上午7时许，我到××小区的早市买菜，途经一胡同的时候，没注意到身后有车驶来，于是没有躲闪，致使那车差点撞到我。那车上的司机刘某下车后把我按倒在地就拳打脚踢，致使我多处受伤，而后他逃之夭夭。此场景可由目击者孙某和王某证实。之后，我被孙某和王某送至××县人民医院抢救治疗，诊断为脑震荡、肋骨骨折、头面部皮肤裂伤、下颌骨骨折、牙齿松动。经法医鉴定为轻伤。

我在××县人民医院住院治疗36天，已花去医疗费15000元，护理费2000元、伙食费1200元、营养费2000元、交通费600元。另外，由于我住院不能去上班，出院后还在家休息治疗了30天。因此误工66天，误工费共计5000元。

由于被告人刘某故意伤害犯罪行为，使我受伤住院花去巨额的医疗费用，使我遭受较大的精神痛苦和蒙受较大的经济损失。

基于上述事实，被告人刘某无视国家法律，光天化日之下，故意伤害我的身体健康，情节恶劣，危害严重，根据我国《刑法》的规定，其行为已构成故意伤害罪，依法应当受到法律的严惩。另外，被告人刘某的故意伤害犯罪行为给我造成了经济损失，其也应当依法承担赔偿责任。为此，具状起诉，请求依法公正判决，维护原告人的诉讼请求及合法权益。

证据和证据来源，证人姓名和住址：

(1) 证人孙某，女，××市××县×路×号，电话：×××××××××。

证人王某，男，××市××县×路×号，电话：×××××××××。

(2) ××县法医鉴定中心法医鉴定结论一份。

此致

××县人民法院

具状人：李某

×年×月×日

附：1. 本诉状副本1份。

2. 相关证据复印件×份。

（五）特别提醒

1. 附带民事诉讼必须以刑事诉讼的成立为前提，如果刑事诉讼不成立，附带民事诉讼就失去了存在的基础，被害人就应当提起独立的民事诉讼，而不能提起附带民事诉讼。

2. 对附带民事诉讼的赔偿范围，根据我国《刑法》和《刑事诉讼法》的规定，均限定为物质方面的损失。

3. 被害人遭受的物质损失与被告人的犯罪行为之间必须存在因果关系。换言之，被害人遭受的物质损失是由被告人的犯罪行为引起的。

三、刑事答辩状

（一）基本知识

1. 什么是刑事答辩状？

刑事答辩状是指为了平等地保护每一个公民的合法权益，包括被控告犯罪的人，法律规定对于被害人提起自诉的案件，被告人也可以“针锋相对”地进行反驳，以表明自己没有犯罪或情节轻微。而相应地，被告人就此答辩向法院提交的文书即为刑事答辩状。

2. 刑事答辩状包括哪些基本内容?

(1) 首部

①标题:写“刑事答辩状”。

②答辩人基本情况:写明答辩人的姓名、性别、出生年月日、民族、职业、工作单位和职务、住址等。如答辩人系无诉讼行为能力人,应在其项后写明其法定代理人的姓名、性别、出生年月日、民族、职业、工作单位和职务、住址,及其与答辩人的关系;答辩人是法人或其他组织的,应写明其名称和所在地址、法定代表人(或主要负责人)的姓名和职务。如答辩人委托律师代理诉讼,应在其项后写明代理律师的姓名及代理律师所在的律师事务所名称。

(2) 答辩缘由

写明答辩人因××一案进行答辩。

(3) 答辩的事实与理由

应针对对方当事人的诉讼请求及其所依据的事实与理由进行反驳与辩解。答辩人主要从实体方面针对对方当事人的事实、理由、证据和请求事项进行答辩,全面否定或部分否定其所依据的事实和证据,从而否定其理由和诉讼请求。也就是依据事实证据和法律规定,对起诉人起诉中的不实、捏造或违法的指控进行逐条反驳。答辩中有关举证事项,应写明证据的名称、件数、来源或证据线索。有证人的,应写明证人的姓名、住址。

(4) 尾部及附项

尾部包括:致送人民法院的名称;答辩人签名;答辩时间;附项主要应当写明答辩状副本份数和有关证据情况。

(二) 法律依据

《中华人民共和国刑事诉讼法》

第二百一十二条 人民法院对自诉案件,可以进行调解;自诉人在宣告判决前,可以同被告人自行和解或者撤回自诉。本法第二百一十条第三项规定的案件不适用调解。

人民法院审理自诉案件的期限,被告人被羁押的,适用本法第二百零八条第一款、第二款的规定;未被羁押的,应当在受理后六个月以内宣判。

第二百一十三条 自诉案件的被告人在诉讼过程中,可以对自诉人提起反诉。反诉适用自诉的规定。

(三) 范本下载

刑事答辩状

答辩人:______

因________诉我________一案,答辩如下:____________________________________

（针对诉状或上诉状的指控所作出的答辩理由）

此致

________人民法院

答辩人：

年 月 日

附：答辩书副本________份。

其他证明文件________份。

（四）实例演示

王某是一家公司的女职工，长得十分漂亮，其所在主管部门的主任吴某品德较为败坏，多次对王某动手动脚，甚至用暴力强迫王某做有辱人格的动作。王某无法忍受，将吴某告到法院。作为被告的吴某应如何作出答辩。

刑事答辩状

答辩人：吴某，男，×年×月×日出生，汉族，某公司主任，住所地：××市××县×路×号，电话：×××××××××。

因王某诉我侮辱其人格一案，答辩如下：

一、王某称我在我的办公室对其动手动脚，甚至用暴力强迫王某做有辱人格的动作，事实上绝无此事。我们公司的办公室都是用大玻璃隔开的，是透明的，里面做什么事外面都能看见，我的办公室连窗帘都没有，如果我对王某做不轨的事，那外面的人肯定都能看见。

二、答辩人想特别提出的是，王某存在生活作风不检点的问题。王某自恋于自己的美貌，想凭借此诱惑有钱的男人。其在上一家公司（××公司）上班时，曾诱惑过该公司的多位高层和中层干部，因此被开除。王某来我公司上班之前，信誓旦旦地表明其会好好工作，改过自新。可是其来到我公司后作风还是不检点，穿着很暴露，打扮得也很妖艳，对公司领导的动作和眼神都很不检点。

因而，答辩人请法院查明有关事实，对王某的诉讼请求不予支持，作出公正的判决。

此致

××市××区人民法院

答辩人：吴某

×年×月×日

附：答辩书副本1份。

其他证明文件×份。

（五）特别提醒

1. 答辩的理由是答辩状的主体部分，通常包括以下内容：就案件事实部分进行答辩；就适用法律方面进行答辩。

2. 注意避免泛泛而谈，而是让事实和证据说话，以法律和道理服人。

3. 只有自诉的部分案件如侮辱、诽谤、虐待、遗弃家庭成员等才可以对自诉人提出答辩，其他严重的刑事犯罪由公安与检察机关负责追究，被告人不能提出答辩但可以进行辩护。

四、刑事辩护授权委托书

（一）基本知识

1. 什么是刑事辩护授权委托书？

刑事辩护授权委托书是指被告与辩护人签订的委托协议，是辩护人进行辩护的依据。

2. 刑事辩护授权委托书包括哪些基本内容？

（1）标题

写“刑事授权委托书”。

（2）正文

写明委托人、被委托人，及委托其就什么案件为谁进行辩护，并注明委托期限的始末。

（3）委托人署名

委托人签名或盖章，并注明日期。如果是企业，应加盖法人章，并由法定代表人签名。

（二）法律依据

《中华人民共和国刑事诉讼法》

第三十三条　犯罪嫌疑人、被告人除自己行使辩护权以外，还可以委托一至二人作为辩护人。下列的人可以被委托为辩护人：

（一）律师；

（二）人民团体或者犯罪嫌疑人、被告人所在单位推荐的人；

（三）犯罪嫌疑人、被告人的监护人、亲友。

正在被执行刑罚或者依法被剥夺、限制人身自由的人，不得担任辩护人。

被开除公职和被吊销律师、公证员执业证书的人，不得担任辩护人，但系犯罪嫌疑人、被告人的监护人、近亲属的除外。

（三）范本下载

刑事授权委托书

（　　）第　　号

委托人________根据法律规定，特聘请________律师事务所律师________为________案件________辩护人。本委托书有效期自双方签订之日起至________止。

委托人：

年　月　日

（本协议书一式三份，由委托人、律师事务所各持一份，交人民检察院或人民法院一份。）

（四）实例演示

张某因涉嫌诈骗罪，被依法提起公诉。张某认为自己是受人教唆，怕自己在法庭上不能充分维护自己的合法权益，想委托一名律师为其辩护。于是其父亲张大某来到一家律师事务所，为其办理委托事项。

刑事授权委托书

（×）第××号

委托人张大某根据法律规定，特聘请××律师事务所律师刘某某为张某诈骗一案张某的辩护人。本委托书有效期自双方签订之日起至案件审结止。

委托人：张大某

×年×月×日

（本协议书一式三份，由委托人、律师事务所各持一份，交人民检察院或人民法院一份。）

（五）特别提醒

关于刑事诉讼委托辩护的规定有：

（1）自诉案件的被告人有权随时委托辩护人。人民法院自受理自诉案件之日起3日内应当告知被告人有权委托辩护人。

（2）公诉案件的犯罪嫌疑人自案件移送到人民检察院审查起诉之日起，有权委托辩护人。

（3）犯罪嫌疑人在被侦查机关第一次讯问后或者采取强制措施之日起，可以聘请律师为其提供法律帮助。

（4）人民检察院自收到移送审查起诉的案件材料之日起3日内，应当告知犯罪嫌疑疑人有权委托辩护人。

(5) 对于人民检察院直接受理的案件，应当自人民检察院的刑事侦查部门将该案件移送审查起诉部门之日起，犯罪嫌疑人有权委托辩护人。

(6) 开庭前10日被告人未委托辩护人的，人民法院应当告知被告人可以委托辩护人。

五、刑事辩护词

(一) 基本知识

1. 什么是刑事辩护词?

刑事辩护词是辩护人在参与刑事诉讼活动中，按照法定程序，为履行其职责，为维护被告人的合法权益，向法庭发表的演说词。

辩护权是犯罪嫌疑人、被告人的一项基本权利，也是一项基本的宪法权利。任何人在遭遇司法机关追究刑事责任时，都有权针对被指控的罪行进行无罪、罪轻、减轻或者免除处罚的辩解和辩论。

2. 刑事辩护词包括哪些基本内容?

(1) 首部

①标题。首行要写明标题。

②称呼。可为“审判长、审判员、人民陪审员”。

③前言。主要写明辩护人是依法进行辩护，具有为被告人出庭辩护的权利，交代在出庭前进行了哪些工作、辩护内容的来源以及辩护人对整个案件的看法。

(2) 正文

此部分主要是写明辩护的理由、观点。辩护人应该从被告人的行为事实出发，对照有关的法律规定，论证被告人无罪、罪轻或应该予以减轻甚至免除其刑事责任的意见和根据。

(3) 结束语

此部分为归纳和总结，概括辩护内容核心，如无罪、罪轻等。另外就是向法庭提出对被告人的处理建议。

(4) 尾部

注明辩护人的姓名以及发表辩护词的时间。

(二) 法律依据

《中华人民共和国刑事诉讼法》

第三十七条　辩护人的责任是根据事实和法律，提出犯罪嫌疑人、被告人无罪、罪轻或者减轻、免除其刑事责任的材料和意见，维护犯罪嫌疑人、被告人的诉讼权利和其他合法权益。

第三十八条 辩护律师在侦查期间可以为犯罪嫌疑人提供法律帮助；代理申诉、控告；申请变更强制措施；向侦查机关了解犯罪嫌疑人涉嫌的罪名和案件有关情况，提出意见。

（三）范本下载

辩 护 词

审判长、审判员、人民陪审员：

前言：

____

辩护理由：

____

____

____

____

结束语：____

____

辩护人：

年 月 日

（四）实例演示

张某因涉嫌盗窃罪，被依法提起公诉。张某认为自己不是主犯，怕自己在法庭上不能充分维护自己的合法权益，于是其父委托了刘某某律师为其辩护。刘某某作为张某的辩护人，其想为张某作减轻刑事处罚的辩护，那他应当如何书写辩护词呢？

辩 护 词

审判长、审判员、人民陪审员：

依据《中华人民共和国刑事诉讼法》第××条、《中华人民共和国律师法》第三十三条的规定，××省××市××律师事务所依法接受本案被告人张某之父张大某的委托，指派我担任张某的一审辩护人。接受委托后，我仔细查阅了全部案件材料，并会见了被告人，还进行了大量的调查取证工作。被告人张某的行为已构成盗窃罪，但应当减轻对其的处罚，现对张某涉盗窃罪一案的量刑提出以下辩护意见：

一、被告系未成年人。依照《中华人民共和国刑法》第十七条之规定，应当从轻或者减轻处罚。同时根据《最高人民法院关于审理未成年人刑事案件具体应用法律若干问题的解释》之规定，可以充分看出在对待未成年人犯罪上，应本着“教育为主，惩罚为辅”的原则，充分考虑是否有利于未成年罪犯的教育和矫正。

本辩护人经调查获知，被告人犯罪后后悔莫及，对自己的行为做出了深刻的反省，恳请法庭给予被告人减轻处罚。

二、从被告在整个犯罪行为实施过程中所起作用来看，被告起到的是望风把守的作用，并未进入某工厂内进行盗窃。可以说是从犯，其行为符合《中华人民共和国刑法》第二十七条的规定，即在共同犯罪中起次要或者辅助作用的，是从犯。依照刑法的规定，对于从犯，应当从轻、减轻处罚或者免除处罚。

三、被告主观恶意不大，犯罪后能主动坦白自己所犯罪行，属于认罪态度较好，请求给予从轻处罚。

综上所述，被告人张某犯罪时尚未满18岁，系未成年人，且在整个共同犯罪中始终处于从犯地位，案发后认罪态度好，主观恶意不大，请求法庭在量刑时减轻对被告人张某的刑事处罚。

以上辩护意见请法庭予以考虑。

辩护人：刘某某

×年×月×日

（五）特别提醒

1. 辩护词通常要围绕是否构成犯罪，属于何种罪名，有无从轻的法定条件以及诉讼程序是否合法等问题展开论述。

2. 辩护词可围绕着对犯罪事实的认定方面、法律适用方面、定罪量刑方面以及程序问题和情理方面进行辩护。

3. 辩护词应有理有据，言辞恳切，合乎情理。

六、回避申请书

（一）基本知识

1. 什么是回避申请书?

刑事诉讼中的回避申请书，是指在案件处理过程中，因办案人员或其他有关人员与案件具有一定利害关系，遇有法律规定的情形时，当事人及其代理人向有关机关请求有关人员退出本案诉讼活动的法律文书。

刑事诉讼中的回避申请适用于审判人员、检察人员、侦查人员、书记员、翻译人员、鉴定人。

2. 回避申请书应当包括哪些基本内容?

（1）首部

①标题。注明“回避申请书”。

②申请人与被申请人的基本情况。申请人写明其身份基本情况或法人、其他组织的名称、地址、法定代表人姓名、职务，而被申请人应写明其姓名、性别、工作单位及职务、参与本案工作的职务。

（2）请求事项及理由

该部分主要阐明当事人请求被申请人回避的事实根据，被申请人具有法律规定应当回避的具体情形以及有何事实材料予以证明。最后可基于所述事实和《刑事诉讼法》的有关规定，提出被申请人回避的要求。

（3）尾部及附项

致送机关的名称；申请人签名，申请人为法人或其他组织的，应加盖单位公章，并由法定代表人签名；注明申请日期；附项，如可以证明被申请人具有法律规定应当回避情形的证据材料（注明其名称、数量）。

（二）法律依据

《中华人民共和国刑事诉讼法》

第二十九条　审判人员、检察人员、侦查人员有下列情形之一的，应当自行回避，当事人及其法定代理人也有权要求他们回避：

（一）是本案的当事人或者是当事人的近亲属的；

（二）本人或者他的近亲属和本案有利害关系的；

（三）担任过本案的证人、鉴定人、辩护人、诉讼代理人的；

（四）与本案当事人有其他关系，可能影响公正处理案件的。

第三十条　审判人员、检察人员、侦查人员不得接受当事人及其委托的人的请客送礼，不得违反规定会见当事人及其委托的人。

审判人员、检察人员、侦查人员违反前款规定的，应当依法追究法律责任。当事人及其法定代理人有权要求他们回避。

（三）范本下载

回避申请书

申请人：

被申请人：姓名、性别、工作单位及职务、参与本案工作的职务

请求事项及理由：

请人民法院审查，更换________审理本案。

此致

________人民法院（或人民检察院、公安局）

申请人：

年　月　日

（四）实例演示

王某是一家工厂的女职工，年方22岁的她相貌出众，落落大方，其所在车间的车间主任吴某品德较为败坏，多次对王某动手动脚，甚至用暴力强迫王某做有辱人格的动作。王某无法忍受，将吴某告到法院。王某得知合议庭的一位审判员张某是吴某的胞弟，于是，准备向法院提出对该审判员的回避申请。

回避申请书

申请人：王某，女，×年×月×日出生，汉族，住所地：××市××县×路×号，电话：×××××××××。

被申请人：张某，男，××市××区人民法院刑事审判庭审判员，在审理申请人诉吴某侮辱一案中担任审判员。

请求事项及理由：

据悉，张某与本案被告吴某系同胞兄弟关系，二人为近亲属。为避免本案不公正审理，根据《中华人民共和国刑事诉讼法》第二十九条之规定，审判人员是本案当事人或者当事人近亲属的必须回避，现申请张某回避。

请人民法院审查，更换审判员审理本案。

此致

××市××区人民法院

申请人：王某

×年×月×日

（五）特别提醒

1. 被申请人的基本情况与其他类申请书不同，应写明其工作单位、在本案诉讼过程中的职务，以表明其符合法定回避对象的范围。

2. 对驳回申请回避的决定，当事人及其法定代理人可以申请复议一次。

七、刑事撤诉申请书

（一）基本知识

1. 什么是刑事撤诉申请书？

刑事撤诉申请书是指刑事自诉案件中原告在依法提起诉讼后，人民法院判决之前，基于某种原因向人民法院撤回诉讼的书面申请。

2. 刑事撤诉申请书包括哪些基本内容？

（1）首部

①标题：写“刑事撤诉申请书”。

②申请人基本情况：申请人是公民的，应当写明姓名、性别、出生年月日、民族、籍贯、职业（或工作单位和职务）、住址；申请人是法人、其他组织的，应写明其名称、所在地址、法定代表人（或代表人）的姓名、职务和联系电话。

（2）申请事项

请求撤回申请人诉________一案的刑事自诉状。

空格处填写的是案由（案件性质）。

（3）正文

简要说明起诉时间和案件的性质，说明案件已调查审理，但尚未终结，然后陈述为何要撤诉，写明撤诉理由，最后请求准予撤诉。

（4）尾部及附项

致送人民法院名称；申请人签名，申请人为法人或其他组织的，应加盖单位公章，并由其法定代表人签名；注明申请日期；有附项的附上相关证据及材料。

（二）法律依据

《中华人民共和国刑事诉讼法》

第二百一十二条第一款　人民法院对自诉案件，可以进行调解；自诉人在宣告判决前，可以同被告人自行和解或者撤回自诉。本法第二百一十条第三项规定的案件不适用调解。

（三）范本下载

刑事撤诉申请书

申请人：

请求事项：

____

事实与理由：

____

____

此致

________人民法院

申请人：

年　月　日

附：有关证据及材料。

（四）实例演示

关某与钱某在一次某大学组织的交流会上认识了，两人都觉得和对方特别投缘，有相见恨晚的感觉，于是不久就建立了恋爱关系。大学毕业后，二人走上工作岗位，筹办着结婚的事。女方关某家庭条件相当优越，其父亲经营着一家规模很大的公司。而男方钱某则出生在一个偏僻的小山村，家境贫寒。但关某最后还是将二人恋爱并想结婚之事告知了父母，父母听后坚决反对，尤其是其父亲，对关某的婚姻自由进行了暴力干涉，导致关某多处受伤。关某为捍卫婚姻自由，向人民法院提起了刑事自诉。但后来其父悔过，同意了二人的婚事，关某遂决定撤诉。

刑事撤诉申请书

申请人：关某，女，×年×月×日出生，汉族，住所地：××市××县×路×号，电话：××××××××。

请求事项：

请求撤回申请人诉关某某暴力干涉婚姻自由一案的刑事自诉状。

事实与理由：

申请人诉被告人关某某暴力干涉婚姻自由一案，贵院刑庭立案后已调查审理，但尚未终结。其间，被告人对自己的行为非常后悔，认为自己不应当干涉申请人的恋爱婚姻自由，自己脑中存在的门当户对的封建观念是错误的，并表示对申请人的婚姻予以支持。鉴于被告人确有悔改表现，且考虑到被告人是申请人的父亲，为维护亲情，维护和谐的家庭氛围，特依据《中华人民共和国刑事诉讼法》第二百一十二条第一款之规定，撤回自诉，请予批准。

此致

××人民法院

申请人：关某

×年×月×日

（五）特别提醒

1. 撤诉的理由部分是撤诉申请书的主要内容，首先该理由应符合法律的规定和社会良俗，其次要把该理由写清楚，所用语言不可含混不清，模棱两可。

2. 如果起诉或上诉时附送证据，需要请求发还的，应在撤诉请求与理由后注明退还证据。

3. 撤诉申请是否发生终结诉讼的法律效力，由人民法院审查后作出裁定。

八、抗诉请求书

（一）基本知识

1. 什么是抗诉请求书？

抗诉请求书是指刑事案件的被害人及其法定代理人不服第一审判决，请求人民检察院提起抗诉的法律文书。

2. 抗诉请求书包括哪些基本内容？

（1）首部

①标题：写“抗诉请求书”。

②请求人基本情况：请求人是公民的，应当写明姓名、性别、出生年月日、民族、籍贯、职业（或工作单位和职务）、住址；请求人是法人、其他组织的，应写明其名称、所在地址、法定代表人（或代表人）的姓名、职务和联系电话。

（2）正文

首先写明请求抗诉的起因，即针对什么进行抗诉。其次写明请求抗诉的理由和法律依据，提出抗诉请求事项。

（3）尾部

写明致送人民检察院的全称，由被害人或其法定代理人签名，并注明提出抗诉请求书的具体时间。

（二）法律依据

《中华人民共和国刑事诉讼法》

第二百二十九条　被害人及其法定代理人不服地方各级人民法院第一审的判决的，自收到判决书后五日以内，有权请求人民检察院提出抗诉。人民检察院自收到被害人及其法定代理人的请求后五日以内，应当作出是否抗诉的决定并且答复请求人。

（三）范本下载

抗诉请求书

请求人：

被告人________一案，法院于______年____月____日以____号文第一审判决被告人________。我不服该判决，按照《中华人民共和国刑事诉讼法》第二百二十九条之规定，请求你院向________法院提出抗诉。理由如下：

____

____

此致

________人民检察院

被害人或其法定代理人：

年　月　日

（四）实例演示

范某与赵某某因在集市上争摊位发生纠纷，范某被赵某某打成重伤，可是，在赵某某拒不认罪的情况下，县人民法院以故意伤害罪判处赵某某有期徒刑三年，缓刑四年。范某认为赵某某根本不具备缓刑条件，于是向检察院提出了抗诉请求。

抗诉请求书

请求人：范某，男，×年×月×日出生，汉族，农民，现住××省××县××乡××村，电话：×××××××××。

请求人于×年×月×日收到××县人民法院（××××）××刑初字第××号刑事判决。因为该判决内容适用法律错误，对被告人赵某某的量刑畸轻，特请求抗诉。

事实和理由如下：

×年×月×日，被告人赵某某与我因在集市上争摊位发生纠纷，他把我打成重伤，有法医鉴定为证，并有当场目击者蒋某、刘某等多人可以证明。可是，被告人赵某某拒不认罪。县人民法院以故意伤害罪判处被告人赵某某有期徒刑三年缓刑四年。根据《中华人民共和国刑法》的规定，对于被判处拘役、三年以下有期徒刑的犯罪分子，根据犯罪分子的犯罪情节和悔罪表现，适用缓刑确实不致再危害社会的，可以宣告缓刑。从该法律条文中可以看出，对被告人适用缓刑的条件之一就是其具有悔罪表现，而本案被告人赵某某，连犯罪都不承认，更谈不上悔罪表现了，其根本不具备缓刑条件，可是，××县人民法院却对他宣告缓刑。因此，根据《中华人民共和国刑事诉讼法》第二百二十九条的规定，请求贵院迅速提出抗诉，以纠正××县人民法院的错误判决。

此致

××人民检察院

请求人：范某

×年×月×日

（五）特别提醒

1. 只有被害人及其法定代理人才有权提出抗诉请求。

2. 请求的对象限于地方各级人民法院作出的第一审刑事判决。最高人民法院的判决是终审判决，对此不能请求抗诉。

3. 对于各级人民法院作出的已经发生法律效力的判决、裁定，需人民检察院提起抗诉时，应当采取申诉的方式。

4. 注意提出抗诉请求的期限为收到判决书后五日以内。

九、刑事上诉状

（一）基本知识

1. 什么是刑事上诉状？

刑事上诉状是指刑事公诉案件的被告人、被害人和刑事自诉案件的自诉人、被告人不服一审法院的裁决，在法定的上诉期内，向原审法院的上级法院提出的要求重审改判的法律文书。

2. 刑事上诉状包括哪些基本内容？

（1）首部

①标题：写“刑事上诉状”。

②上诉人基本情况：上诉人是公民的，应当写明姓名、性别、出生年月日、民族、籍贯、职业（或工作单位和职务）、住址；上诉人是法人、其他组织的，应写明其名称、所在地址、法定代表人（或代表人）的姓名、职务和联系电话。

上诉人如有法定代理人或委托代理人的，写明法定（或委托）代理人姓名、性别、年龄、民族、职业或职务、工作单位或住址、与上诉人的关系，代理人是律师的，只列写姓名、职务。

（2）上诉请求

说明具体的请求目的，要写得明确、具体、详尽。

（3）事实与理由

刑事上诉状的上诉理由主要是针对原审裁判说话，而不是针对对方当事人的，可以对原审认定事实错误、适用法律错误或对所犯之罪定性错误等来进行论述。

（4）尾部及附项

致送人民法院名称；上诉人签名，上诉人为法人或其他组织的，应加盖单位公章，并由其法定代表人签名；注明上诉日期；附项附上相关证据及材料。

（二）法律依据

《中华人民共和国刑事诉讼法》

第二百二十七条　被告人、自诉人和他们的法定代理人，不服地方各级人民法院第一审的判决、裁定，有权用书状或者口头向上一级人民法院上诉。被告人的辩护人和近亲属，经被告人同意，可以提出上诉。

附带民事诉讼的当事人和他们的法定代理人，可以对地方各级人民法院第一审的判决、裁定中的附带民事诉讼部分，提出上诉。

对被告人的上诉权，不得以任何借口加以剥夺。

第二百三十条　不服判决的上诉和抗诉的期限为十日，不服裁定的上诉和抗诉的期限为五日，从接到判决书、裁定书的第二日起算。

第二百三十一条　被告人、自诉人、附带民事诉讼的原告人和被告人通过原审人民法院提出上诉的，原审人民法院应当在三日以内将上诉状连同案卷、证据移送上一级人民法院，同时将上诉状副本送交同级人民检察院和对方当事人。

被告人、自诉人、附带民事诉讼的原告人和被告人直接向第二审人民法院提出上诉的，第二审人民法院应当在三日以内将上诉状交原审人民法院送交同级人民检察院和对方当事人。

（三）范本下载

刑事上诉状

上诉人：

上诉人因________一案，不服________人民法院______年____月____日（　）字第　号，现提出上诉。

上诉请求：

____

上诉理由：

____

____

此致

________人民法院

上诉人：
年 月 日

附：本上诉状副本________份。
相关证据目录。

（四）实例演示

陈某盗窃了赵某的笔记本电脑一部，卖出后得人民币5000元。后陈某在其家人的感召下，去公安局自首坦白，并主动将赃款全部退回。在审讯中，由于审判员张某再三追逼，说陈某是个惯犯，还说如果彻底交代，保证从宽处理、不判刑或者只判很轻的刑。陈某听信了张某的话，为了从宽判刑，就胡说曾经还盗窃过一部苹果手机。最后认定陈某对盗窃罪供认不讳，罪行严重，判处了10年有期徒刑。陈某感觉上了当，不仅没有考虑其自首情节，还判得很重，于是提起了上诉。

刑事上诉状

上诉人：陈某，男，33岁，汉族，××省××市××区人，××厂工人，住××市×街×号。

上诉人因盗窃一案，不服××市××区人民法院×年×月×日（××）刑普判字第××号刑事判决，现提出上诉。

上诉请求：请求撤销原判，重新审理，依法改判，对于上诉人从轻或者减轻处罚。

上诉理由：

上诉人于×年×月×日盗窃了赵某的笔记本电脑一部，卖出后得人民币5000元。后此事被我家人知道，便劝我去自首，在家人的感召下，我去公安局自首坦白，并主动将赃款全部退回。在审讯中，××法院审判员张某再三追逼，说我是个惯犯，绝不是只盗窃了一台笔记本电脑，一定还有很多曾经盗窃过的事件没有交代，如不交代，就要从严判处；如果彻底交代，保证从宽处理、不判刑或者只判很轻的刑。我听信了张某的话，为了从宽判刑，我就胡说曾经还盗窃过一部苹果手机。谁知我一“交代”却说我是供认不讳，罪行严重，判处了10年有期徒刑。我所坦白的盗窃过一部苹果手机的事情是假的，是根本没有的事，是在审判员张某的诱惑下才编造的。只有盗窃笔记本电脑一事才是真的，并且事后我还自首坦白并积极退款了。根据我国《刑法》第六十七条之规定，对于自首的犯罪分子，可以从轻或者减轻处罚。而法院在判决时并未对我的自首情节予以考虑。

因此我不服原判，特提出上诉，请求撤销原判，重新审理，依法改判，对于上诉人从轻或者减轻处罚。

此致

××市中级人民法院

上诉人：陈某
×年×月×日

附：1. 上诉状副本2份。
2. 张审判员审问我的庭审记录，请查对。

（五）特别提醒

1. 上诉请求事项，要写得明确、具体、详尽。想达到什么目的，就直接提出来，不能只是说“请求上级法院依法作出公正判决”或者是“请求上级法院给我做主”等类的空话。

2. 对于上诉理由部分，我们必须注意两点：一是要有理有据，措辞要得体，切忌无限上纲；二是避免重复叙述，也不必说明对判决中哪些部分表示同意等。

3. 被告人、自诉人和他们的法定代理人，不服地方各级人民法院第一审的判决、裁定，有权用书状或者口头向上一级人民法院上诉。被告人的辩护人和近亲属，经被告人同意，可以提出上诉。

4. 不服判决的上诉期限为十日，不服裁定的上诉期限为五日，从接到判决书、裁定书的第二日起算。

十、取保候审申请书

（一）基本知识

1. 什么是取保候审申请书？

取保候审是《刑事诉讼法》规定的一种刑事强制措施。在我国，是指人民法院、人民检察院或公安机关责令某些犯罪嫌疑人、刑事被告人提出保证人或者交纳保证金，保证随传随到的强制措施，由公安机关执行。

相应地，取保候审申请书则是为了申请取保候审而向有关机关递交的法律文书。

2. 取保候审申请书包括哪些基本内容？

（1）首部

①标题：写“取保候审申请书”。

②申请人的身份与联系方式：申请人的身份即写明工作单位、姓名等。

（2）申请事项

对犯罪嫌疑人________申请取保候审。

空格处填写的是被申请取保候审人的姓名。

（3）事实与理由

该部分主要是陈述为何要进行取保候审，如受谁的要求，阐述保证的条件，如是保证金，则写出具体的数额，如是保证人，则写明保证人的身份。

（4）尾部及附项

致送机关的名称；申请人签名，申请人为法人或其他组织的，应加盖单位公章，并由其法定代表人签名；如果有保证人的话，保证人也要签名；最后注明申请日期。

（二）法律依据

《中华人民共和国刑事诉讼法》

第六十七条　人民法院、人民检察院和公安机关对有下列情形之一的犯罪嫌疑人、被告人，可以取保候审：

（一）可能判处管制、拘役或者独立适用附加刑的；

（二）可能判处有期徒刑以上刑罚，采取取保候审不致发生社会危险性的；

（三）患有严重疾病、生活不能自理，怀孕或者正在哺乳自己婴儿的妇女，采取取保候审不致发生社会危险性的；

（四）羁押期限届满，案件尚未办结，需要采取取保候审的。

取保候审由公安机关执行。

第六十八条　人民法院、人民检察院和公安机关决定对犯罪嫌疑人、被告人取保候审，应当责令犯罪嫌疑人、被告人提出保证人或者交纳保证金。

第七十一条　被取保候审的犯罪嫌疑人、被告人应当遵守以下规定：

（一）未经执行机关批准不得离开所居住的市、县；

（二）住址、工作单位和联系方式发生变动的，在二十四小时以内向执行机关报告；

（三）在传讯的时候及时到案；

（四）不得以任何形式干扰证人作证；

（五）不得毁灭、伪造证据或者串供。

人民法院、人民检察院和公安机关可以根据案件情况，责令被取保候审的犯罪嫌疑人、被告人遵守以下一项或者多项规定：

（一）不得进入特定的场所；

（二）不得与特定的人员会见或者通信；

（三）不得从事特定的活动；

（四）将护照等出入境证件、驾驶证件交执行机关保存。

被取保候审的犯罪嫌疑人、被告人违反前两款规定，已交纳保证金的，没收部分或者全部保证金，并且区别情形，责令犯罪嫌疑人、被告人具结悔过，重新交纳保证金、提出保证人，或者监视居住、予以逮捕。

对违反取保候审规定，需要予以逮捕的，可以对犯罪嫌疑人、被告人先行拘留。

第七十二条　取保候审的决定机关应当综合考虑保证诉讼活动正常进行的需要，被取保候审人的社会危险性，案件的性质、情节，可能判处刑罚的轻重，被取保候审人的经济状况等情况，确定保证金的数额。

提供保证金的人应当将保证金存入执行机关指定银行的专门账户。

第七十三条　犯罪嫌疑人、被告人在取保候审期间未违反本法第七十一条规定的，取保候审结束的时候，凭解除取保候审的通知或者有关法律文书到银行领取退还的保证金。

（三）范本下载

取保候审申请书

申请人：

申请事项：

____

事实与理由：

____

____

根据《中华人民共和国刑事诉讼法》第六十七条、第三十八条的规定，特为其提出申请，请予批准。

此致

________公安局（或人民检察院、人民法院）

申请人：

年　月　日

（四）实例演示

2019年夏天，17岁的街头小子周某正在某胡同口游玩，看到过路的行人范某总是用眼睛瞟他，他就上去问："看我什么呢？"范某说："我看你穿的怎么不像个人？"周某平时就游手好闲，脾气也暴躁，一听就来气了，不加分辨就对范某拳打脚踢，致使范某严重受伤，脾脏破裂。后周某被指控故意伤害罪并被依法逮捕。现其父亲聘请的律师准备为其申请取保候审。

取保候审申请书

申请人：××律师事务所赵某律师。

通信地址：××市××区×路×号，电话：×××××××××。

申请事项：对犯罪嫌疑人周某申请取保候审。

事实与理由：犯罪嫌疑人周某因涉嫌故意伤害一案，于×年×月×日经××人民检察院批准逮捕羁押。根据本案犯罪嫌疑人的法定代理人的要求，本人为犯罪嫌疑人提出申请取保候审。其保证金为××××元。

根据《中华人民共和国刑事诉讼法》第六十七条、第三十八条的规定，特为其提出申请，请予批准。

此致

××公安局

申请人：赵某

××律师事务所（章）

×年×月×日

（五）特别提醒

1. 人民法院、人民检察院和公安机关对犯罪嫌疑人、被告人取保候审最长不得超过12个月。

2. 在人民法院二审期间，犯罪嫌疑人羁押期已经超过一审法院所判处的有期徒刑的，也适用取保候审。

3. 除委托的律师外，被羁押的犯罪嫌疑人、被告人及其法定代理人、近亲属也可以申请取保候审。

十一、解除强制措施申请书

（一）基本知识

1. 什么是解除强制措施申请书?

强制措施是指在刑事诉讼的过程中，公安机关、人民法院或人民检察院在刑事案件的办理过程中为了保障刑事诉讼的顺利进行，而依法对刑事案件的犯罪嫌疑人、被告人以及重大嫌疑分子的人身自由采取限制或者剥夺的一种强制性方法。一般包括拘传、取保候审、监视居住、拘留、逮捕。

而解除强制措施申请书则是向有关机关提交的请求依法解除对犯罪嫌疑人、被告人的强制措施的法律文书。

2. 解除强制措施申请书包括哪些基本内容?

（1）首部

①标题：写“解除强制措施申请书”。

②申请人的身份与联系方式：申请人的身份即写明工作单位、姓名等。

（2）申请事项

解除对犯罪嫌疑人（被告人）________采取的强制措施。

空格处填写的是被申请的犯罪嫌疑人（被告人）的姓名。

(3) 事实与理由

该部分主要是陈述为何要申请解除强制措施，如羁押已经超过法定期限等。

(4) 尾部及附项

致送机关的名称；申请人签名，申请人为法人或其他组织的，应加盖单位公章，并由其法定代表人签名；最后注明申请日期。

（二）法律依据

《中华人民共和国刑事诉讼法》

第九十九条　人民法院、人民检察院或者公安机关对被采取强制措施法定期限届满的犯罪嫌疑人、被告人，应当予以释放、解除取保候审、监视居住或者依法变更强制措施。犯罪嫌疑人、被告人及其法定代理人、近亲属或者辩护人对于人民法院、人民检察院或者公安机关采取强制措施法定期限届满的，有权要求解除强制措施。

（三）范本下载

解除强制措施申请书

申请人：

申请事项：

____

事实与理由：

____

____

根据《中华人民共和国刑事诉讼法》第九十九条的规定，特为其提出申请，请予批准。

此致

________公安局（或人民检察院、人民法院）

申请人：

年　月　日

（四）实例演示

郑某因涉嫌故意伤害罪被公安机关依法采取了监视居住的强制措施，但到六个半月的时候，郑某还在被监视居住。我国《刑事诉讼法》规定监视居住最长不得超过六个月。因此，郑某的律师决定为其申请解除强制措施。

解除强制措施申请书

申请人：××律师事务所赵某律师。

通信地址：××市××区×路×号，电话：×××××××××。

申请事项：解除对犯罪嫌疑人郑某采取的强制措施。

事实与理由：犯罪嫌疑人郑某因涉嫌故意伤害罪一案，于×年×月×日×时始被公安机关依法采取监视居住的强制措施，现已超过法定期限。作为犯罪嫌疑人的近亲属郑大某委托的律师，根据《中华人民共和国刑事诉讼法》第九十九条的规定，特提出申请。请予解除对其采取的强制措施。

此致

××公安局

申请人：赵某

××律师事务所（章）

×年×月×日

（五）特别提醒

1. 人民法院、人民检察院和公安机关对犯罪嫌疑人、被告人取保候审最长不得超过12个月，监视居住最长不得超过6个月。

2. 传唤、拘传持续的时间最长不得超过12小时。

3. 犯罪嫌疑人、被告人及其法定代理人、近亲属或者犯罪嫌疑人、被告人委托的律师及其他辩护人都有权提出申请。

十二、重新鉴定申请书

（一）基本知识

1. 什么是重新鉴定申请书？

司法鉴定是指在诉讼活动中，鉴定人运用科学技术或者专门知识，对诉讼涉及的专门性问题进行鉴别和判断并提供鉴定意见的活动。

而当当事人认为作为证据使用的鉴定意见存在错误或是与事实不符时，就可以申请重新鉴定。申请重新鉴定需要提交的法律文书即为重新鉴定申请书。

2. 重新鉴定申请书包括哪些基本内容？

（1）首部

①标题：写“重新鉴定申请书”。

②申请人的身份与联系方式：申请人的身份即写明工作单位、姓名等。

（2）申请事项

对________进行重新鉴定。

空格处简要说明具体的鉴定事项。

（3）事实与理由

该部分主要是陈述为何要申请重新鉴定，指出原鉴定的错误之处或是与事实不符之处，说明重新鉴定的依据。理由有多项的，分项列出。

（4）尾部及附项

致送机关的名称；申请人签名，申请人为法人或其他组织的，应加盖单位公章，并由其法定代表人签名；最后注明申请日期。

（二）法律依据

《中华人民共和国刑事诉讼法》

第一百四十八条　侦查机关应当将用作证据的鉴定意见告知犯罪嫌疑人、被害人。如果犯罪嫌疑人、被害人提出申请，可以补充鉴定或者重新鉴定。

第一百九十七条第一款　法庭审理过程中，当事人和辩护人、诉讼代理人有权申请通知新的证人到庭，调取新的物证，申请重新鉴定或者勘验。

（三）范本下载

重新鉴定申请书

申请人：

申请事项：

事实与理由：

根据《中华人民共和国刑事诉讼法》第一百九十七条的规定，特为其提出申请，请予批准。

此致

________公安局（或人民检察院、人民法院）

申请人：

年　月　日

（四）实例演示

某技校的两名学生李某和范某因发生口角而大打出手，其中，李某将范某打伤，导致范某住院治疗多日。后范某的法定代理人向法院提起了自诉。但在案件审理的过程中，李某的律师发现用作证据的鉴定意见存在错误，与范某的伤情不符，于是决定申请重新鉴定。

重新鉴定申请书

申请人：××律师事务所赵某律师。

通信地址：××市××区×路×号，电话：×××××××××。

申请事项：对范某的伤残进行重新鉴定。

事实与理由：

原告范某诉李某人身侵权一案，贵院正在审理中，我作为本案被告人的法定代理人李大某委托的律师，认为关于范某的伤残鉴定存在以下问题：

1. 原××司法鉴定所作出的××鉴［2019］第×××号鉴定书摘录的病志是“左踝关节脱位”，而鉴定结论是“右踝七级伤残”；

2. 在鉴定书的“分析说明”中没有写明右踝活动的幅度，这样就无法证实右踝关节受限程度，其鉴定为七级伤残缺少具体的事实依据。

根据《中华人民共和国刑事诉讼法》第一百九十七条的规定，特提请对范某的伤残进行重新鉴定。

此致

××人民法院

申请人：赵某

××律师事务所（章）

×年×月×日

（五）特别提醒

1. 鉴定人进行鉴定后，应当写出鉴定意见，并且签名。

2. 鉴定人故意作虚假鉴定的，应当承担法律责任。

十三、减刑、假释申请书

（一）基本知识

1. 什么是减刑、假释申请书？

减刑、假释申请书是在执行期间确有悔改或者立功表现的被判处管制、拘役、有期徒刑或者无期徒刑的罪犯向监狱、劳改队申请减刑、假释（假释还必须达到法定服刑年限）的书面材料。

2. 减刑、假释申请书包括哪些基本内容？

（1）首部

①标题：写“减刑（或假释）申请书”。

②文书致送的刑罚执行机关的领导机构。

③罪犯本人的基本情况和案由：应当写明姓名、性别、出生年月日、民族、籍贯，因何罪被处以何刑罚。

（2）正文

①罪犯本人自入监（或上次减刑）以来的悔改表现或立功表现；此部分要实事求是地写，言辞要恳切。

②申请理由及法律依据。

比如在写申请理由时，服刑人员可将自己的悔过之心充分地表达出来，并说明自己在监狱中的积极表现。

（3）尾部及附项

应写上“此致敬礼”“敬请审核”等礼貌用语，再写明申请人的姓名及申请日期。有附项的，附上能够证明罪犯有悔改表现、立功表现、特殊情况的材料。

（二）法律依据

《中华人民共和国刑事诉讼法》

第二百六十一条第二款　被判处死刑缓期二年执行的罪犯，在死刑缓期执行期间，如果没有故意犯罪，死刑缓期执行期满，应当予以减刑的，由执行机关提出书面意见，报请高级人民法院裁定；如果故意犯罪，情节恶劣，查证属实，应当执行死刑的，由高级人民法院报请最高人民法院核准；对于故意犯罪未执行死刑的，死刑缓期执行的期间重新计算，并报最高人民法院备案。

第二百七十三条第二款　被判处管制、拘役、有期徒刑或者无期徒刑的罪犯，在执行期间确有悔改或者立功表现，应当依法予以减刑、假释的时候，由执行机关提出建议书，报请人民法院审核裁定，并将建议书副本抄送人民检察院。人民检察院可以向人民法院提出书面意见。

第二百七十四条　人民检察院认为人民法院减刑、假释的裁定不当，应当在收到裁定书副本后二十日以内，向人民法院提出书面纠正意见。人民法院应当在收到纠正意见后一个月以内重新组成合议庭进行审理，作出最终裁定。

（三）范本下载

减刑（或假释）申请书

监狱（劳改队）：

罪犯本人的基本情况和案由：

____

罪犯本人自入监（或上次减刑）以来悔改表现或立功表现：

____

理由和法律依据：

____

____正式提出减刑（或假释）申请。

敬请审核。

申请人：

年　月　日

附：相关证明材料。

（四）实例演示

罪犯曹某，2016 年因犯诈骗罪被判处有期徒刑 6 年。自入监 4 年以来，在党和政府的教育下，在监狱各级领导和管教干部的帮助下，洗心革面，改过自新，有了较大的进步。现在，曹某想申请减刑。

减刑申请书

××监狱监狱长：

罪犯曹某，男，36 岁，汉族，××省××市××区人，2016 年因犯诈骗罪被判处有期徒刑 6 年。

自 2016 年入监以来，我在党和政府的教育下；在监狱各级领导和管教干部的帮助下，洗心革面，改过自新，有了较大的进步，主要表现在：

我对我所犯之罪非常后悔，觉得非常对不起受害人，我一定设法补偿他们。我接受法律对我的惩罚。在服刑期间，我一贯遵守罪犯改造行为规范，积极主动地参加各项政治、文化、技术学习，认真积极地参加劳动，努力干活，出色完成劳动任务。

自 2016 年入监以来，我已经服刑 4 年。在这 4 年中，我确有悔改表现，正在积极努力重新做人。根据我国《刑法》的有关规定，向监狱领导正式提出减刑申请。在以后的改造中，我会更加积极认真，不辜负党和政府以及监狱领导的期望。

敬请审核。

申请人：曹某

×年×月×日

（五）特别提醒

1. 被判处管制、拘役、有期徒刑、无期徒刑的犯罪分子，在执行期间，如果认真遵守监规，接受教育改造，确有悔改表现的，或者有立功表现的，可以减刑；有下列重大立功表现之一的，应当减刑：

（1）阻止他人重大犯罪活动的；

（2）检举监狱内外重大犯罪活动，经查证属实的；

（3）有发明创造或者重大技术革新的；

（4）在日常生产、生活中舍己救人的；

（5）在抗御自然灾害或者排除重大事故中，有突出表现的；

（6）对国家和社会有其他重大贡献的。

2. 对累犯以及因杀人、爆炸、抢劫、强奸、绑架等暴力性犯罪被判处十年以上有期徒刑、无期徒刑的犯罪分子，不得假释。

3. 被宣告假释的犯罪分子，应当遵守下列规定：

（1）遵守法律、行政法规，服从监督；

（2）按照监督机关的规定报告自己的活动情况；

（3）遵守监督机关关于会客的规定；

（4）离开所居住的市、县或者迁居，应当报经监督机关批准。

十四、刑事赔偿申请书

（一）基本知识

1. 什么是刑事赔偿申请书？

刑事赔偿是指公安机关、国家安全机关、检察机关、审判机关、监狱管理机关及其工作人员违法行使职权，侵犯当事人人身权、财产权造成损害而给予的赔偿。

2. 刑事赔偿申请书包括哪些基本内容？

（1）首部

①标题：写“刑事赔偿申请书”。

②申请人基本情况：申请人是公民的，应当写明姓名、性别、出生年月日、民族、籍贯、职业（或工作单位和职务）、住址；申请人是法人、其他组织的，应写明其名称、所在地址、法定代表人（或代表人）的姓名、职务和联系电话。

（2）请求事项

根据受损害的实际情况提出赔偿请求。要写清楚赔偿义务机关（公安机关、人民检察院、人民法院或监狱），依照国家赔偿法的有关规定，提出明确具体的赔偿请求。

（3）事实和理由

写明受损害的来龙去脉和请求赔偿的理由，依据《国家赔偿法》的相关条款请求予以赔偿。言辞要真实、恳切。

（4）尾部及附项

致送机关名称；申请人签名，申请人为法人或其他组织的，应加盖单位公章，并由其法定代表人签名；注明申请日期；附项附上相关证据及材料。

（二）法律依据

《中华人民共和国国家赔偿法》

第十七条　行使侦查、检察、审判职权的机关以及看守所、监狱管理机关及其工作人员在行使职权时有下列侵犯人身权情形之一的，受害人有取得赔偿的权利：

（一）违反刑事诉讼法的规定对公民采取拘留措施的，或者依照刑事诉讼法规定的条件和程序对公民采取拘留措施，但是拘留时间超过刑事诉讼法规定的时限，其后决定撤销案件、不起诉或者判决宣告无罪终止追究刑事责任的；

（二）对公民采取逮捕措施后，决定撤销案件、不起诉或者判决宣告无罪终止追究刑事责任的；

（三）依照审判监督程序再审改判无罪，原判刑罚已经执行的；

（四）刑讯逼供或者以殴打、虐待等行为或者唆使、放纵他人以殴打、虐待等行为造成公民身体伤害或者死亡的；

（五）违法使用武器、警械造成公民身体伤害或者死亡的。

第十八条　行使侦查、检察、审判职权的机关以及看守所、监狱管理机关及其工作人员在行使职权时有下列侵犯财产权情形之一的，受害人有取得赔偿的权利：

（一）违法对财产采取查封、扣押、冻结、追缴等措施的；

（二）依照审判监督程序再审改判无罪，原判罚金、没收财产已经执行的。

第十九条　属于下列情形之一的，国家不承担赔偿责任：

（一）因公民自己故意作虚伪供述，或者伪造其他有罪证据被羁押或者被判处刑罚的；

（二）依照刑法第十七条、第十八条规定不负刑事责任的人被羁押的；

（三）依照刑事诉讼法第十五条①、第一百七十三条第二款②、第二百七十三条第二款③、第二百七十九条④规定不追究刑事责任的人被羁押的；

（四）行使侦查、检察、审判职权的机关以及看守所、监狱管理机关的工作人员与行使职权无关的个人行为；

---

① 已修正为《刑事诉讼法》第十六条。

② 已修正为《刑事诉讼法》第一百七十七条第二款。

③ 已修正为《刑事诉讼法》第二百八十四条第二款。

④ 已修正为《刑事诉讼法》第二百九十条。

（五）因公民自伤、自残等故意行为致使损害发生的；
（六）法律规定的其他情形。

（三）范本下载

刑事赔偿申请书

申请人：
申请事项：
____
事实与理由：
____
____
此致
________公安局（或人民检察院、人民法院、监狱）

申请人：
年 月 日

附：相关证据材料。

（四）实例演示

潘某是某村的村民，2017年的一天，潘某的邻居李某突然不见了，李某的妻子说是被潘某给杀害了，因为在前一天晚上潘、李二人曾大吵过一架，潘某扬言要杀了李某。潘某因涉嫌故意杀人罪被判处有期徒刑15年。后李某自动出现，证明了其没有死亡，潘某也没有进行故意杀人。法院撤销了原判决，潘某无罪释放。现潘某决定申请刑事赔偿。

刑事赔偿申请书

申请人：潘某，男，×年×月×日出生，汉族，住所地：××市××县×镇×村，电话：×××××××××。

赔偿要求：

1. 请求赔偿因错误判决而造成申请人被剥夺人身自由3年（自2017年×月×日至2020年×月×日）的损失××××元。

2. 自2017年×月×日至2020年×月×日的工资××××元。

事实与理由：

申请人原系××市××县×镇×村村民，2017年×月×日因涉嫌故意杀害邻居李某一案被判处故意杀人罪，处有期徒刑15年。后被害人自动出现，证明了其没有死亡，申请人也没有进行故意杀人。2020 年 × 月 × 日 × × 法院经审判监督程序撤销了原判决，申请人被无罪释放。

错误判决不仅让申请人蒙受了巨大的冤屈，也使法律权威受到了打击。为了维护申请人的合法权益和法律的权威，根据《中华人民共和国国家赔偿法》，向 × × 市中级法院提出以上赔偿要求，请依法予以解决。

此致

× × 人民法院

申请人：潘某

× 年 × 月 × 日

（五）特别提醒

1. 要求赔偿财产损失的，可要求返还原物或者恢复原状。

2. 公民自由受限制的，要根据失去自由的天数，按照国家上年度职工月平均工资计算出赔偿金的具体数额。

3. 公民生命健康受损害的，要根据受损害的实际情况请求赔偿。

4. 赔偿义务机关的确定：

行使侦查、检察、审判职权的机关以及看守所、监狱管理机关及其工作人员在行使职权时侵犯公民、法人和其他组织的合法权益造成损害的，该机关为赔偿义务机关。

对公民采取拘留措施，依照本法的规定应当给予国家赔偿的，作出拘留决定的机关为赔偿义务机关。

对公民采取逮捕措施后决定撤销案件、不起诉或者判决宣告无罪的，作出逮捕决定的机关为赔偿义务机关。

再审改判无罪的，作出原生效判决的人民法院为赔偿义务机关。二审改判无罪，以及二审发回重审后作无罪处理的，作出一审有罪判决的人民法院为赔偿义务机关。

第七章　行政诉讼法律文书

一、行政起诉状

（一）基本知识

1. 什么是行政起诉状？

行政起诉状是行政机关或行政机关工作人员的具体行为所涉及的公民、法人或者其他组织向人民法院递交的，请求人民法院对该行政行为是否合法予以裁决，用以保护当事人合法权益的行政诉讼文书。

2. 行政起诉状包括哪些基本内容？

（1）首部

①标题：写“行政起诉状”。

②当事人基本情况：当事人基本情况这一部分主要是原告和被告的基本情况。原告是公民的，应当写明姓名、性别、出生年月日、民族、籍贯、职业（或工作单位和职务）、住址；原告是法人、其他组织的，应写明其名称、所在地址、法定代表人（或代表人）的姓名、职务和联系电话。被告栏要写明被告机关或组织的全称、地址，以及其法定代表人或负责人的姓名、职务。

（2）诉讼请求

诉讼请求要表述明确、具体。原告可以针对被告行政行为的性质以及自己的权益受损害的程度，依法提出恰如其分的请求。

（3）事实与理由

这部分要写清楚提出诉讼请求的事实根据和法律依据。须写明被告侵犯起诉人合法权益的事实经过、原因及造成的结果，指出行政争议的焦点。如果是经过行政复议后不服提出起诉的，还要写清楚复议行政机关作出复议决定的过程和结果。理由是在叙述事实的基础上，依据法律法规进行分析，论证诉讼请求合理合法。

（4）证据和证据来源、证人姓名和住址

这部分内容要求原告就有关举证事项，应写明证据的名称、件数、来源或证据线索。有证人的，应写明证人的姓名、住址。

（5）尾部及附项

尾部包括：致送人民法院的名称；起诉人签名；起诉时间；附项主要应当列明材料的内容以及份数，并标号分项。

（二）法律依据

《中华人民共和国行政诉讼法》

第二条　公民、法人或者其他组织认为行政机关和行政机关工作人员的行政行为侵犯其合法权益，有权依照本法向人民法院提起诉讼。

前款所称行政行为，包括法律、法规、规章授权的组织作出的行政行为。

第十二条　人民法院受理公民、法人或者其他组织提起的下列诉讼：

（一）对行政拘留、暂扣或者吊销许可证和执照、责令停产停业、没收违法所得、没收非法财物、罚款、警告等行政处罚不服的；

（二）对限制人身自由或者对财产的查封、扣押、冻结等行政强制措施和行政强制执行不服的；

（三）申请行政许可，行政机关拒绝或者在法定期限内不予答复，或者对行政机关作出的有关行政许可的其他决定不服的；

（四）对行政机关作出的关于确认土地、矿藏、水流、森林、山岭、草原、荒地、滩涂、海域等自然资源的所有权或者使用权的决定不服的；

（五）对征收、征用决定及其补偿决定不服的；

（六）申请行政机关履行保护人身权、财产权等合法权益的法定职责，行政机关拒绝履行或者不予答复的；

（七）认为行政机关侵犯其经营自主权或者农村土地承包经营权、农村土地经营权的；

（八）认为行政机关滥用行政权力排除或者限制竞争的；

（九）认为行政机关违法集资、摊派费用或者违法要求履行其他义务的；

（十）认为行政机关没有依法支付抚恤金、最低生活保障待遇或者社会保险待遇的；

（十一）认为行政机关不依法履行、未按照约定履行或者违法变更、解除政府特许经营协议、土地房屋征收补偿协议等协议的；

（十二）认为行政机关侵犯其他人身权、财产权等合法权益的。

除前款规定外，人民法院受理法律、法规规定可以提起诉讼的其他行政案件。

（三）范本下载

行政起诉状

原告：

被告：

诉讼请求：________________________________

事实与理由：

____

____

证据及其来源，证人姓名和住址：

____

____

此致

________人民法院

具状人：

年 月 日

附：相关证据材料。

（四）实例演示

刘某与他人因琐事发生打架事件被某公安分局行政拘留，但刘某被拘留 1 个多月后还是没有被放出，刘某认为自己的拘留期限已经超出了法定的期限。故根据我国法律之相关规定，委托孔某起诉到人民法院，恳请法院依法判决被告立即释放刘某，并判决被告承担国家赔偿责任。

行政起诉状

原告：刘某，男，35 岁，汉族，住所地：××市××县×路×号，现关押于××市××区××收容教育所。

代理人：孔某，男，37 岁，汉族，住所地：××市××县×路×号，电话：×××××××××。

被告：××区××派出所。地址：××市××区×路×号。

负责人：李某，职务：所长。

诉讼请求：

1. 请求依法判决被告立即释放原告。

2. 请求依法判决被告承担国家赔偿责任。

事实与理由：

原告与他人在××市××县×路因琐事发生打架事件，××市××公安分局将原告行政拘留，关押于××市行政拘留所。原告在拘留所里进行了改造，思想上也受到了很大的教育。但原告已经被拘留 1 个多月，至今没有放出，根据《中华人民共和国治安管理处罚法》及相关法律的规定，行政拘留最长期限为 15 日。对于原告的拘留期限显然已经超出了法定的期限。故根据我国法律之相关规定，恳请人民法院依法判决被告立即释放原告，并判决被告承担国家赔偿责任。

证据：××市公安局××分局公安行政处罚决定书

此致

××区人民法院

具状人：刘某

代书人：孔某

×年×月×日

附：××市公安局××分局公安行政处罚决定书

（五）特别提醒

1. 根据行政案件的特点，原告所提出的诉讼请求主要有：部分或全部撤销处罚决定；变更处罚决定；提出赔偿损失等。

2. 理由部分应根据案件的不同而有所侧重，但引用法律、法规条文必须准确，理由务必充分。

二、行政撤诉申请书

（一）基本知识

1. 什么是行政撤诉申请书？

行政撤诉申请书是指行政诉讼案件中原告在依法提起诉讼后，人民法院判决之前，基于某种原因向人民法院撤回诉讼的书面申请。

2. 行政撤诉申请书包括哪些基本内容？

（1）首部

①标题：写“行政撤诉申请书”。

②申请人基本情况：申请人基本情况这一部分主要是申请人和被申请人的基本情况。申请人是公民的，应当写明姓名、性别、出生年月日、民族、籍贯、职业（或工作单位和职务）、住址；申请人是法人、其他组织的，应写明其名称、所在地址、法定代表人（或代表人）的姓名、职务和联系电话。

（2）正文

先写明案由和起诉或上诉的时间等，然后提出撤诉请求及相应的事实和理由。其中，撤诉申请的理由可简明扼要、言简意赅。

（3）尾部及附项

致送人民法院名称；申请人签名，申请人为法人或其他组织的，应加盖单位公章，并由其法定代表人签名；注明申请日期；附项附上相关证据及材料。

（二）法律依据

《中华人民共和国行政诉讼法》

第六十二条　人民法院对行政案件宣告判决或者裁定前，原告申请撤诉的，或者被告改变其所作的行政行为，原告同意并申请撤诉的，是否准许，由人民法院裁定。

（三）范本下载

行政撤诉申请书

申请人：

被申请人：

________诉________一案，于______年____月____日诉到你院（或向你院提出上诉），现请求撤回起诉（或上诉），其理由如下：

____。

请予批准。

原在起诉时所附送的证据材料________共____件，请予发还。

此致

________人民法院

申请人：

年　月　日

附：相关证据材料。

（四）实例演示

某村的王某因在其所在乡的街道上乱搭乱建，受到行政处罚，后王某不服，向法院提起了行政诉讼。经过学习，王某认识到了自己的错误，决定撤诉。

行政撤诉申请书

申请人：王某，男，36岁，汉族，农民，住××县××乡××村，电话：××××××××。

被申请人：××县××乡人民政府，地址：××县×路×号。

王某诉××县××乡人民政府（××××）××号文《关于处罚王某乱搭乱建的处理决定》一案，于×年×月×日诉至你院，现请求撤回起诉，其理由如下：

我与××县××乡人民政府为乱搭乱建行政处罚纠纷一案，已诉至贵院。经人民法院反复给我学习、宣传法律知识和《土地管理法》的相关规定，我终于明白了法律规定精神，认识到了自己的错误，认为××县××乡人民政府对我的处理是正确的、合法的，故向××县人民法院依法申请撤诉，接受乡人民政府的处罚，请法院准许。

此致

××县人民法院

申请人：王某

×年×月×日

（五）特别提醒

1. 如果申请人没有诉讼行为能力，则在申请人的基本情况后还应写明法定代理人的基本情况，包括姓名、性别、年龄、工作单位、住址以及与申请人的关系等。委托律师代理申诉的，应写上律师的姓名以及该律师所在律师事务所的名称。

2. 撤诉的原因一般有两种：一是原告草率起诉，后经过学习法律、法规明白了行政机关的决定是合理的、正确的，因而撤诉；二是被告满足了原告的要求，即行政机关改变了行政行为，并向原告赔礼道歉，赔偿损失，原告决定撤诉。

三、行政上诉状

（一）基本知识

1. 什么是行政上诉状？

行政上诉状是指当事人要求上一级人民法院进行审理，撤销、变更原判决内容所提交的诉讼法律文书。行政案件一审的当事人认为一审判决或者裁决不公，可以在法定期限内（判决为15日，裁定为10日）向上一级人民法院提起上诉。

2. 行政上诉状包括哪些基本内容？

（1）首部

①标题：写“行政上诉状”。

②上诉人与被上诉人的基本情况：写明姓名、性别、年龄、民族、籍贯、职业或者工作单位和职务、住址，如果是法人或者其他组织的，应写明名称、法定代表人、住所、联系地址和邮政编码等，对于行政机关，则应写明行政机关的名称、法定代表人和住所。

（2）上诉请求

写明要求上诉法院解决的事由，如撤销原判、重新判决等。

（3）事实与理由

上诉状的上诉理由主要是针对原审裁判说话，而不是针对对方当事人的，可以对原审认定事实错误、适用法律错误等来进行论述。写明一审判决或者裁定不正确的事实根据和法律依据。

（4）尾部及附项

致送人民法院名称；上诉人签名，上诉人为法人或其他组织的，应加盖单位公章，并由其法定代表人签名；注明上诉日期；附项附上相关证据及材料。

（二）法律依据

《中华人民共和国行政诉讼法》

第八十五条　当事人不服人民法院第一审判决的，有权在判决书送达之日起十五日内向上一级人民法院提起上诉。当事人不服人民法院第一审裁定的，有权在裁定书送达之日起十日内向上一级人民法院提起上诉。逾期不提起上诉的，人民法院的第一审判决或者裁定发生法律效力。

第八十六条　人民法院对上诉案件，应当组成合议庭，开庭审理。经过阅卷、调查和询问当事人，对没有提出新的事实、证据或者理由，合议庭认为不需要开庭审理的，也可以不开庭审理。

第八十八条　人民法院审理上诉案件，应当在收到上诉状之日起三个月内作出终审判决。有特殊情况需要延长的，由高级人民法院批准，高级人民法院审理上诉案件需要延长的，由最高人民法院批准。

（三）范本下载

行政上诉状

上诉人：

被上诉人：

上诉人因________一案，不服________人民法院______年____月____日（　）×行×字第×号判决，现提出上诉。

上诉请求：

____

上诉理由：

____

____

此致

________人民法院

上诉人：

年　月　日

附：本上诉状副本____份。

相关证据目录。

（四）实例演示

某市场监管局以某医院在城市晚报做医疗广告系虚假宣传，损害消费者的权益为由，认定某医院所做的广告内容违反了《广告法》的规定，对某医院作出“罚款10000元”的处罚。同时，某市场监管局认为某医院未取得《医疗广告审查证明》而发布该医疗广告，违反了《医疗广告管理办法》的规定，对某医院作出“罚款10000元”的处罚。某医院认为某市场监管局的做法违反了《行政处罚法》的规定，行政行为明显不当。但某区人民法院经审理，认为某市场监管局的行政处罚决定并没有违反“一事不再罚”，对某市场监管局的行政处罚决定未予以撤销。某医院认为一审判决在认定事实上存在严重错误，现提起了上诉。

行政上诉状

上诉人：××医院，住所地××县×街×号。法定代表人：徐某，职务：院长。电话：×××××××××。

被上诉人：××市市场监管局，住所地××县×街×号。法定代表人：徐某，职务：局长。电话：×××××××××。

上诉人不服××人民法院×年×月×日（××××）×行×字第××号判决，现提出上诉。

上诉请求：

1. 请求法院撤销一审判决，重新审理；

2. 请求法院撤销被上诉人的行政处罚决定。

上诉理由：

×年×月×日，被上诉人以上诉人在城市晚报做医疗广告系虚假宣传，损害消费者的权益为由，认定上诉人所做的广告内容违反了《中华人民共和国广告法》第四条第一款关于“广告不得含有虚假或者引人误解的内容，不得欺骗、误导消费者”的规定，根据《中华人民共和国广告法》第五十五条规定，对申诉人作出“罚款10000元”的处罚。同时，被上诉人认为上诉人未取得《医疗广告审查证明》而发布该医疗广告，违反了《医疗广告管理办法》第三条规定，根据《医疗广告管理办法》第二十二条规定，对申诉人作出“罚款10000元”的处罚。上诉人认为被上诉人的做法违反了《行政处罚法》第二十四条“对当事人的同一个违法行为，不得给予两次以上罚款的行政处罚”的规定，行政行为明显不当。

但某区人民法院经审理，认为被上诉人的行政处罚决定并没有违反“一事不再罚”，对被上诉人的行政处罚决定未予以撤销。上诉人认为一审判决在判断此事上存在严重错误。本案中所罚款的事实本来是一个事实，却被认定成两个事实，是不正确的。

因此上诉人不服原判，特提出上诉，请求撤销原判，重新审理，依法改判，撤销被上诉人的行政处罚决定。

此致

××人民法院

上诉人：××医院
法定代表人：徐某
×年×月×日

附：本上诉状副本×份。
相关材料×份。

（五）特别提醒

1. 制作行政上诉状要求其上诉请求必须针对一审判决或者裁定中不当的部分提出，如原判决程序违法，要求撤销；证据不充分，要求改判等。

2. 行政上诉状必须在规定的期限内提出。超过期限，原判决或者裁定依法生效，当事人必须履行裁判的内容。

四、行政申诉状

（一）基本知识

1. 什么是行政申诉状？

行政申诉状是指行政诉讼当事人和法律规定的其他人，对人民法院已经发生法律效力的裁定或判决，认为有错误而向人民法院要求复查纠正的一种法律文书。

2. 行政申诉状包括哪些基本内容？

（1）首部

①标题：写“行政申诉状”。

②申诉人基本情况：申诉人是公民的，应当写明姓名、性别、出生年月日、民族、籍贯、职业（或工作单位和职务）、住址；申诉人是法人、其他组织的，应写明其名称、所在地址、法定代表人（或代表人）的姓名、职务和联系电话。

（2）案由

写明申诉人对哪个法院的什么裁判提出申诉。

（3）请求事项

提出请求法院撤销、变更原审裁判，进行再审，以纠正原审裁判不当。

（4）申诉事实与理由

写明客观事实、列出证据、针对原判认定事实的错误情形提出申辩。紧扣原审判决、裁定在适用法律方面的错误，进行辩驳、论证和纠正。

（5）尾部及附项

致送人民法院名称；申请人签名，申请人为法人或其他组织的，应加盖单位公章，并由其法定代表人签名；注明申请日期；附项附上相关证据及材料。

（二）法律依据

《中华人民共和国行政诉讼法》

第九十条　当事人对已经发生法律效力的判决、裁定，认为确有错误的，可以向上一级人民法院申请再审，但判决、裁定不停止执行。

（三）范本下载

行政申诉状

申诉人：

申诉人因____________一案，不服________人民法院______年____月____日（　）×行×字第____号行政判决（或裁定），现提出申诉。

请求事项：

____

事实与理由：

____

此致

________人民法院

申诉人：

年　月　日

附：原审判决书（或裁定书）____份。

（四）实例演示

某市场监管局以某医院在城市晚报做医疗广告系虚假宣传，损害消费者的权益为由，认定某医院所做的广告内容违反了《广告法》的规定，对某医院作出“罚款10000元”的处罚。同时，某市场监管局认为某医院未取得《医疗广告审查证明》而发布该医疗广告，违反了《医疗广告管理办法》的规定，对某医院作出“罚款10000元”的处罚。某医院认为某市场监管局的做法违反了《行政处罚法》的规定，行政行为明显不当。但某区人民法院经审理，认为某市场监管局的行政处罚决定并没有违反“一事不再罚”，对某市场监管局的行政处罚决定未予以撤销。某医院认为一审判决在认定事实上存在严重错误，提起了上诉。但二审法院经审理维持了一审判决，某医院仍不服，准备提起申诉。

行政申诉状

申诉人：××医院，住所地××县×街×号。法定代表人：徐某，职务：院长。

电话：××××××××。

申诉人因某市场监管局行政处罚纠纷一案，不服××市中级人民法院×年×月×日（××××）×行××字第××号的判决，依法提出申诉。

请求事项：

1. 撤销原审判决，依法重新审理。

2. 撤销某市场监管局的行政处罚决定。

事实与理由：

×年×月×日，被申诉人以申诉人在城市晚报做医疗广告系虚假宣传，损害消费者的权益为由，认定申诉人所做的广告内容违反了《中华人民共和国广告法》第四条第一款关于“广告不得含有虚假或者引人误解的内容，不得欺骗、误导消费者”的规定，根据《中华人民共和国广告法》第五十五条规定，对申诉人作出“罚款10000元”的处罚。同时，被申诉人认为申诉人未取得《医疗广告审查证明》而发布该医疗广告，违反了《医疗广告管理办法》第三条规定，根据《医疗广告管理办法》第二十二条规定，对申诉人作出“罚款10000元”的处罚。申诉人认为被申诉人的做法违反了《行政处罚法》第二十四条“对当事人的同一个违法行为，不得给予两次以上罚款的行政处罚”的规定，行政行为明显不当。

但某区人民法院经审理，认为被申诉人的行政处罚决定并没有违反“一事不再罚”，对被申诉人的行政处罚决定未予以撤销。申诉人认为一审判决在判断此事上存在严重错误，向某市中级人民法院提起了上诉，经审理，某市中级人民法院维持了一审判决。

申诉人不服，特提出申诉，请求重新审理，依法改判，撤销被申诉人的行政处罚决定。

此致

××省高级人民法院

申诉人：××医院

法定代表人：徐某

×年×月×日

附：原审判决书各1份。

（五）特别提醒

1. 行政申诉状不受时间限制，接受申诉状的机关是原审法院或上一级人民法院。

2. 申诉人不服原审法院的裁判，其申诉理由必须针对原判认定的事实和结论，将自己不服判的论点明确写出。

3. 应在摆出不服原判的论点后，充分运用事实论据进行说理、反驳及论证。论点与论据要一致，原因和结果、前提和结论要吻合。

五、停止执行行政行为申请书

（一）基本知识

1. 什么是停止执行行政行为申请书？

停止执行行政行为申请书是指在行政诉讼活动中，原告申请人民法院停止执行被告行政机关的行政行为（如行政罚款决定、吊销营业执照处罚决定、行政拘留决定等）的法律文书。

依照《行政诉讼法》的规定，通常情况下，在行政诉讼进行期间，不停止行政行为的执行。若原告申请停止执行，人民法院认为该行政行为的执行会造成难以弥补的损失，并且停止执行不损害国家利益、社会公共利益的，可以裁定停止执行。

2. 停止执行行政行为申请书包括哪些基本内容？

（1）首部

①标题：写“停止执行行政行为申请书”。

②申请人基本情况：申请人基本情况这一部分主要是申请人和被申请人的基本情况。申请人是公民的，应当写明姓名、性别、出生年月日、民族、籍贯、职业（或工作单位和职务）、住址；申请人是法人、其他组织的，应写明其名称、所在地址、法定代表人（或代表人）的姓名、职务和联系电话。

（2）申请事项

写明申请停止执行的行政行为的名称和内容。

（3）申请理由

该部分主要是陈述为何要申请停止所执行的行政行为，简要阐述其背后所依托的事实与理由。写明如行政行为付诸执行，则可能造成难以弥补的损失等。

（4）尾部及附项

致送人民法院名称；申请人签名，申请人为法人或其他组织的，应加盖单位公章，并由其法定代表人签名；注明申请日期；附项附上相关证据及材料。

（二）法律依据

《中华人民共和国行政诉讼法》

第五十六条　诉讼期间，不停止行政行为的执行。但有下列情形之一的，裁定停止执行：

（一）被告认为需要停止执行的；

（二）原告或者利害关系人申请停止执行，人民法院认为该行政行为的执行会造成难以弥补的损失，并且停止执行不损害国家利益、社会公共利益的；

（三）人民法院认为该行政行为的执行会给国家利益、社会公共利益造成重大损害的；

（四）法律、法规规定停止执行的。

当事人对停止执行或者不停止执行的裁定不服的，可以申请复议一次。

（三）范本下载

停止执行行政行为申请书

申请人：

被申请人：

申请事项：

申请理由：

此致

________人民法院

申请人：

年　月　日

附：相关证据材料。

（四）实例演示

周某与其所在的村民委员会签订了土地承包合同书，由申请人承包经营本村某某地的鱼塘。然而，县自然资源局要把土地出让给某有限公司使用，作为某项目的建设用地。省自然资源厅对县自然资源局的方案作出了批准。周某认为省自然资源厅的行为侵犯了其合法的鱼塘承包经营权，依法向法院提起行政诉讼。同时，周某认为征用土地这一行政行为的执行将给申请人造成无法弥补的损失，于是向法院提出停止执行行政行为的申请。

停止执行行政行为申请书

申请人：周某，男，汉族，×年×月×日出生，住××市××县×路×号，电话：×××××××××。

被申请人：××省自然资源厅，住所地：××省××市××区×路×号，法定代表人：何某，厅长。

申请事项：

裁定停止执行××省自然资源厅征用申请人承包经营的土地的行政行为。

申请理由：

×年×月×日，申请人周某与其所在的×××村民委员会签订了土地承包合同书，由申请人承包经营×××村某某地的鱼塘。×年×月×日，县自然资源局征用了申请人承包经营的鱼塘。然而，政府征用申请人承包经营的土地，并非出于公共利益的需要，而是要把土地出让给×××有限公司使用，作为某项目的建设用地。此外，根据《中华人民共和国土地管理法》《中华人民共和国土地管理法实施条例》的规定，征用农用地，必须履行农用地转用的审批手续。然而，××省自然资源厅以×自然资（建）（2018）×号文件批准了《××县人民政府征用土地方案》。××省自然资源厅的行为，侵犯了申请人合法的鱼塘承包经营权。为了维护申请人的合法权利，申请人已经依法向贵法院提起行政诉讼。

本案在起诉时，××县自然资源局已经根据省国土资源厅×自然资（建）（2018）×号文件，开始执行征地补偿等行政行为，申请人认为该行政行为的执行将给申请人造成无法弥补的损失，根据《中华人民共和国行政诉讼法》第五十六条的规定，特向贵院提出上述停止执行的请求事项，请贵院予以支持。

此致

××中级人民法院

申请人：周某

×年×月×日

（五）特别提醒

1. 根据我国《行政诉讼法》第五十六条的规定，诉讼期间，不停止行政行为的执行。但有下列情形之一的，裁定停止执行：（1）被告认为需要停止执行的；（2）原告或者利害关系人申请停止执行，人民法院认为该行政行为的执行会造成难以弥补的损失，并且停止执行不损害国家利益、社会公共利益的；（3）人民法院认为该行政行为的执行会给国家利益、社会公共利益造成重大损害的；（4）法律、法规规定停止执行的。

2. 行政主体认为需要停止执行的，在实践中，一般是行政主体自行停止，不需人民法院作出裁定。

3. 可以作出停止执行的机关是行政主体和人民法院。除人民法院和行政主体外，其他任何机关（包括其他行政机关）均无权停止行政主体行政行为的执行。

4. 被申请执行的行政行为有下列情形之一的，人民法院应当裁定不准予执行：（1）明显缺乏事实根据的；（2）明显缺乏法律依据的；（3）其他明显违法并损害被执行人合法权益的。

第八章　其他法律文书

一、控告信

（一）基本知识

1. 什么是控告信？

控告信是公民向有关单位呈交的，控诉某人侵犯其某项权利或对其进行某些违法犯罪行为，要求该单位为其做主，对被控告人进行惩治，还自己公道的文书。

在我国，控告是公民享有的重要权利和同违法犯罪行为作斗争的重要手段，也是刑事案件立案材料的主要来源。公民的控告权受我国宪法和其他法律的保护。

2. 控告信包括哪些基本内容？

（1）首部

①标题：写“控告信”。

②控告人基本情况：控告人基本情况这一部分主要是控告人和被控告人的基本情况。控告人是公民的，应当写明姓名、性别、出生年月日、民族、籍贯、职业（或工作单位和职务）、住址；控告人是法人、其他组织的，应写明其名称、所在地址、法定代表人（或代表人）的姓名、职务和联系电话。

（2）控告请求

这部分必须写得明确、具体。有多个请求的须分项列出。

（3）事实与理由

该部分主要是陈述因何事进行控告，实事求是地写明事件的来龙去脉，要求真、求实，言辞恳切。

（4）尾部及附项

致送机关名称；控告人签名，控告人为法人或其他组织的，应加盖单位公章，并由其法定代表人签名；注明控告日期；有附项的，附上相关证据及材料。

（二）法律依据

《中华人民共和国宪法》

第四十一条　中华人民共和国公民对于任何国家机关和国家工作人员，有提出批评和建议的权利；对于任何国家机关和国家工作人员的违法失职行为，有向有关国家机关提出申诉、控告或者检举的权利，但是不得捏造或者歪曲事实进行诬告陷害。

对于公民的申诉、控告或者检举，有关国家机关必须查清事实，负责处理。任何人不得压制和打击报复。

由于国家机关和国家工作人员侵犯公民权利而受到损失的人，有依照法律规定取得赔偿的权利。

《中华人民共和国刑事诉讼法》

第一百一十条第二款　被害人对侵犯其人身、财产权利的犯罪事实或者犯罪嫌疑人，有权向公安机关、人民检察院或者人民法院报案或者控告。

（三）范本下载

控　告　信

控告人：
被控告人：
控告请求：

____

事实与理由：

____

____

此致
××机关单位

控告人：
年　月　日

附：相关证据及材料。

（四）实例演示

孔某遭一犯罪团伙谋害未遂，却稀里糊涂地被一名公安民警常某进行了一顿刑讯逼供。事后，常某不但不赔礼道歉，反而态度非常蛮横。孔某咽不下这口气，决定写一封控告信。

控　告　信

控告人：孔某，男，×年×月×日出生，汉族，住所地：××市××区×路×号，电话：×××××××××。

被控告人：常某，男，××市××区××派出所公安民警。

控告请求：

1. 查清被控告人对控告人刑讯逼供的事实。

2. 要求被控告人向控告人赔礼道歉。

事实与理由：

2006年5月7日晚，我在××市××区××大街上闲逛，走到一僻静路口时，不知道怎么回事，身边一女的突然惊呼起来，说我刚刚对其非礼，还将其价值2万元的钻石项链抢走了，并奇迹般地从我口袋中翻出项链，把我弄得不知所措。我极力地辩解，不知从哪跑出一帮人将我团团围住。不一会儿，巡逻的警察听到动静赶了过来。警察将我带到××区××派出所。

××区××派出所公安民警常某不听我的辩解，只是让我交代犯罪经过。我一辩解，他就让我住嘴，还对我进行言语中伤，说我们这些无业游民整天正经事不干，总是偷鸡摸狗的，还说我们这种人有什么颜面活在这个世界上。我真的是百口莫辩，我没有什么罪行可承认的。常某见我不交代，脾气越来越大，拿烟头烫我的肚子，至今我的肚子上还有伤疤，他还将我铐在椅子背上，让我半蹲着，说什么时候招就什么时候放我。就此状态折磨了我一天。

后来，一居委会大妈前来证实说诬陷我的那个女的还有围住我的那帮人是一个敲诈勒索团伙，流窜作案多起，但他们极其狡猾，总是在警察眼前逃脱。而我正是当晚那个团伙想敲诈的对象。

我总算洗清了冤屈，走出了派出所。但常某就其刑讯逼供的行为始终未对我进行赔礼道歉，并且事后的态度还非常蛮横。

今天，我向××市××区公安局提出控告，期盼贵局能以人为本，查清常某对控告人刑讯逼供的事实，我不求赔偿，只要被控告人对我进行赔礼道歉，尊重我的人格就行。

此致

××市××区公安局

控告人：孔某

×年×月×日

（五）特别提醒

1. 陈述事实时一定要实事求是，切不可诬告、乱告。

2. 弄清楚致送的机关单位。

3. 有证据的，将证据以及证据的来源写清楚。

二、检举信

（一）基本知识

1. 什么是检举信？

检举信就是检举人向有关部门邮寄的，检举某些问题的书面材料。

通过信函的形式揭发检举违犯党纪国法的人并要求有关部门进行调查处理，这是人民群众参与党风廉政建设，同腐败行为进行斗争的重要手段，也是公民行使民主权利，依法参与管理国家事务的一种途径。

2. 检举信包括哪些基本内容？

（1）首部

写明受理举报的纪检监察部门的名称，被检举人的姓名、性别、职务、级别和政治面貌，被检举人所在单位的名称及亲属关系，被检举问题的性质等。

（2）正文

此部分内容是检举信的重点。写明被检举人违法违纪事实的具体情节和证据。例如，违法违纪事实发生的时间、地点，所涉及的相关单位和知情人，知情人的身份、单位和联系电话，相关的书证物证等。

（3）尾部

我们提倡署名举报，检举人应尽可能签署真实姓名并注明检举人的单位、地址、邮编及电话，以便受理部门联系。同时，还要注明写信的时间。此外，还应注明此问题是否向其他部门反映过及其处理情况，也可说明此次举报的具体要求。

（二）法律依据

《中华人民共和国宪法》

第四十一条　中华人民共和国公民对于任何国家机关和国家工作人员，有提出批评和建议的权利；对于任何国家机关和国家工作人员的违法失职行为，有向有关国家机关提出申诉、控告或者检举的权利，但是不得捏造或者歪曲事实进行诬告陷害。

对于公民的申诉、控告或者检举，有关国家机关必须查清事实，负责处理。任何人不得压制和打击报复。

由于国家机关和国家工作人员侵犯公民权利而受到损失的人，有依照法律规定取得赔偿的权利。

《中华人民共和国刑事诉讼法》

第一百一十条第一款　任何单位和个人发现有犯罪事实或者犯罪嫌疑人，有权利也有义务向公安机关、人民检察院或者人民法院报案或者举报。

（三）范本下载

对________问题的检举

×××机关（纪检监察部门的名称）：

被检举人：

事实与理由：

____

____

此致

×××机关

检举人：

年 月 日

（四）实例演示

赵某在本市×区××宾馆住宿时，发现了××区××派出所公安民警孙某受贿一事，为了不让良好的警察形象遭到亵渎，其决定向公安局检举此事。

对公安民警孙某受贿问题的检举

×××公安局领导：

您好，现在就我市×××区××派出所公安民警孙某受贿一事向您做出检举。

被检举人：孙某，男，汉族，住所地：××市××县×路×号，××市××区××派出所公安民警。

2008年9月21日晚8时左右，我在本市××区××宾馆住宿，忽然听到大厅处有吵架声，我生性好看热闹，索性出去看看。我来到大厅，发现有两名警察在和一帮人争论着什么，听旁人说好像是此宾馆查出了卖淫嫖娼之事。不久，宾馆的经理出来了，将两名警察中的其中一位（即孙某）叫走了。我很好奇，装作没事人一样跟着他们，发现他们进了一个房间，当时房间的门没有关紧，我看到经理将一枚很大的金戒指送给了孙某，并称要孙某多多关照，睁一只眼闭一只眼。孙某接过戒指，戴在自己手上试，一边试一边点头。那经理说这戒指是限量版的，是他花了6万元买下来的，很珍贵，也很值得收藏。后来，我恐被人发现，快速地离开了。我向来就憎恨执法人员知法犯法之事，今遇见这样的事，我愤恨不已，我知道凡事都要讲证据，于是我在听他们讲话的时候偷偷用手机录了音。

现在，我将此情况向您做出汇报，希望您为我们的公安民警队伍扫清蛀虫，不要让我们树立起来的良好的警察形象遭到亵渎。关于此事的证据，我已整理到一张光盘上，一并随信呈上。

此致

×××公安局

检举人：赵某

电话：××××××××

×年×月×日

（五）特别提醒

1. 检举信最好有个标题。比如“对某某受贿问题的检举”等，这样可使举报信的内容一目了然。

2. 在介绍案情时，不要把自己主观上的怀疑、推测和真实情况混在一起写，不要随意夸大，更不能无中生有。

3. 掌握证据的，将证据写清楚，并说明来源。

三、行政复议申请书

（一）基本知识

1. 什么是行政复议申请书？

行政复议申请书是作为行政管理相对人的公民、法人或者其他组织，因行政机关的具体行政行为直接侵犯其合法权益而向有管辖权的行政机关申请复议时提交的，据以引起行政复议程序发生的法律文书。

2. 行政复议申请书包括哪些基本内容？

（1）首部

①标题：写“行政复议申请书”。

②申请人基本情况：申请人基本情况这一部分主要是申请人和被申请人的基本情况。申请人是公民的，应当写明姓名、性别、出生年月日、民族、籍贯、职业（或工作单位和职务）、住址；申请人是法人、其他组织的，应写明其名称、所在地址、法定代表人（或代表人）的姓名、职务和联系电话。有权申请复议的公民为无民事行为能力人或者限制民事行为能力人的，应写明其法定代理人的基本情况。委托律师代为申请复议的，应写明代理律师的姓名及其所在律师事务所的名称。被申请人的基本情况包括被申请人的名称和详细地址等。

（2）正文

①复议书中应写明申请人知道行政机关作出具体行政行为的日期和争议的具体行政行为。写明申请复议的目的、要求，即明确提出撤销、变更或者在一定期限内履行

具体行政行为。

如：撤销卫生防疫站×字第×号罚款5000元的处罚决定、变更税务局×字第×号罚款10000元的处罚决定。

②事实与理由。此部分是行政复议申请书的核心部分。应客观地陈述引起具体行政行为的全部案件事实，指出被申请人作出具体行政行为时所认定的事实与客观情况不符之处，并列举出有关的证据材料，有证人的，还应写明证人的姓名、职业和住址。最后在概括事实的基础上，援引有关法律法规论证复议请求的合法性。

（3）尾部及附项

致送复议机关名称；申请人签名，申请人为法人或其他组织的，应加盖单位公章，并由其法定代表人签名；注明申请日期；附项中应写明提交的申请书副本的份数和证据的份数。

（二）法律依据

《中华人民共和国行政复议法》

第六条　有下列情形之一的，公民、法人或者其他组织可以依照本法申请行政复议：

（一）对行政机关作出的警告、罚款、没收违法所得、没收非法财物、责令停产停业、暂扣或者吊销许可证、暂扣或者吊销执照、行政拘留等行政处罚决定不服的；

（二）对行政机关作出的限制人身自由或者查封、扣押、冻结财产等行政强制措施决定不服的；

（三）对行政机关作出的有关许可证、执照、资质证、资格证等证书变更、中止、撤销的决定不服的；

（四）对行政机关作出的关于确认土地、矿藏、水流、森林、山岭、草原、荒地、滩涂、海域等自然资源的所有权或者使用权的决定不服的；

（五）认为行政机关侵犯合法的经营自主权的；

（六）认为行政机关变更或者废止农业承包合同，侵犯其合法权益的；

（七）认为行政机关违法集资、征收财物、摊派费用或者违法要求履行其他义务的；

（八）认为符合法定条件，申请行政机关颁发许可证、执照、资质证、资格证等证书，或者申请行政机关审批、登记有关事项，行政机关没有依法办理的；

（九）申请行政机关履行保护人身权利、财产权利、受教育权利的法定职责，行政机关没有依法履行的；

（十）申请行政机关依法发放抚恤金、社会保险金或者最低生活保障费，行政机关没有依法发放的；

（十一）认为行政机关的其他具体行政行为侵犯其合法权益的。

（三）范本下载

行政复议申请书

申请人：

被申请人：

申请人因不服被申请人______年____月____日作出的________具体行政行为，向________机关提出复议申请，要求________。

事实及理由：

____

____

此致

（受理复议申请的行政机关）

申请人：

年　月　日

附：1. 申请书副本____份。

2. 证据____份。

（四）实例演示

童某开了一个某体育品牌产品的专卖店，一日，县市场监管局的工作人员来童某的店查访，认为她的店所卖的运动服是仿品。于是，吊销了其店的营业执照。童某不服，向市市场监管局提出了行政复议申请。

行政复议申请书

申请人：童某，女，×年×月×日出生，汉族，个体工商户，住所地：××市××县×路×号，电话：×××××××××。

被申请人：××省××县市场监管局，地址：××市××县×路×号，法定代表人：何某，局长。

申请人因不服被申请人×年×月×日作出的吊销营业执照这一具体行政行为，特向贵单位提出复议申请，要求撤销对申请人作出吊销营业执照的行政处罚。事实及理由如下：

申请人于×年×月×日注册为个体工商户，专门经营某体育品牌的运动类产品。×年×月×日，××县市场监管局的工作人员来我店查访，认为我店所卖的运动服是仿品，我争辩无效。于是，×年×月×日，××县市场监管局以销售假冒品牌运动服为由，以×工字第×号决定书对申请人作出吊销营业执照的行政处罚。我店所卖的运动类产品均为正规渠道所购进，有买卖合同、收货单、发票等为证。但县市场监管局不听我申辩，吊销我店营业执照，我不服，特向贵单位提出复议申请，请求撤销对申请人的行政处罚，还我一个公道。

此致

××市市场监管局

申请人：童某

×年×月×日

附：1. 申请书副本×份。

2. 证据×份。

（五）特别提醒

根据我国《行政复议法》的规定，提起行政复议申请应符合下列条件：

（1）申请人应当是认为具体行政行为直接侵犯其合法权益的公民、法人或者其他组织。

（2）应当有明确的被申请人。

（3）应当有具体的复议请求和事实依据。

（4）应当属于《行政复议法》规定的行政复议受理范围。

（5）应当在法定期限内申请复议。

根据《行政复议法》第十一条的规定，申请人申请行政复议可以采用书面形式也可以采用口头形式。采用书面形式的，应当向复议机关提交行政复议申请书。复议机关经审查认为符合条件的予以受理，行政复议程序正式启动。

四、撤回行政复议申请书

（一）基本知识

1. 什么是撤回行政复议申请书？

撤回行政复议申请书是指行政复议申请人在依法申请行政复议后，复议机关作出复议决定之前，基于某种原因向复议机关撤回复议请求的书面申请。

2. 撤回行政复议申请书包括哪些基本内容？

（1）首部

①标题：写“撤回行政复议申请书”。

②申请人基本情况：申请人基本情况这一部分主要是申请人和被申请人的基本情况。申请人是公民的，应当写明姓名、性别、出生年月日、民族、籍贯、职业（或工作单位和职务）、住址；申请人是法人、其他组织的，应写明其名称、所在地址、法定

代表人（或代表人）的姓名、职务和联系电话。

（2）正文

先写明案由和申请复议的时间等，然后提出撤回复议申请的请求及相应的事实和理由。其中，撤回申请的理由可简明扼要、言简意赅。

（3）尾部及附项

致送复议机关的名称；申请人签名，申请人为法人或其他组织的，应加盖单位公章，并由其法定代表人签名；注明申请日期；附项附上相关证据及材料。

（二）法律依据

《中华人民共和国行政复议法》

第二十五条　行政复议决定作出前，申请人要求撤回行政复议申请的，经说明理由，可以撤回；撤回行政复议申请的，行政复议终止。

（三）范本下载

撤回行政复议申请书

申请人：

被申请人：

申请人因不服________一案，于______年____月____日向________申请复议，现请求撤回复议申请。其理由如下：

____

请予批准。

此致

________（复议机关的名称）

申请人：

年　月　日

附：相关证据材料。

（四）实例演示

童某所经营的门市因涉嫌经营假冒的汽车防冻液被某县市场监管局吊销了营业执照。童某不服，向市市场监管局提出了行政复议申请。后县市场监管局委托县质量技术监督局对该批防冻液作了抽样鉴定，鉴定结果证明该批防冻液为质量合格的真品。县市场监管局遂向童某道歉，并于当天将营业执照返还给童某。童某决定申请撤回行政复议。

撤回行政复议申请书

申请人：童某，女，×年×月×日出生，汉族，个体工商户，住所地：××市×

×县×路×号，电话：×××××××××。

被申请人：××县市场监管局，地址：××市××县×路×号。

申请人因不服××省××县市场监管局吊销营业执照决定一案，于×年×月×日向××市市场监管局申请复议，现请求撤回复议申请。其理由如下：

×年×月×日，××县市场监管局以申请人销售假汽车防冻液为由，以×工字第×号决定书对申请人作出吊销营业执照的行政处罚。申请人不服，向××市市场监管局申请行政复议。在申请人提出复议申请后，××县市场监管局委托××县质量技术监督局对该批防冻液作了抽样鉴定，鉴定结果证明该批防冻液为质量合格的真品。××县市场监管局遂于×年×月×日向申请人道歉，并于当天将营业执照返还给申请人。鉴于被申请人已正式撤销了原处罚决定，并已将营业执照返还给申请人，因此特申请撤回复议申请。以上请求，请予以审查决定。

此致

××省××市市场监管局

申请人：童某

×年×月×日

（五）特别提醒

1. 撤回行政复议的申请人一般为拟被撤回行政复议的申请人。也就是说，原来提出行政复议的申请人不想再申请行政复议了，想把行政复议撤回，因此，二者的申请人应该是一致的。

2. 撤回申请的理由一定要具体、明确，不能一带而过不写实际理由，更不可虚构事实。此外，该理由部分一般会将原行政复议事项的处理结果简要写出，以表明事情得到了平息，或者是行政相对人得到了使自己信服的结果。

3. 有相关证件材料的，勿忘一并随申请书附上。

五、行政赔偿申请书

（一）基本知识

1. 什么是行政赔偿申请书？

行政赔偿是指行政主体违法实施行政行为，侵犯相对人（相对人即为行政行为所针对的人）合法权益造成损害时由国家承担的一种赔偿责任。行政主体往往具体化为有关的行政人员。没有行政主体，就不能构成行政赔偿。司法机关作为司法权主体、行政机关作为机关法人、行政人员作为公民等而引起的赔偿，都不是行政赔偿。而相对人向有关机关递交的申请作出赔偿的文书即为行政赔偿申请书。

2. **行政赔偿申请书包括哪些基本内容？**

（1）首部

①标题：写“行政赔偿申请书”。

②申请人基本情况：受害人为自然人的，应当写明姓名、性别、年龄、工作单位和住所；如果是受害人的继承人、法定代理人或者与受害人有扶养关系的亲属行使请求权时，还应载明继承人、法定代理人、有扶养关系的亲属的姓名、性别、年龄、工作单位、住所，以及与受害人的关系。受害人为法人或者其他组织的，应当写明法人或者其他组织的名称、住所和法定代表人或者主要负责人的姓名、职务。

③被申请人（赔偿义务机关）：明示赔偿请求是向哪一个机关提出的。

（2）请求事项

这部分必须写得明确、具体。有多个请求的须分项列出。包括要求赔偿的方式（返还财产、恢复原状、给付赔偿金等方式）、支付赔偿金的具体金额等。

（3）事实与理由

该部分主要是陈述某机关单位及其工作人员违法行使职权的事实、违法行为发生的时间和经过、赔偿请求人的人身和财产权利因违法行为的侵害受到损害的事实、具体的受损情况等。

（4）尾部及附项

致送被申请的行政机关名称；申请人签名，申请人为法人或其他组织的，应加盖单位公章，并由其法定代表人签名；注明申请日期；附项附上相关证据及材料。

（二）法律依据

《中华人民共和国国家赔偿法》

第三条　行政机关及其工作人员在行使行政职权时有下列侵犯人身权情形之一的，受害人有取得赔偿的权利：

（一）违法拘留或者违法采取限制公民人身自由的行政强制措施的；

（二）非法拘禁或者以其他方法非法剥夺公民人身自由的；

（三）以殴打、虐待等行为或者唆使、放纵他人以殴打、虐待等行为造成公民身体伤害或者死亡的；

（四）违法使用武器、警械造成公民身体伤害或者死亡的；

（五）造成公民身体伤害或者死亡的其他违法行为。

第四条　行政机关及其工作人员在行使行政职权时有下列侵犯财产权情形之一的，受害人有取得赔偿的权利：

（一）违法实施罚款、吊销许可证和执照、责令停产停业、没收财物等行政处罚的；

（二）违法对财产采取查封、扣押、冻结等行政强制措施的；

（三）违法征收、征用财产的；

（四）造成财产损害的其他违法行为。

第十二条　要求赔偿应当递交申请书，申请书应当载明下列事项：

（一）受害人的姓名、性别、年龄、工作单位和住所，法人或者其他组织的名称、住所和法定代表人或者主要负责人的姓名、职务；

（二）具体的要求、事实根据和理由；

（三）申请的年、月、日。

赔偿请求人书写申请书确有困难的，可以委托他人代书；也可以口头申请，由赔偿义务机关记入笔录。

赔偿请求人不是受害人本人的，应当说明与受害人的关系，并提供相应证明。

赔偿请求人当面递交申请书的，赔偿义务机关应当当场出具加盖本行政机关专用印章并注明收讫日期的书面凭证。申请材料不齐全的，赔偿义务机关应当当场或者在五日内一次性告知赔偿请求人需要补正的全部内容。

（三）范本下载

行政赔偿申请书

申请人：
申请事项：____
申请事由：____
此致
________行政机关

申请人：
年　月　日

附：相关证据材料。

（四）实例演示

刘某是某门面房的业主，某市市场发展服务中心占用该门面房门口处2米的地方搭建了一彩钢瓦房，严重干扰了其门面房的正常营业。刘某向某市城市规划局提出投诉。规划局久久未予答复。后刘某向某市人民政府提请行政复议。×年×月×日，某市人民政府作出（××××）第××5号行政复议决定书，并责令某市城市规划局于90日内对某北路彩钢瓦房作出处理。但是某市城市规划局在90日届满后仍然拒绝履行其法定职责，该行政不作为对申请人的财产造成了巨大的损害，刘某为维护自己的合法权益，申请了行政赔偿。

行政赔偿申请书

申请人：刘某，男，35 岁，汉族，住所地：××市××县×路×号，电话：×××××××××。

被申请人（赔偿义务机关）：××市城市规划局。

申请事项：申请××市城市规划局就其行政违法行为给申请人造成的财产损失，赔偿申请人人民币 20000 元。

事实和理由：申请人是××市××区××号某门面房的业主，某市市场发展服务中心占用该门面房门口处 2 米的地方搭建了一彩钢瓦房，严重干扰了申请人门面房的正常营业。而且经申请人于×年×月×日向被申请人查询得知，该建筑属于没有取得《建设工程规划许可证》的情况下开工建设的违法建筑物。于是，申请人于×年×月×日向被申请人提出投诉。被申请人久久未予答复。后申请人向某市人民政府提请行政复议。×年×月×日，某市人民政府作出（××××）第××5 号行政复议决定书，认为：被申请人应当依法受理申请人的投诉并根据相关法律、法规对未取得《建设工程规划许可证》和《临时用地规划许可证》而建成的某北路的彩钢瓦房于 90 日内作出处理。但是某市城市规划局在 90 日届满后仍然拒绝履行其法定职责，该行政不作为对申请人的财产造成了巨大的损害！为维护申请人的合法权益，特依《中华人民共和国国家赔偿法》第九条的规定向贵单位（赔偿义务机关）提起行政赔偿申请。

此致

××市城市规划局

申请人：刘某
×年×月×日

（五）特别提醒

1. 如果赔偿请求人书写申请书确有困难的，可以委托他人代为书写赔偿申请书，最后由本人签名或者盖章、画押，以示承认；赔偿请求人也可以直接到赔偿义务机关口头要求赔偿，赔偿义务机关应当制作《行政赔偿口头申请记录》，记录其请求内容，并当场交由赔偿请求人签名或者盖章、画押确认，同样具有正式提出赔偿请求的法律效力。

2. 赔偿请求人根据受到的不同损害，可以同时提出数项赔偿要求。

3. 提交申请的时间关系到赔偿请求人提出赔偿申请是否符合法定期限的要求、赔偿义务机关的处理时限等。

六、破产申请书

（一）基本知识

1. 什么是破产申请书？

破产申请书，是当债务人（包括自然人和法人）的全部财产不能清偿债务时，当事人或利害关系人请求法院宣告债务人破产而呈递的文书。

2. 破产申请书包括哪些基本内容？

在破产申请书中应写明下列事项：

（1）首部

①标题：写“债务人（或债权人）破产申请书”。

②申请人基本情况：写明法人、非法人团体的基本情况及其法定代表人的基本情况。如应写明其名称、所在地址、法定代表人（或代表人）的姓名、职务和联系电话。

（2）正文

①申请事项。申请××公司破产。

②事实和理由。该部分主要是陈述为何要对某公司申请破产，简要阐述申请破产的原因，其中，事实和理由都要写清楚、透彻。债务人申请破产还债的，则应当写明：企业情况、经营情况、欠债情况、破产还债，已征得企业上级主管部门或政府授权部门的同意。债权人申请破产还债的，事实部分则应当写明：债权债务形成情况、讨债情况。

③证据与证据来源。申请人应当写明债权债务形成情况和讨债情况，表明被申请人资不抵债，已达破产条件。

（3）尾部及附项

致送人民法院名称，申请人签名盖章，注明申请日期，附项附上相关证据及材料。

（二）法律依据

《中华人民共和国企业破产法》

第八条　向人民法院提出破产申请，应当提交破产申请书和有关证据。

破产申请书应当载明下列事项：

（一）申请人、被申请人的基本情况；

（二）申请目的；

（三）申请的事实和理由；

（四）人民法院认为应当载明的其他事项。

债务人提出申请的，还应当向人民法院提交财产状况说明、债务清册、债权清册、有关财务会计报告、职工安置预案以及职工工资的支付和社会保险费用的缴纳情况。

（三）范本下载

债务人破产申请书

申请人：名称：____________　　　　住所地：____________
法定代表人：姓名：____________　　职　务：____________
申请事项：申请____________公司破产。
事实与理由：____
____

此致
________人民法院

申请人：
年　月　日

债权人破产申请书

申请人：名称：____________　　　　住所地：____________
法定代表人：姓名：____________　　职　务：____________
被申请人：名称：____________　　　住所地：____________
法定代表人：姓名：____________　　职　务：____________
申请事项：申请________公司破产。
事实与理由：____
____

此致
________人民法院

申请人：
年　月　日

（四）实例演示

某机电公司现在已经处于停业的状态，拖欠债务高达百万元。某信用社作为债权人之一，拥有其到期债权共计26万元，该信用社打算向法院申报某机电公司破产还债。

债权人破产申请书

申请人：某信用社　　　　　　住所地：××市××县×路×号
法定代表人：刘某　　　　　　职　务：主任
被申请人：某机电公司　　　　住所地：××市××县×路×号

法定代表人：张某　　　　　　　职　务：董事长

申请事项：申请某机电公司破产。

事实与理由：

被申请人于×年×月×日向我信用社申请贷款20万元，用于解决生产问题和发放工人工资和福利问题，贷款期限为6个月。时至今日，已经过去了10个月，经多次催讨，被申请人仍未还清贷款。据了解，被申请人现在已经处于停业的状态，并且拖欠其他债务高达百万元。并且，被申请人目前的资产仅为10多万元，显而易见，被申请人已经资不抵债。根据我国《企业破产法》之有关规定，特向贵院申请债务人破产还债，并申报债权共计人民币26万元。

此致

×××人民法院

申请人：某信用社

法定代表人：刘某

×年×月×日

附：相关证据材料×份。

（五）特别提醒

1. 根据我国法律规定，只有债权人和债务人才是合格的破产申请人。因此，破产案件的申请分为两类：债权人申请和债务人申请。

2. 债务人申请破产还债的，应当提供的材料有：企业亏损情况的说明、会计报表、企业财产状况明细表和有形财产的处所；债权清册和债务清册（包括债权人和债务人名单、住所、开户银行、债权债务发生的时间、债权债务数额，有无争议等）；破产企业上级主管部门或者政府部门同意其申请破产的意见；人民法院认为依法应当提供的其他材料。

3. 债权人申请破产还债的，应当提供的材料有：债权发生事实的有关证据；债权性质、数额的证明材料；债权有无财产担保，有财产担保的，应当提供证据；债务人不能清偿到期债务的有关证据；等等。

七、劳动仲裁申请书

（一）基本知识

1. 什么是劳动仲裁申请书？

劳动仲裁申请书是指劳动争议当事人认为自己的权利受到侵害，要求劳动仲裁机关予以维护时，就劳动争议事项提出仲裁请求的法律文书，也是劳动仲裁机关立案的依据和凭证。

2. 劳动仲裁申请书包括哪些基本内容?

(1) 首部

①标题：写"劳动仲裁申请书"。

②申请人基本情况：申请人基本情况这一部分主要是申请人和被申请人的基本情况。自然人应当写明姓名、性别、出生年月日、民族、籍贯、职业（或工作单位和职务)、住址；法人、其他组织应写明其名称、所在地址、法定代表人（或代表人）的姓名、职务和联系电话。

(2) 请求事项

明确写出当事人请求劳动仲裁机构予以评断、解决的具体事项。有多个请求的须分项列出。

(3) 事实与理由

该部分主要是陈述为何要申请劳动仲裁，阐述具体的事实情况。其中，事实和理由都要写清楚、透彻。

另外，在事实与理由之后，如有证据，则要写明提请仲裁所依据的证据的名称、来源、证据线索，证人的姓名、地址。

(4) 尾部及附项

致送仲裁委员会名称；申请人签名，申请人为法人或其他组织的，应加盖单位公章，并由其法定代表人签名；注明申请日期；附项附上相关证据及材料。

(二) 法律依据

《中华人民共和国劳动争议调解仲裁法》

第十五条　达成调解协议后，一方当事人在协议约定期限内不履行调解协议的，另一方当事人可以依法申请仲裁。

第二十七条　劳动争议申请仲裁的时效期间为一年。仲裁时效期间从当事人知道或者应当知道其权利被侵害之日起计算。

前款规定的仲裁时效，因当事人一方向对方当事人主张权利，或者向有关部门请求权利救济，或者对方当事人同意履行义务而中断。从中断时起，仲裁时效期间重新计算。

因不可抗力或者有其他正当理由，当事人不能在本条第一款规定的仲裁时效期间申请仲裁的，仲裁时效中止。从中止时效的原因消除之日起，仲裁时效期间继续计算。

劳动关系存续期间因拖欠劳动报酬发生争议的，劳动者申请仲裁不受本条第一款规定的仲裁时效期间的限制；但是，劳动关系终止的，应当自劳动关系终止之日起一年内提出。

第二十八条　申请人申请仲裁应当提交书面仲裁申请，并按照被申请人人数提交副本。

仲裁申请书应当载明下列事项：

（一）劳动者的姓名、性别、年龄、职业、工作单位和住所，用人单位的名称、住所和法定代表人或者主要负责人的姓名、职务；

（二）仲裁请求和所根据的事实、理由；

（三）证据和证据来源、证人姓名和住所。

书写仲裁申请确有困难的，可以口头申请，由劳动争议仲裁委员会记入笔录，并告知对方当事人。

（三）范本下载

劳动仲裁申请书

申请人：
被申请人：
仲裁请求：

____

事实与理由：____

（证据和证据来源，证人姓名和住址）

____

此致

________劳动争议仲裁委员会

申请人：
年 月 日

附：1. 申请书副本×份。
2. 证据×件。

（四）实例演示

孙某是一家公司的员工，自其2014年5月6日进入公司工作，公司就未依法为其办理各项社会保险，其多次要求均被拒绝。后公司要求孙某自己每月支付400元，以为其办理保险之用。孙某拒绝了此违法要求。月底，孙某被开除。于是为维护自身合法权益，孙某提起劳动仲裁。

劳动仲裁申请书

申请人：孙某，女，×年×月×日出生，汉族，住所地：××市××县×路×号，电话：×××××××××。

被申请人：×××有限责任公司，地址：××市××县×路×号；

法定代表人：王某，男，董事长；联系电话：×××××××××。

仲裁请求：

1. 裁令被申请人支付申请人经济补偿金7000元；

2. 裁令被申请人因违法解除劳动合同而应支付申请人赔偿金12000元；

3. 裁令被申请人按社会保险经办机构规定的缴费比例补办补缴申请人2014年5月至2016年7月养老保险、医疗保险及失业保险，若补办补缴不能，则一次性赔偿申请人5000元。

事实与理由：

申请人于2014年5月6日进入被申请人处工作。在工作期间，被申请人未依法为申请人办理各项社会保险。申请人多次要求被申请人为其办理各项社会保险，被申请人一直拒绝。2016年7月，被申请人要求申请人自己每月支付400元，以为申请人办理保险之用。申请人拒绝了被申请人的违法要求。同月29日，被申请人以申请人拒绝其违法要求为由将申请人开除。

现申请人为维护自身合法权益，特向贵委依法提起仲裁。恳请贵委依法裁决。

此致

×××劳动争议仲裁委员会

申请人：孙某

×年×月×日

附：申请书副本1份。

（五）特别提醒

1. 仲裁请求应逐项写明具体要求，有金钱给付请求的应有明确金额。

2. 写明事实和理由时，应叙述双方发生劳动争议的时间、地点、原因、事件、方式、手段和后果等，要把引发双方发生劳动争议的关键性事实交代清楚。

3. 副本份数，应按被申请人人数提交。

八、劳动合同

（一）基本知识

1. 什么是劳动合同？

劳动合同，是劳动者与用人单位之间建立劳动关系，规定各方权利义务关系的合同。劳动合同的当事人是特定的，即劳动者和用人单位。签订劳动合同要采用书面形式。

2. 劳动合同包括哪些基本内容？

劳动合同应当具备以下条款：

（1）用人单位的名称、住所和法定代表人或者主要负责人；
（2）劳动者的姓名、住址和居民身份证或者其他有效身份证件号码；
（3）劳动合同期限；
（4）工作内容和工作地点；
（5）工作时间和休息休假；
（6）劳动报酬；
（7）社会保险；
（8）劳动保护、劳动条件和职业危害防护；
（9）法律、法规规定应当纳入劳动合同的其他事项。

此外，劳动合同除前款规定的必备条款外，用人单位与劳动者还可以约定试用期、培训、保守秘密、补充保险和福利待遇等其他事项。

（二）法律依据

《中华人民共和国劳动合同法》

第十条　建立劳动关系，应当订立书面劳动合同。

已建立劳动关系，未同时订立书面劳动合同的，应当自用工之日起一个月内订立书面劳动合同。

用人单位与劳动者在用工前订立劳动合同的，劳动关系自用工之日起建立。

（三）范本下载

劳动合同（通用）①

甲方（用人单位）：______________________________
统一社会信用代码：______________________________
法定代表人（主要负责人）或委托代理人：______________________________
注册地：______________________________
经营地：______________________________
联系电话：______________________________

乙方（劳动者）：______________________________
居民身份证号码：______________________________
（或其他有效证件名称________证件号：__________）
户籍地址：______________________________

① 人力资源和社会保障部发布。

经常居住地（通信地址）：____
联系电话：____

根据《中华人民共和国劳动法》《中华人民共和国劳动合同法》等法律法规政策规定，甲、乙双方遵循合法、公平、平等自愿、协商一致、诚实信用的原则订立本合同。

一、劳动合同期限

第一条　甲、乙双方自用工之日起建立劳动关系，双方约定按下列第______种方式确定劳动合同期限：

1. 固定期限：自____年____月____日起至____年____月____日止，其中，试用期从用工之日起至____年____月____日止。

2. 无固定期限：自____年____月____日起至依法解除、终止劳动合同时止，其中，试用期从用工之日起至____年____月____日止。

3. 以完成一定工作任务为期限：自____年____月____日起至工作任务完成时止。甲方应当以书面形式通知乙方工作任务完成。

二、工作内容和工作地点

第二条　乙方工作岗位是__________________________，岗位职责为________________________________。乙方的工作地点为__________________________。

乙方应爱岗敬业、诚实守信，保守甲方商业秘密，遵守甲方依法制定的劳动规章制度，认真履行岗位职责，按时保质完成工作任务。乙方违反劳动纪律，甲方可依据依法制定的劳动规章制度给予相应处理。

三、工作时间和休息休假

第三条　根据乙方工作岗位的特点，甲方安排乙方执行以下第______种工时制度：

1. 标准工时工作制。每日工作时间不超过 8 小时，每周工作时间不超过 40 小时。由于生产经营需要，经依法协商后可以延长工作时间，一般每日不得超过 1 小时，特殊原因每日不得超过 3 小时，每月不得超过 36 小时。甲方不得强迫或者变相强迫乙方加班加点。

2. 依法实行以________为周期的综合计算工时工作制。综合计算周期内的总实际工作时间不应超过总法定标准工作时间。甲方应采取适当方式保障乙方的休息休假权利。

3. 依法实行不定时工作制。甲方应采取适当方式保障乙方的休息休假权利。

第四条　甲方安排乙方加班的，应依法安排补休或支付加班工资。

第五条　乙方依法享有法定节假日、带薪年休假、婚丧假、产假等假期。

四、劳动报酬

第六条　甲方采用以下第______种方式向乙方以货币形式支付工资，于每月

______日前足额支付：

1. 月工资________元。

2. 计件工资。计件单价为______________________，甲方应合理制定劳动定额，保证乙方在提供正常劳动情况下，获得合理的劳动报酬。

3. 基本工资和绩效工资相结合的工资分配办法，乙方月基本工资______元，绩效工资计发办法为________________________________。

4. 双方约定的其他方式________________________________。

第七条 乙方在试用期期间的工资计发标准为______________或_________元。

第八条 甲方应合理调整乙方的工资待遇。乙方从甲方获得的工资依法承担的个人所得税由甲方从其工资中代扣代缴。

五、社会保险和福利待遇

第九条 甲、乙双方依法参加社会保险，甲方为乙方办理有关社会保险手续，并承担相应社会保险义务，乙方应当缴纳的社会保险费由甲方从乙方的工资中代扣代缴。

第十条 甲方依法执行国家有关福利待遇的规定。

第十一条 乙方因工负伤或患职业病的待遇按国家有关规定执行。乙方患病或非因工负伤的，有关待遇按国家有关规定和甲方依法制定的有关规章制度执行。

六、职业培训和劳动保护

第十二条 甲方应对乙方进行工作岗位所必需的培训。乙方应主动学习，积极参加甲方组织的培训，提高职业技能。

第十三条 甲方应当严格执行劳动安全卫生相关法律法规规定，落实国家关于女职工、未成年工的特殊保护规定，建立健全劳动安全卫生制度，对乙方进行劳动安全卫生教育和操作规程培训，为乙方提供必要的安全防护设施和劳动保护用品，努力改善劳动条件，减少职业危害。乙方从事接触职业病危害作业的，甲方应依法告知乙方工作过程中可能产生的职业病危害及其后果，提供职业病防护措施，在乙方上岗前、在岗期间和离岗时对乙方进行职业健康检查。

第十四条 乙方应当严格遵守安全操作规程，不违章作业。乙方对甲方管理人员违章指挥、强令冒险作业，有权拒绝执行。

七、劳动合同的变更、解除、终止

第十五条 甲、乙双方应当依法变更劳动合同，并采取书面形式。

第十六条 甲、乙双方解除或终止本合同，应当按照法律法规规定执行。

第十七条 甲、乙双方解除终止本合同的，乙方应当配合甲方办理工作交接手续。甲方依法应向乙方支付经济补偿的，在办结工作交接时支付。

第十八条 甲方应当在解除或终止本合同时，为乙方出具解除或者终止劳动合同的证明，并在15日内为乙方办理档案和社会保险关系转移手续。

八、双方约定事项

第十九条 乙方工作涉及甲方商业秘密和与知识产权相关的保密事项的，甲方可以与乙方依法协商约定保守商业秘密或竞业限制的事项，并签订保守商业秘密协议或竞业限制协议。

第二十条　甲方出资对乙方进行专业技术培训，要求与乙方约定服务期的，应当征得乙方同意，并签订协议，明确双方权利义务。

第二十一条　双方约定的其他事项：____

____。

九、劳动争议处理

第二十二条　甲、乙双方因本合同发生劳动争议时，可以按照法律法规的规定，进行协商、申请调解或仲裁。对仲裁裁决不服的，可以依法向有管辖权的人民法院提起诉讼。

十、其他

第二十三条　本合同中记载的乙方联系电话、通信地址为劳动合同期内通知相关事项和送达书面文书的联系方式、送达地址。如发生变化，乙方应当及时告知甲方。

第二十四条　双方确认：均已详细阅读并理解本合同内容，清楚各自的权利、义务。本合同未尽事宜，按照有关法律法规和政策规定执行。

第二十五条　本合同双方各执一份，自双方签字（盖章）之日起生效，双方应严格遵照执行。

甲方（盖章）　　　　　　　　　　　　乙方（签字）
法定代表人（主要负责人）
或委托代理人（签字或盖章）

年　　月　　日　　　　　　　　　　　年　　月　　日

附件1

续订劳动合同

经甲、乙双方协商同意，续订本合同。

一、甲、乙双方按以下第______种方式确定续订合同期限：

1. 固定期限：自______年______月______日起至______年______月______日止。

2. 无固定期限：自______年______月______日起至依法解除或终止劳动合同时止。

二、双方就有关事项约定如下：

1. ____；

2. ____；

3. ____。

三、除以上约定事项外，其他事项仍按照双方于____年____月____日签订的劳动合同中的约定继续履行。

甲方（盖章）　　　　　　　　　　　　　　乙方（签字）
法定代表人（主要负责人）
或委托代理人（签字或盖章）

年　　月　　日　　　　　　　　　　　　　年　　月　　日

附件 2

变更劳动合同

一、经甲、乙双方协商同意，自____年____月____日起，对本合同作如下变更：

1. ____；
2. ____；
3. ____。

二、除以上约定事项外，其他事项仍按照双方于____年____月____日签订的劳动合同中的约定继续履行。

甲方（盖章）　　　　　　　　　　　　　　乙方（签字）
法定代表人（主要负责人）
或委托代理人（签字或盖章）

年　　月　　日　　　　　　　　　　　　　年　　月　　日

劳动合同（劳务派遣）①

甲方（劳务派遣单位）：______________________________
统一社会信用代码：______________________________
劳务派遣许可证编号：______________________________
法定代表人（主要负责人）或委托代理人：______________________________
注册地：______________________________
经营地：______________________________
联系电话：______________________________

---

① 人力资源和社会保障部发布。

乙方（劳动者）：____________________

居民身份证号码：____________________

（或其他有效证件名称________证件号：____________________）

户籍地址：____________________

经常居住地（通信地址）：____________________

联系电话：____________________

根据《中华人民共和国劳动法》《中华人民共和国劳动合同法》等法律法规政策规定，甲、乙双方遵循合法、公平、平等自愿、协商一致、诚实信用的原则订立本合同。

一、劳动合同期限

第一条 甲、乙双方约定按下列第________种方式确定劳动合同期限：

1. 二年以上固定期限合同：自____年____月____日起至____年____月____日止。其中，试用期从用工之日起至____年____月____日止。

2. 无固定期限的劳动合同：自____年____月____日起至依法解除或终止劳动合同时止。其中，试用期从用工之日起至____年____月____日止。

试用期至多约定一次。

二、工作内容和工作地点

第二条 乙方同意由甲方派遣到______________（用工单位名称）工作，用工单位注册地__________________，用工单位法定代表人或主要负责人______________。派遣期限为________，从____年____月____日起至____年____月____日止。乙方的工作地点为____。

第三条 乙方同意在用工单位______________岗位工作，属于临时性/辅助性/替代性工作岗位，岗位职责为____。

第四条 乙方同意服从甲方和用工单位的管理，遵守甲方和用工单位依法制定的劳动规章制度，按照用工单位安排的工作内容及要求履行劳动义务，按时完成规定的工作数量，达到相应的质量要求。

三、工作时间和休息休假

第五条 乙方同意根据用工单位工作岗位执行下列第______种工时制度：

1. 标准工时工作制，每日工作时间不超过8小时，平均每周工作时间不超过40小时，每周至少休息1天。

2. 依法实行以________为周期的综合计算工时工作制。

3. 依法实行不定时工作制。

第六条 甲方应当要求用工单位严格遵守关于工作时间的法律规定，保证乙方的休息权利与身心健康，确因工作需要安排乙方加班加点的，经依法协商后可以延长工作时间，并依法安排乙方补休或支付加班工资。

第七条 乙方依法享有法定节假日、带薪年休假、婚丧假、产假等假期。

四、劳动报酬和福利待遇

第八条 经甲方与用工单位商定，甲方采用以下第______种方式向乙方以货币形式支付工资，于每月______日前足额支付：

1. 月工资________元。

2. 计件工资。计件单价为______________________________________。

3. 基本工资和绩效工资相结合的工资分配办法，乙方月基本工资______元，绩效工资计发办法为_______________________。

4. 约定的其他方式_______________________________。

第九条 乙方在试用期期间的工资计发标准为________________或________元。

第十条 甲方不得克扣用工单位按照劳务派遣协议支付给被派遣劳动者的劳动报酬。乙方从甲方获得的工资依法承担的个人所得税由甲方从其工资中代扣代缴。

第十一条 甲方未能安排乙方工作或者被用工单位退回期间，甲方应按照不低于甲方所在地最低工资标准按月向乙方支付报酬。

第十二条 甲方应当要求用工单位对乙方实行与用工单位同类岗位的劳动者相同的劳动报酬分配办法，向乙方提供与工作岗位相关的福利待遇。用工单位无同类岗位劳动者的，参照用工单位所在地相同或者相近岗位劳动者的劳动报酬确定。

第十三条 甲方应当要求用工单位合理确定乙方的劳动定额。用工单位连续用工的，甲方应当要求用工单位对乙方实行正常的工资调整机制。

五、社会保险

第十四条 甲、乙双方依法在用工单位所在地参加社会保险。甲方应当按月将缴纳社会保险费的情况告知乙方，并为乙方依法享受社会保险待遇提供帮助。

第十五条 如乙方发生工伤事故，甲方应当会同用工单位及时救治，并在规定时间内，向人力资源社会保障行政部门提出工伤认定申请，为乙方依法办理劳动能力鉴定，并为其享受工伤待遇履行必要的义务。甲方未按规定提出工伤认定申请的，乙方或者其近亲属、工会组织在事故伤害发生之日或者乙方被诊断、鉴定为职业病之日起1年内，可以直接向甲方所在地人力资源社会保障行政部门提请工伤认定申请。

六、职业培训和劳动保护

第十六条 甲方应当为乙方提供必需的职业能力培训，在乙方劳务派遣期间，督促用工单位对乙方进行工作岗位所必需的培训。乙方应主动学习，积极参加甲方和用工单位组织的培训，提高职业技能。

第十七条 甲方应当为乙方提供符合国家规定的劳动安全卫生条件和必要的劳动保护用品，落实国家有关女职工、未成年工的特殊保护规定，并在乙方劳务派遣期间督促用工单位执行国家劳动标准，提供相应的劳动条件和劳动保护。

第十八条 甲方如派遣乙方到可能产生职业危害的岗位，应当事先告知乙方。甲方应督促用工单位依法告知乙方工作过程中可能产生的职业病危害及其后果，对乙方进行劳动安全卫生教育和培训，提供必要的职业危害防护措施和待遇，预防劳动过程中的事故，减少职业危害，为劳动者建立职业健康监护档案，在乙方上岗前、派遣期间、离岗时对乙方进行职业健康检查。

第十九条　乙方应当严格遵守安全操作规程，不违章作业。乙方对用工单位管理人员违章指挥、强令冒险作业，有权拒绝执行。

七、劳动合同的变更、解除和终止

第二十条　甲、乙双方应当依法变更劳动合同，并采取书面形式。

第二十一条　因乙方派遣期满或出现其他法定情形被用工单位退回甲方的，甲方可以对其重新派遣，对符合法律法规规定情形的，甲方可以依法与乙方解除劳动合同。乙方同意重新派遣的，双方应当协商派遣单位、派遣期限、工作地点、工作岗位、工作时间和劳动报酬等内容，并以书面形式变更合同相关内容；乙方不同意重新派遣的，依照法律法规有关规定执行。

第二十二条　甲、乙双方解除或终止本合同，应当按照法律法规规定执行。甲方应在解除或者终止本合同时，为乙方出具解除或者终止劳动合同的证明，并在 15 日内为乙方办理档案和社会保险关系转移手续。

第二十三条　甲、乙双方解除终止本合同的，乙方应当配合甲方办理工作交接手续。甲方依法应向乙方支付经济补偿的，在办结工作交接时支付。

八、劳动争议处理

第二十四条　甲、乙双方因本合同发生劳动争议时，可以按照法律法规的规定，进行协商、申请调解或仲裁。对仲裁裁决不服的，可以依法向有管辖权的人民法院提起诉讼。

第二十五条　用工单位给乙方造成损害的，甲方和用工单位承担连带赔偿责任。

九、其他

第二十六条　本合同中记载的乙方联系电话、通信地址为劳动合同期内通知相关事项和送达书面文书的联系方式、送达地址。如发生变化，乙方应当及时告知甲方。

第二十七条　双方确认：均已详细阅读并理解本合同内容，清楚各自的权利、义务。本合同未尽事宜，按照有关法律法规和政策规定执行。

第二十八条　本劳动合同一式（　　）份，双方至少各执一份，自签字（盖章）之日起生效，双方应严格遵照执行。

甲方（盖章）　　　　　　　　　　乙方（签字）

法定代表人（主要负责人）

或委托代理人（签字或盖章）

年　　月　　日　　　　　　　　　　年　　月　　日

附件1

续订劳动合同

经甲、乙双方协商同意，续订本合同。

一、甲、乙双方按以下第______种方式确定续订合同期限：

1. 固定期限：自____年____月____日起至____年____月____日止。

2. 无固定期限：自____年____月____日起至依法解除或终止劳动合同时止。

二、双方就有关事项约定如下：

1. ____；

2. ____；

3. ____。

三、除以上约定事项外，其他事项仍按照双方于____年____月____日签订的劳动合同中的约定继续履行。

甲方（盖章）　　　　　　　　　　　　乙方（签字）
法定代表人（主要负责人）
或委托代理人（签字或盖章）

年　　月　　日　　　　　　　　　　　年　　月　　日

附件2

变更劳动合同

一、经甲、乙双方协商同意，自____年____月____日起，对本合同作如下变更：

1. ____；

2. ____；

3. ____。

二、除以上约定事项外，其他事项仍按照双方于____年____月____日签订的劳动合同中的约定继续履行。

甲方（盖章）　　　　　　　　　　　　乙方（签字）
法定代表人（主要负责人）
或委托代理人（签字或盖章）

年　　月　　日　　　　　　　　　　　年　　月　　日

建筑业简易劳动合同

编号______

甲方（用人单位）名称：____

法定代表人（主要负责人）或者委托代理人__________________________

注册地址____

联系电话____

乙方（劳动者）姓名：____

居民身份证号____

户口所在地______省（市）______区（县）______乡镇______村

邮政编码______________

现住址__________________联系电话__________________

根据《劳动法》《劳动合同法》及有关规定，甲、乙双方遵循平等自愿、协商一致的原则签订本合同。

一、合同期限

第一条　甲、乙双方选择以下第______种形式确定本合同期限：

（一）有固定期限：自____年____月____日起至____年____月____日止。其中试用期自____年____月____日起至____年____月____日止。

（二）无固定期限：自____年____月____日起至依法解除、终止劳动合同时止。其中试用期自____年____月____日起至____年____月____日止。

（三）以完成一定工作（任务）为期限：自____年____月____日起至____工作（任务）完成时终止。

二、工作内容和工作地点

第二条　甲方招用乙方在________（项目名称）工程中，从事________岗位（工种）工作。

乙方的工作地点为____。

经双方协商一致，可以变更工作岗位（工种）和工作地点。

乙方应认真履行岗位职责，遵守各项规章制度，服从管理，按时完成工作任务。

乙方违反劳动纪律，甲方可依据本单位依法制定的规章制度，给予相应处理。

三、工作时间和休息休假

第三条　甲方安排乙方执行以下第______种工时制度：

（一）执行标准工时制度。乙方每天工作时间不超过 8 小时，每周工作时间不超过 40 小时。每周休息日为________。

（二）经当地劳动行政部门批准，执行以______为周期的综合计算工时工作制度。

（三）经当地劳动行政部门批准，执行不定时工作制度。

甲方保证乙方每周至少休息一天。乙方依法享有法定节日假、产假、带薪年休假等假期。

甲方因施工建设需要，商得乙方同意后，可安排乙方加班。日延长工时、休息日加班无法安排补休、法定节假日加班的，甲方按《劳动法》第四十四条规定支付加班工资。

四、劳动报酬

第四条 甲方采用以下第______种形式向乙方支付工资：

（一）月工资______元，试用期间工资______元。甲方每月____日前向乙方支付工资。

（二）日工资______元，试用期间工资______元。甲方向乙方支付工资的时间为每月____日。

（三）计件工资。计件单价约定为______。

甲方生产经营任务不足，乙方同意待岗的，甲方向乙方支付的生活费为______元。待岗期间乙方仍需履行除岗位工作外的其他义务。

五、社会保险

第五条 甲、乙双方按国家规定参加社会保险。甲方为乙方办理有关社会保险手续，并承担相应的社会保险义务。乙方应缴的社会保险费由甲方代扣代缴。

乙方患病或非因工负伤的医疗待遇按国家有关规定执行。

乙方因工负伤或患职业病的待遇按国家有关规定执行。

乙方在孕期、产期、哺乳期等各项待遇，按国家有关生育保险政策规定执行。

六、劳动保护和劳动条件

第六条 甲方应当在乙方上岗前进行安全生产培训，乙方从事国家规定的特殊工种，应当经过培训并取得相应的职业资格证书方可上岗。

甲方根据生产岗位的需要，按照国家劳动安全卫生的有关规定为乙方配备必要的安全防护设施，发放必要的劳动保护用品。其中建筑施工现场要符合建设工程施工现场环境与卫生标准的相关规定。对乙方从事接触职业病危害作业的，甲方应按国家有关规定组织上岗前和离岗时的职业健康检查，在合同期内应定期对乙方进行职业健康检查。

甲方依法建立安全生产制度。乙方严格遵守甲方依法制定的各项规章制度，不违章作业，防止劳动过程中的事故，减少职业危害。

乙方有权拒绝甲方的违章指挥，对甲方及其管理人员漠视乙方安全健康的行为，有权提出批评并向有关部门检举控告。

七、解除和终止

第七条 本劳动合同的解除或终止，依《劳动合同法》规定执行。

八、劳动争议处理

第八条　甲、乙双方发生劳动争议，可以协商解决，也可以依照《劳动争议调解仲裁法》的规定通过申请调解、仲裁和提起诉讼解决。

九、其他

第九条　甲、乙双方约定的其他事项

____

第十条　本劳动合同一式二份，甲、乙双方各执一份。

本劳动合同自甲、乙双方签字、盖章之日起生效。

甲方（公章）　　　　　　　　　　　　　乙方（签字或盖章）

法定代表人或委托代理人

（签字或盖章）

签订日期：　　年　　月　　日　　　　　签订日期：　　年　　月　　日

简易劳动合同书①

制造业简易劳动合同

编号______

甲方（用人单位）名称：________________________

法定代表人（主要负责人）或者委托代理人________________

注册地址________________________________

乙方（劳动者）姓名________________________________

居民身份证号________________________________

户口所在地　　　省（市）　　　区（县）　　　乡镇　　　村

邮政编码________________________________

现住址________________联系电话________________

根据《劳动法》《劳动合同法》及有关规定，甲、乙双方遵循平等自愿、协商一致的原则签订本合同。

① 人力资源和社会保障部发布。

一、合同期限

第一条 甲、乙双方选择以下第______种形式确定本合同期限：

（一）有固定期限：自____年____月____日起至____年____月____日止。其中试用期自____年____月____日起至____年____月____日止。

（二）无固定期限：自____年____月____日起至依法解除、终止劳动合同时止。其中试用期自____年____月____日起至____年____月____日止。

（三）以完成一定工作（任务）为期限：自____年____月____日起至____工作（任务）完成时终止。

二、工作内容和工作地点

第二条 乙方从事____________岗位（工种）工作。

乙方的工作地点为____________。

经双方协商一致，可以变更工作岗位（工种）和工作地点。

乙方应认真履行岗位职责，遵守各项规章制度，服从管理，按时完成工作任务。

乙方违反劳动纪律，甲方可依据本单位依法制定的规章制度，给予相应处理。

三、工作时间和休息休假

第三条 甲方安排乙方执行以下第______种工时制度：

（一）执行标准工时制度。乙方每天工作时间不超过 8 小时，每周工作时间不超过 40 小时。每周休息日为__________________________。

（二）经当地劳动行政部门批准，执行以______为周期的综合计算工时工作制度。

（三）经当地劳动行政部门批准，执行不定时工作制度。

甲方保证乙方每周至少休息一天。乙方依法享有法定节日假、产假、带薪年休假等假期。

甲方因生产需要，商得乙方同意后，可安排乙方加班。日延长工时、休息日加班无法安排补休、法定节假日加班的，甲方按《劳动法》第四十四条规定支付加班工资。

四、劳动报酬

第四条 甲方采用以下第______种形式向乙方支付工资：

（一）月工资______元，试用期间工资______元。甲方每月______日前向乙方支付工资。

（二）日工资______元，试用期间工资______元。甲方向乙方支付工资的时间为每月______日。

（三）计件工资。计件单价约定为______。

甲方生产经营任务不足，乙方同意待岗的，甲方向乙方支付的生活费为______元。待岗期间乙方仍需履行除岗位工作外的其他义务。

五、社会保险

第五条 甲、乙双方按国家规定参加社会保险。甲方为乙方办理有关社会保险手续，并承担相应的社会保险义务。乙方应缴的社会保险费由甲方代扣代缴。

乙方患病或非因工负伤的医疗待遇按国家有关规定执行。

乙方因工负伤或患职业病的待遇按国家有关规定执行。

乙方在孕期、产期、哺乳期等各项待遇，按国家有关生育保险政策规定执行。

六、劳动保护和劳动条件

第六条 甲方负责对乙方进行职业道德、业务技术、劳动安全卫生及有关规章制度的培训。

甲方按照国家劳动安全卫生的有关规定为乙方提供必要的安全防护设施，发放必要的劳动保护用品。对乙方从事接触职业病危害作业的，甲方应按国家有关规定组织上岗前和离岗时的职业健康检查，在合同期内应定期对乙方进行职业健康检查。

甲方依法建立安全生产制度。乙方严格遵守甲方依法制定的各项规章制度，不违章作业，防止劳动过程中的事故，减少职业危害。

乙方有权拒绝甲方的违章指挥，对甲方及其管理人员漠视乙方安全健康的行为，有权提出批评并向有关部门检举控告。

七、解除和终止

第七条 本劳动合同的解除或终止，依《劳动合同法》规定执行。

八、劳动争议处理

第八条 甲、乙双方发生劳动争议，可以协商解决，也可以依照《劳动争议调解仲裁法》的规定通过申请调解、仲裁和提起诉讼解决。

九、其他

第九条 甲、乙双方约定的其他事项________________________________

____

第十条 本劳动合同一式二份，甲、乙双方各执一份。

本劳动合同自甲、乙双方签字、盖章之日起生效。

甲方（公章）　　　　　　　　　　　　乙方（签字或盖章）

法定代表人或委托代理人

（签字或盖章）

签订日期：　　年　　月　　日　　　　签订日期：　　年　　月　　日

餐饮业简易劳动合同

编号______

甲方（用人单位）名称：____________________________________

法定代表人（主要负责人）或者委托代理人________________________

注册地址____
联系电话____

乙方（劳动者）姓名：______________________________
居民身份证号____________________________________
户口所在地　　　省（市）　　　区（县）　　　乡镇　　　村
邮政编码__________
现住址____________________联系电话____________________

根据《劳动法》《劳动合同法》及有关规定，甲、乙双方遵循平等自愿、协商一致的原则签订本合同。

一、合同期限

第一条　甲、乙双方选择以下第_____种形式确定本合同期限：

（一）有固定期限：自____年____月____日起至____年____月____日止。其中试用期自____年____月____日起至____年____月____日止。

（二）无固定期限：自____年____月____日起至依法解除、终止劳动合同时止。其中试用期自____年____月____日起至____年____月____日止。

（三）以完成一定工作（任务）为期限：自____年____月____日起至__________________________工作（任务）完成时终止。

二、工作内容和工作地点

第二条　乙方从事________________岗位（工种）工作。

乙方患有岗位工种及行业禁忌的疾病，应及时向甲方报告，并即时脱离工作岗位。

乙方的工作地点为__________________________。

经双方协商一致，可以变更工作岗位（工种）和工作地点。

乙方应认真履行岗位职责，遵守各项规章制度，服从管理，按时完成工作任务。

乙方违反服务规范和劳动纪律，甲方可依据本单位依法制定的规章制度，给予相应处理。

三、工作时间和休息休假

第三条　甲方安排乙方执行以下第_____种工时制度：

（一）执行标准工时制度。乙方每天工作时间不超过 8 小时，每周工作时间不超过 40 小时。每周休息日为_____。

（二）经当地劳动行政部门批准，执行以_____为周期的综合计算工时工作制度。

（三）经当地劳动行政部门批准，执行不定时工作制度。

甲方保证乙方每周至少休息一天。乙方依法享有法定节日假、产假、带薪年休假等假期。

甲方因顾客服务需要，商得乙方同意后，可安排乙方加班。日延长工时、休息日加班无法安排补休、法定节假日加班的，甲方按《劳动法》第四十四条规定支付加班工资。

四、劳动报酬

第四条　甲方采用以下第______种形式向乙方支付工资：

（一）月工资______元，试用期间工资______元。甲方每月______日前向乙方支付工资。

（二）日工资______元，试用期间工资______元。甲方向乙方支付工资的时间为每月______日。

甲方生产经营任务不足，乙方同意待岗的，甲方向乙方支付的生活费为______元。待岗期间乙方仍需履行除岗位工作外的其他义务。

甲、乙双方对工资支付的其他约定__________________________。

五、社会保险

第五条　甲、乙双方按国家规定参加社会保险。甲方为乙方办理有关社会保险手续，并承担相应的社会保险义务。乙方应缴的社会保险费由甲方代扣代缴。

乙方患病或非因工负伤的医疗待遇按国家有关规定执行。

乙方患职业病或因工负伤的待遇按国家有关规定执行。

乙方在孕期、产期、哺乳期等各项待遇，按国家有关生育保险政策规定执行。

六、劳动保护和劳动条件

第六条　甲方应在乙方上岗前对乙方进行职业安全卫生、食品安全卫生、服务规范、职业道德、职业技能、甲方规章制度方面的培训。

甲方每年必须按国家规定组织对乙方进行健康检查。

甲方按照国家劳动安全卫生的有关规定为乙方提供必要的安全防护设施，发放必要的劳动保护用品。

甲方加强安全生产管理，建立、健全安全生产责任制度，完善安全生产经营条件；健全内部服务和食品质量管理制度，严格实施岗位质量规范、质量责任以及相应的考核办法。

七、解除和终止

第七条　本劳动合同的解除或终止，依《劳动合同法》规定执行。

乙方患岗位工种及行业禁忌的疾病，在医疗期满后不符合国家和本市从事有关行业、工种岗位规定，甲方无法另行安排工作的，可以提前30日以书面形式通知乙方解除本合同，并依法向乙方支付经济补偿金。

八、劳动争议处理

第八条　甲、乙双方发生劳动争议，可以协商解决，也可以依照《劳动争议调解仲裁法》的规定通过申请调解、仲裁和提起诉讼解决。

九、其他

第九条 甲、乙双方约定的其他事项______________________________

______________________________。

第十条 本劳动合同一式二份，甲、乙双方各执一份。

本劳动合同自甲、乙双方签字、盖章之日起生效。

甲方（公章）　　　　　　　　　　乙方（签字或盖章）

法定代表人或委托代理人

（签字或盖章）

签订日期：　年　月　日　　　　　签订日期：　年　月　日

采掘业简易劳动合同

编号______

甲方（用人单位）名称：______________________________

法定代表人（主要负责人）或者委托代理人______________________________

注册地址______________________________

联系电话______________________________

乙方（劳动者）姓名：______________________________

居民身份证号______________________________

户口所在地__________省（市）__________区（县）__________乡镇__________村

邮政编码______________

现住址______________________联系电话______________________

根据《劳动法》《劳动合同法》及有关规定，甲、乙双方遵循平等自愿、协商一致的原则签订本合同。

一、合同期限

第一条 甲、乙双方选择以下第______种形式确定本合同期限：

（一）有固定期限：自____年____月____日起至____年____月____日止。其中试用期自____年____月____日起至____年____月____日止。

（二）无固定期限：自____年____月____日起至依法解除、终止劳动合同时止。

其中试用期自____年____月____日起至____年____月____日止。

（三）以完成一定工作（任务）为期限：自____年____月____日起至______________工作（任务）完成时终止。

二、工作内容和工作地点

第二条　乙方从事________岗位（工种）工作。

乙方的工作地点为____________。

经双方协商一致，可以变更工作岗位（工种）和工作地点。

乙方应认真履行岗位职责，遵守各项规章制度，服从管理，按时完成工作任务。

乙方违反劳动纪律，甲方可依据本单位依法制定的规章制度，给予相应处理。

三、工作时间和休息休假

第三条　甲方安排乙方执行以下第______种工时制度：

（一）执行标准工时制度。乙方每天工作时间不超过8小时，每周工作时间不超过40小时。每周休息日为______________。

（二）经当地劳动行政部门批准，执行以______为周期的综合计算工时工作制度。

（三）经当地劳动行政部门批准，执行不定时工作制度。

甲方保证乙方每周至少休息一天。乙方依法享有法定节日假、产假、带薪年休假等假期。

甲方因生产需要，商得乙方同意后，可安排乙方加班。日延长工时、休息日加班无法安排补休、法定节假日加班的，甲方应按《劳动法》第四十四条规定支付加班工资。

四、劳动报酬

第四条　甲方采用以下第______种形式向乙方支付工资：

（一）计时或岗位工资，工资额为______元/月，试用期工资为______元/月。

（二）计件工资。计件单价约定为____________。

（三）其他工资形式。具体约定在本合同第______条中明确。

甲方安排乙方每日晚10时到次日早6时工作的，每个工作日夜班补贴为______元；从事井下作业的，每个工作日井下津贴为______元。

甲方应按月支付乙方工资，发薪日为每月______日，不得克扣或拖欠。甲方支付乙方的工资，不得违反国家和地方有关最低工资的规定。

甲方生产经营任务不足，乙方同意待岗的，甲方向乙方支付的生活费为______元。待岗期间乙方仍需履行除岗位工作外的其他义务。

五、社会保险

第五条　甲、乙双方按国家规定参加社会保险。甲方为乙方办理有关社会保险手续，并承担相应的社会保险义务。乙方应缴的社会保险费由甲方代扣代缴。

乙方患病或非因工负伤的医疗待遇按国家有关规定执行。

乙方因工负伤或患职业病的待遇按国家有关规定执行。

乙方在孕期、产期、哺乳期等各项待遇，按国家有关生育保险政策规定执行。

六、劳动保护和劳动条件

第六条 甲方应依法建立健全生产工艺流程，制定操作规程、工作规范和劳动安全卫生制度及其标准。

甲方应对乙方进行安全生产培训，保证乙方具备必要的安全生产知识，熟悉有关的安全生产规章制度和安全操作规程，掌握本岗位的安全操作技能。乙方未经安全生产培训，不得上岗作业。乙方从事国家规定的特殊工种，应当经过培训并取得相应的职业资格证书方可上岗。

甲方应当督促乙方严格执行安全生产规章制度和安全操作规程，并向乙方如实告知作业场所和工作岗位存在的危险因素、防范措施以及事故应急措施。

甲方必须为乙方提供符合国家标准或者行业标准的劳动防护用品，并监督、培训乙方按照使用规则佩戴、使用。

乙方从事接触职业病危害作业的，甲方应按国家有关规定组织上岗前和离岗时的职业健康检查，在合同期内应定期对乙方进行健康检查。

乙方有权了解其作业场所和工作岗位存在的危险因素、防范措施及事故应急措施，有权对甲方安全生产工作提出建议，有权拒绝甲方的违章指挥，对甲方及管理人员漠视乙方健康的行为，有权提出批评，并向有关部门检举控告。甲方不得因此而降低乙方的工资、福利等待遇或者解除与乙方订立的劳动合同。

乙方在作业过程中，应当严格遵守甲方依法制定的安全生产规章制度和操作规程，服从管理，正确佩戴和使用劳动防护用品。

七、解除和终止

第七条 本劳动合同的解除或终止，依《劳动合同法》规定执行。

八、劳动争议处理

第八条 甲、乙双方发生劳动争议，可以协商解决，也可以依照《劳动争议调解仲裁法》的规定通过申请调解、仲裁和提起诉讼解决。

九、其他

第九条 甲、乙双方约定的其他事项

____

第十条 本劳动合同一式二份，甲、乙双方各执一份。

本劳动合同自甲、乙双方签字、盖章之日起生效。

甲方（公章）　　　　　　　　　　乙方（签字或盖章）

法定代表人或委托代理人

（签字或盖章）

签订日期：　　年　　月　　日　　　　　　　签订日期：　　年　　月　　日

非全日制简易劳动合同

编号______

甲方（用人单位）名称：______________________________

法定代表人（主要负责人）或者委托代理人______________________

注册地址______________________________

联系电话______________________________

乙方（劳动者）姓名：______________________________

居民身份证号______________________________

户口所在地________省（市）________区（县）________乡镇________村

邮政编码______________________________

现住址______________________联系电话______________________

根据《劳动法》《劳动合同法》及有关规定，甲、乙双方遵循平等自愿、协商一致的原则签订本合同。

一、合同期限

第一条　甲、乙双方可以随时终止本合同。

二、工作内容

第二条　乙方同意根据甲方工作需要，担任________工作。

甲方根据工作要求对乙方进行必要的职业技能培训。

乙方应当努力提高职业技能，按岗位要求完成工作任务。

三、工作时间

第三条　乙方每周工作______日，分别为周______；每日工作______小时。

四、劳动报酬

第四条　甲方按小时计酬方式支付乙方工资，标准为每小时______元。

甲方向乙方支付工资形式为__________（直接发放/委托银行代发）。支付周期不得超过15日。

五、社会保险

第五条　甲方应当依法为乙方缴纳工伤保险费。

六、劳动保护和劳动条件

第六条　甲方根据生产岗位需要，按照国家有关劳动安全卫生规定对乙方进行安

全卫生培训和职业培训，并为乙方提供如下劳动保护条件和劳动防护用品：__________
____

七、劳动争议处理

第七条 甲、乙双方发生劳动争议，可以协商解决，也可以依照《劳动争议调解仲裁法》的规定通过申请调解、仲裁和提起诉讼解决。

八、其他

第八条 甲、乙双方约定的其他事项______________________________________
____

第九条 本劳动合同一式二份，甲、乙双方各执一份。

本劳动合同自甲、乙双方签字、盖章之日起生效。

甲方（公章）　　　　　　　　　　　　乙方（签字或盖章）

法定代表人或委托代理人
（签字或盖章）

签订日期：　　年　　月　　日　　　　签订日期：　　年　　月　　日

（四）实例演示

2019年11月1日，北京市某网络有限责任公司招录张晓某为网络编辑，主要负责公司网站的编辑、更新以及公司公众号的编辑与发布。那么，他们的劳动合同应如何拟写？

劳动合同

甲方（用人单位）：××网络有限责任公司

统一社会信用代码：91110×××××××××××××

法定代表人（主要负责人）或委托代理人：赵某某

注册地：北京市××区××路123号

经营地：北京市××区××路123号

联系电话：010－××××××××

乙方（劳动者）：张晓某

居民身份证号码：130×××××××××××××××

户籍地址：河北省××市××县××小区134号

经常居住地（通信地址）：北京市××区××小区×号楼2－1

联系电话：180××××××××

根据《中华人民共和国劳动法》《中华人民共和国劳动合同法》等法律法规政策规定，甲、乙双方遵循合法、公平、平等自愿、协商一致、诚实信用的原则订立本合同。

一、劳动合同期限

第一条　甲、乙双方自用工之日起建立劳动关系，合同期限自2019年11月1日起至2021年11月1日止，其中，试用期从用工之日起至2019年12月1日止。

二、工作内容和工作地点

第二条　乙方工作岗位是网络编辑，岗位职责为负责公司网站的编辑与更新以及公司公众号的编辑与发布。乙方的工作地点为公司办公经营地。

乙方应爱岗敬业、诚实守信，保守甲方商业秘密，遵守甲方依法制定的劳动规章制度，认真履行岗位职责，按时保质完成工作任务。乙方违反劳动纪律，甲方可依据依法制定的劳动规章制度给予相应处理。

三、工作时间和休息休假

第三条　根据乙方工作岗位的特点，甲方安排乙方执行标准工时工作制。每日工作时间不超过8小时，每周工作时间不超过40小时。由于生产经营需要，经依法协商后可以延长工作时间，一般每日不得超过1小时，特殊原因每日不得超过3小时，每月不得超过36小时。甲方不得强迫或者变相强迫乙方加班加点。

第四条　甲方安排乙方加班的，应依法安排补休或支付加班工资。

第五条　乙方依法享有法定节假日、带薪年休假、婚丧假、产假等假期。

四、劳动报酬

第六条　甲方每月向乙方以货币形式支付工资人民币6000元（大写：陆仟圆），于每月10日足额支付前月工资。

第七条　乙方在试用期期间的工资计发标准为5000元。

第八条　甲方应合理调整乙方的工资待遇。乙方从甲方获得的工资依法承担的个人所得税由甲方从其工资中代扣代缴。

五、社会保险和福利待遇

第九条　甲、乙双方依法参加社会保险，甲方为乙方办理有关社会保险手续，并承担相应社会保险义务，乙方应当缴纳的社会保险费由甲方从乙方的工资中代扣代缴。

第十条　甲方依法执行国家有关福利待遇的规定。

第十一条　乙方因工负伤或患职业病的待遇按国家有关规定执行。乙方患病或非因工负伤的，有关待遇按国家有关规定和甲方依法制定的有关规章制度执行。

六、职业培训和劳动保护

第十二条　甲方应对乙方进行工作岗位所必需的培训。乙方应主动学习，积极参加甲方组织的培训，提高职业技能。

第十三条 甲方应当严格执行劳动安全卫生相关法律法规规定，落实国家关于女职工、未成年工的特殊保护规定，建立健全劳动安全卫生制度，对乙方进行劳动安全卫生教育和操作规程培训，为乙方提供必要的安全防护设施和劳动保护用品，努力改善劳动条件，减少职业危害。乙方从事接触职业病危害作业的，甲方应依法告知乙方工作过程中可能产生的职业病危害及其后果，提供职业病防护措施，在乙方上岗前、在岗期间和离岗时对乙方进行职业健康检查。

第十四条 乙方应当严格遵守安全操作规程，不违章作业。乙方对甲方管理人员违章指挥、强令冒险作业，有权拒绝执行。

七、劳动合同的变更、解除、终止

第十五条 甲、乙双方应当依法变更劳动合同，并采取书面形式。

第十六条 甲、乙双方解除或终止本合同，应当按照法律法规规定执行。

第十七条 甲、乙双方解除终止本合同的，乙方应当配合甲方办理工作交接手续。甲方依法应向乙方支付经济补偿的，在办结工作交接时支付。

第十八条 甲方应当在解除或终止本合同时，为乙方出具解除或者终止劳动合同的证明，并在15日内为乙方办理档案和社会保险关系转移手续。

八、双方约定事项

第十九条 乙方工作涉及甲方商业秘密和与知识产权相关的保密事项的，甲方可以与乙方依法协商约定保守商业秘密或竞业限制的事项，并签订保守商业秘密协议或竞业限制协议。

第二十条 甲方出资对乙方进行专业技术培训，要求与乙方约定服务期的，应当征得乙方同意，并签订协议，明确双方权利义务。

九、劳动争议处理

第二十一条 甲、乙双方因本合同发生劳动争议时，可以按照法律法规的规定，进行协商、申请调解或仲裁。对仲裁裁决不服的，可以依法向有管辖权的人民法院提起诉讼。

十、其他

第二十二条 本合同中记载的乙方联系电话、通信地址为劳动合同期内通知相关事项和送达书面文书的联系方式、送达地址。如发生变化，乙方应当及时告知甲方。

第二十三条 双方确认：均已详细阅读并理解本合同内容，清楚各自的权利、义务。本合同未尽事宜，按照有关法律法规和政策规定执行。

第二十四条 本合同双方各执一份，自双方签字（盖章）之日起生效，双方应严格遵照执行。

甲方（盖章）××网络有限责任公司　　　　乙方（签字）张晓某

法定代表人（主要负责人）赵某某

2019 年 11 月 1 日　　　　　　　　　　2019 年 11 月 1 日

（五）特别提醒

1. 用人单位应当与招用的劳动者自用工之日起一个月内依法订立书面劳动合同，并就劳动合同的内容协商一致。

2. 试用期包括在劳动合同内，不可单独签订试用期合同。

3. 在签订劳动合同时，用人单位不得扣押劳动者的居民身份证和其他证件，不得要求劳动者提供担保或者以其他名义向劳动者收取财物。

4. 用人单位应当如实告知劳动者工作内容、工作条件、工作地点、职业危害、安全生产状况、劳动报酬以及劳动者要求了解的其他情况；用人单位有权了解劳动者与劳动合同直接相关的基本情况，劳动者应当如实说明。

5. 注意不可随意约定违约金条款。除用人单位与劳动者约定服务期和竞业限制条款两种情形之外，用人单位不得与劳动者约定由劳动者承担违约金。

6. 避免无效条款。如不可规定“工伤概不负责”“一切人身伤害劳动者自行承担”等条款，即使规定在了合同内容里，也不产生法律效力。

7. 依法签订的劳动合同具有法律效力，双方应按照劳动合同的约定全面履行各自的义务。

8. 劳动合同应使用蓝、黑钢笔或签字笔填写，字迹清楚，文字简练、准确，不得涂改。确需涂改的，双方应在涂改处签字或盖章确认。

9. 签订劳动合同，用人单位应加盖公章，法定代表人（主要负责人）或委托代理人签字或盖章；劳动者应本人签字，不得由他人代签。劳动合同由双方各执一份，交劳动者的不得由用人单位代为保管。

九、有限责任公司章程

（一）基本知识

1. 什么是有限责任公司章程？

有限责任公司章程是指有限责任公司必备的，规定公司组织与活动的基本规则的书面文件，是以书面形式固定下来的全体股东共同一致的意思表示。

2. 有限责任公司章程包括哪些基本内容？

依据《公司法》规定，有限责任公司章程应当载明下列事项：

（1）公司名称和住所；

（2）公司经营范围；

（3）公司注册资本；

（4）股东的姓名或者名称；

（5）股东的出资方式、出资额和出资时间；

（6）公司的机构及其产生办法、职权、议事规则；

（7）公司法定代表人；

（8）股东会会议认为需要规定的其他事项。股东应当在公司章程上签名、盖章。

（二）法律依据

《中华人民共和国公司法》

第十一条　设立公司必须依法制定公司章程。公司章程对公司、股东、董事、监事、高级管理人员具有约束力。

第十二条　公司的经营范围由公司章程规定，并依法登记。公司可以修改公司章程，改变经营范围，但是应当办理变更登记。

公司的经营范围中属于法律、行政法规规定须经批准的项目，应当依法经过批准。

（三）范本下载

________有限（责任）公司章程①

第一章　总　　则

第一条　依据《中华人民共和国公司法》（以下简称《公司法》）及有关法律、法规的规定，由________等________方共同出资，设立________有限（责任）公司（以下简称公司），特制定本章程。

第二条　本章程中的各项条款与法律、法规、规章不符的，以法律、法规、规章的规定为准。

第二章　公司名称和住所

第三条　公司名称：________________

第四条　住所：________________

第三章　公司经营范围

第五条　公司经营范围：（注：根据实际情况具体填写。最后应注明“以工商行政管理机关核定的经营范围为准”。）

---

① 来源：北京市市场监督管理局官网。

第四章　公司注册资本及股东的姓名（名称）、出资额、出资时间、出资方式

第六条　公司注册资本：________万元人民币。

第七条　股东的姓名（名称）、认缴的出资额、出资时间、出资方式如下：

股东姓名或名称	认缴情况		
	认缴出资额	出资时间	出资方式
合　计			

第五章　公司的机构及其产生办法、职权、议事规则

第八条　股东会由全体股东组成，是公司的权力机构，行使下列职权：

（一）决定公司的经营方针和投资计划；

（二）选举和更换非由职工代表担任的董事、监事，决定有关董事、监事的报酬事项；

（三）审议批准董事会（或执行董事）的报告；

（四）审议批准监事会（或监事）的报告；

（五）审议批准公司的年度财务预算方案、决算方案；

（六）审议批准公司的利润分配方案和弥补亏损的方案；

（七）对公司增加或者减少注册资本作出决议；

（八）对发行公司债券作出决议；

（九）对公司合并、分立、解散、清算或者变更公司形式作出决议；

（十）修改公司章程；

（十一）其他职权。（注：由股东自行确定，如股东不作具体规定应将此条删除）

第九条　股东会的首次会议由出资最多的股东召集和主持。

第十条　股东会会议由股东按照出资比例行使表决权。（注：此条可由股东自行确定按照何种方式行使表决权）

第十一条　股东会会议分为定期会议和临时会议。

召开股东会会议，应当于会议召开15日以前通知全体股东。（注：此条可由股东自行确定时间）

定期会议按（注：由股东自行确定）定时召开。代表十分之一以上表决权的股东，三分之一以上的董事，监事会或者监事（不设监事会时）提议召开临时会议的，应当召开临时会议。

第十二条 股东会会议由董事会召集，董事长主持；董事长不能履行职务或者不履行职务的，由副董事长主持；副董事长不能履行职务或者不履行职务的，由半数以上董事共同推举一名董事主持。

（注：有限责任公司不设董事会的，股东会会议由执行董事召集和主持）

董事会或者执行董事不能履行或者不履行召集股东会会议职责的，由监事会或者不设监事会的公司的监事召集和主持；监事会或者监事不召集和主持的，代表十分之一以上表决权的股东可以自行召集和主持。

第十三条 股东会会议作出修改公司章程、增加或者减少注册资本的决议，以及公司合并、分立、解散或者变更公司形式的决议，必须经代表三分之二以上表决权的股东通过。（注：股东会的其他议事方式和表决程序可由股东自行确定）

第十四条 公司设董事会，成员为________人，由__________________产生。董事任期____年（注：每届不得超过三年），任期届满，可连选连任。

董事会设董事长一人，副董事长________人，由__________________产生。（注：股东自行确定董事长、副董事长的产生方式）

（注：有限公司不设董事会的，此条应改为：公司不设董事会，设执行董事一人，由股东会选举产生。执行董事任期______年，任期届满，可连选连任）

第十五条 董事会行使下列职权：

（一）负责召集股东会，并向股东会议报告工作；

（二）执行股东会的决议；

（三）审定公司的经营计划和投资方案；

（四）制订公司的年度财务预算方案、决算方案；

（五）制订公司的利润分配方案和弥补亏损方案；

（六）制订公司增加或者减少注册资本以及发行公司债券的方案；

（七）制订公司合并、分立、变更公司形式、解散的方案；

（八）决定公司内部管理机构的设置；

（九）决定聘任或者解聘公司经理及其报酬事项，并根据经理的提名决定聘任或者解聘公司副经理、财务负责人及其报酬事项；

（十）制定公司的基本管理制度；

（十一）其他职权。（注：由股东自行确定，如股东不作具体规定应将此条删除）

（注：股东人数较少或者规模较小的有限责任公司，可以设一名执行董事，不设董事会。执行董事的职权由股东自行确定）

第十六条 董事会会议由董事长召集和主持；董事长不能履行职务或者不履行职务的，由副董事长召集和主持；副董事长不能履行职务或者不履行职务的，由半数以上董事共同推举一名董事召集和主持。

第十七条 董事会决议的表决，实行一人一票。

董事会的议事方式和表决程序。（注：由股东自行确定）

第十八条　公司设经理，由董事会决定聘任或者解聘。经理对董事会负责，行使下列职权：

（一）主持公司的生产经营管理工作，组织实施董事会决议；

（二）组织实施公司年度经营计划和投资方案；

（三）拟订公司内部管理机构设置方案；

（四）拟订公司的基本管理制度；

（五）制定公司的具体规章；

（六）提请聘任或者解聘公司副经理、财务负责人；

（七）决定聘任或者解聘除应由董事会决定聘任或者解聘以外的负责管理人员；

（八）董事会授予的其他职权。

（注：以上内容也可由股东自行确定）

经理列席董事会会议。

第十九条　公司设监事会，成员________人，监事会设主席一人，由全体监事过半数选举产生。监事会中股东代表监事与职工代表监事的比例为________：________。（注：由股东自行确定，但其中职工代表的比例不得低于三分之一）

监事的任期每届为三年，任期届满，可连选连任。

（注：股东人数较少规格较小的公司可以设一名至二名监事，此条应改为：公司不设监事会，设监事________人，由股东会选举产生。监事的任期每届为三年，任期届满，可连选连任）

第二十条　监事会或者监事行使下列职权：

（一）检查公司财务；

（二）对董事、高级管理人员执行公司职务的行为进行监督，对违反法律、行政法规、公司章程或者股东会决议的董事、高级管理人员提出罢免的建议；

（三）当董事、高级管理人员的行为损害公司的利益时，要求董事、高级管理人员予以纠正；

（四）提议召开临时股东会会议，在董事会不履行本法规定的召集和主持股东会会议职责时召集和主持股东会会议；

（五）向股东会会议提出提案；

（六）依照《公司法》第一百五十二条的规定，对董事、高级管理人员提起诉讼；

（七）其他职权。（注：由股东自行确定，如股东不作具体规定应将此条删除）

监事可以列席董事会会议。

第二十一条　监事会每年度至少召开一次会议，监事可以提议召开临时监事会会议。

第二十二条　监事会决议应当经半数以上监事通过。

监事会的议事方式和表决程序。（注：由股东自行确定）

第六章 公司的法定代表人

第二十三条 董事长为公司的法定代表人。（注：也可以是执行董事或经理，由股东自行确定）

第七章 股东会会议认为需要规定的其他事项

第二十四条 股东之间可以相互转让其部分或全部出资。

第二十五条 股东向股东以外的人转让股权，应当经其他股东过半数同意。股东应就其股权转让事项书面通知其他股东征求同意，其他股东自接到书面通知之日起满30日未答复的，视为同意转让。其他股东半数以上不同意转让的，不同意的股东应当购买该转让的股权；不购买的，视为同意转让。

经股东同意转让的股权，在同等条件下，其他股东有优先购买权。两个以上股东主张行使优先购买权的，协商确定各自的购买比例；协商不成的，按照转让时各自的出资比例行使优先购买权。

（注：以上内容亦可由股东另行确定股权转让的办法）

第二十六条 公司的营业期限________年，自公司营业执照签发之日起计算。

第二十七条 有下列情形之一的，公司清算组应当自公司清算结束之日起30日内向原公司登记机关申请注销登记：

（一）公司被依法宣告破产；

（二）公司章程规定的营业期限届满或者公司章程规定的其他解散事由出现，但公司通过修改公司章程而存续的除外；

（三）股东会决议解散或者一人有限责任公司的股东决议解散；

（四）依法被吊销营业执照、责令关闭或者被撤销；

（五）人民法院依法予以解散；

（六）法律、行政法规规定的其他解散情形。

（注：本章节内容除上述条款外，股东可根据《公司法》的有关规定，将认为需要记载的其他内容一并列明。）

第八章 附 则

第二十八条 公司登记事项以公司登记机关核定的为准。

第二十九条 本章程一式________份，并报公司登记机关一份。

全体股东亲笔签字、盖公章：

年 月 日

（四）实例演示

张某与王某、赵某、李某欲成立一有限责任公司，经营服装批发业务，他们应该如何撰写公司的章程？

××市××××服装批发有限责任公司章程

第一章　总　　则

第一条　依据《中华人民共和国公司法》（以下简称《公司法》）及有关法律、法规的规定，由张某、王某、赵某、李某四方共同出资，设立××市××××服装批发有限责任公司（以下简称公司），特制定本章程。

第二条　本章程中的各项条款与法律、法规、规章不符的，以法律、法规、规章的规定为准。

第二章　公司名称和住所

第三条　公司名称：××市××××服装批发有限责任公司。

第四条　住所：××市××县×路×号。

第三章　公司经营范围

第五条　公司经营范围：以工商行政管理机关核定的经营范围为准。

第四章　公司注册资本及股东的姓名（名称）、出资额、出资时间、出资方式

第六条　公司注册资本：500万元人民币。

第七条　股东的姓名（名称）、认缴的出资额、出资时间、出资方式如下：

股东姓名或名称	认缴情况		
	认缴出资额	出资时间	出资方式
张某	200万元	2019年×月×日	向公司账户转账
王某	100万元	2019年×月×日	向公司账户转账
赵某	100万元	2019年×月×日	向公司账户转账
李某	100万元	2019年×月×日	向公司账户转账
合　计	500万元		

第五章　公司的机构及其产生办法、职权、议事规则

第八条　股东会由全体股东组成，是公司的权力机构，行使下列职权：

（一）决定公司的经营方针和投资计划；

（二）选举和更换非由职工代表担任的董事、监事，决定有关董事、监事的报酬事项；

（三）审议批准董事会的报告；

（四）审议批准监事会的报告；

（五）审议批准公司的年度财务预算方案、决算方案；

（六）审议批准公司的利润分配方案和弥补亏损的方案；

（七）对公司增加或者减少注册资本作出决议；

（八）对发行公司债券作出决议；

（九）对公司合并、分立、解散、清算或者变更公司形式作出决议；

（十）修改公司章程；

（十一）其他职权。

第九条 股东会的首次会议由出资最多的股东召集和主持。

第十条 股东会会议由股东按照出资比例行使表决权。

第十一条 股东会会议分为定期会议和临时会议。

召开股东会会议，应当于会议召开15日以前通知全体股东。

定期会议每年召开一次。代表十分之一以上表决权的股东，三分之一以上的董事，监事提议召开临时会议的，应当召开临时会议。

第十二条 股东会会议由董事会召集，董事长主持；董事长不能履行职务或者不履行职务的，由副董事长主持；副董事长不能履行职务或者不履行职务的，由半数以上董事共同推举一名董事主持。

董事会不能履行或者不履行召集股东会会议职责的，由监事召集和主持；监事不召集和主持的，代表十分之一以上表决权的股东可以自行召集和主持。

第十三条 股东会会议作出修改公司章程、增加或者减少注册资本的决议，以及公司合并、分立、解散或者变更公司形式的决议，必须经代表三分之二以上表决权的股东通过。

第十四条 公司设董事会，成员为×人，由股东会选举。董事任期三年，任期届满，可连选连任。

董事会设董事长一人，副董事长一人，由董事会选举产生。

第十五条 董事会行使下列职权：

（一）负责召集股东会，并向股东会议报告工作；

（二）执行股东会的决议；

（三）审定公司的经营计划和投资方案；

（四）制订公司的年度财务预算方案、决算方案；

（五）制订公司的利润分配方案和弥补亏损方案；

（六）制订公司增加或者减少注册资本以及发行公司债券的方案；

（七）制订公司合并、分立、变更公司形式、解散的方案；

（八）决定公司内部管理机构的设置；

（九）决定聘任或者解聘公司经理及其报酬事项，并根据经理的提名决定聘任或者解聘公司副经理、财务负责人及其报酬事项；

（十）制定公司的基本管理制度；

（十一）其他职权。

第十六条　董事会会议由董事长召集和主持；董事长不能履行职务或者不履行职务的，由副董事长召集和主持；副董事长不能履行职务或者不履行职务的，由半数以上董事共同推举一名董事召集和主持。

第十七条　董事会决议的表决，实行一人一票。

董事会的议事方式和表决程序。

第十八条　公司设经理，由董事会决定聘任或者解聘。经理对董事会负责，行使下列职权：

（一）主持公司的生产经营管理工作，组织实施董事会决议；

（二）组织实施公司年度经营计划和投资方案；

（三）拟订公司内部管理机构设置方案；

（四）拟订公司的基本管理制度；

（五）制定公司的具体规章；

（六）提请聘任或者解聘公司副经理、财务负责人；

（七）决定聘任或者解聘除应由董事会决定聘任或者解聘以外的负责管理人员；

（八）董事会授予的其他职权。

经理列席董事会会议。

第十九条　公司不设监事会，设监事二名，由股东会选举产生。监事的任期每届为三年，任期届满，可连选连任。

第二十条　监事行使下列职权：

（一）检查公司财务；

（二）对董事、高级管理人员执行公司职务的行为进行监督，对违反法律、行政法规、公司章程或者股东会决议的董事、高级管理人员提出罢免的建议；

（三）当董事、高级管理人员的行为损害公司的利益时，要求董事、高级管理人员予以纠正；

（四）提议召开临时股东会会议，在董事会不履行本法规定的召集和主持股东会会议职责时召集和主持股东会会议；

（五）向股东会会议提出提案；

（六）依照《公司法》第一百五十二条的规定，对董事、高级管理人员提起诉讼；

（七）其他职权。（监事可以列席董事会会议）

第六章　公司的法定代表人

第二十一条　董事长为公司的法定代表人。

第七章　股东会会议认为需要规定的其他事项

第二十二条　股东之间可以相互转让其部分或全部出资。

第二十三条　股东向股东以外的人转让股权，应当经其他股东过半数同意。股东应就其股权转让事项书面通知其他股东征求同意，其他股东自接到书面通知之日起满30日未答复的，视为同意转让。其他股东半数以上不同意转让的，不同意的股东应当购买该转让的股权；不购买的，视为同意转让。

经股东同意转让的股权，在同等条件下，其他股东有优先购买权。两个以上股东主张行使优先购买权的，协商确定各自的购买比例；协商不成的，按照转让时各自的出资比例行使优先购买权。

（注：以上内容亦可由股东另行确定股权转让的办法）

第二十四条　公司的营业期限30年，自公司营业执照签发之日起计算。

第二十五条　有下列情形之一的，公司清算组应当自公司清算结束之日起30日内向原公司登记机关申请注销登记：

（一）公司被依法宣告破产；

（二）公司章程规定的营业期限届满或者公司章程规定的其他解散事由出现，但公司通过修改公司章程而存续的除外；

（三）股东会决议解散或者一人有限责任公司的股东决议解散；

（四）依法被吊销营业执照、责令关闭或者被撤销；

（五）人民法院依法予以解散；

（六）法律、行政法规规定的其他解散情形。

第八章　附　　则

第二十六条　公司登记事项以公司登记机关核定的为准。

第二十七条　本章程一式×份，并报公司登记机关一份。

全体股东亲笔签字、盖章：张某

王某

赵某

李某

×年×月×日

（五）特别提醒

1. 股东可以参照章程参考格式制定章程，也可以根据实际情况自行制定，但章程中必须记载公司法中所列明的事项。

2.《公司法》第二十五条规定："有限责任公司章程应当载明下列事项：

（一）公司名称和住所；

（二）公司经营范围；
（三）公司注册资本；
（四）股东的姓名或者名称；
（五）股东的出资方式、出资额和出资时间；
（六）公司的机构及其产生办法、职权、议事规则；
（七）公司法定代表人；
（八）股东会会议认为需要规定的其他事项。”
3. 章程中应当载明“本章程与法律法规不符的，以法律法规的规定为准”。
4. 经营范围条款中应当注明“以工商行政管理机关核定的经营范围为准”。
5. 股东应当在公司章程上签名、盖章。

十、合伙协议

（一）基本知识

1. 什么是合伙协议？

合伙协议类似于公司章程，是调整合伙关系，规范合伙人之间权利义务的法律文件，是合伙企业设立和从事经营管理活动的基本依据。

2. 合伙协议包括哪些基本内容？

合伙协议应当载明下列事项：
（1）合伙企业的名称和主要经营场所的地点；
（2）合伙目的和合伙企业的经营范围；
（3）合伙人的姓名及其住所；
（4）合伙人出资的方式、数额和缴付出资的期限；
（5）利润分配和亏损分担办法；
（6）合伙企业事务的执行；
（7）入伙与退伙；
（8）合伙企业的解散与清算；
（9）违约责任；
（10）合伙企业的经营期间和合伙人争议的解决方式。

（二）法律依据

《中华人民共和国合伙企业法》

第四条　合伙协议依法由全体合伙人协商一致、以书面形式订立。
第五条　订立合伙协议、设立合伙企业，应当遵循自愿、平等、公平、诚实信用原则。

（三）范本下载

1. 普通合伙企业合伙协议①

合伙协议

第一章 总 则

第一条 根据《中华人民共和国合伙企业法》（以下简称《合伙企业法》）及有关法律、行政法规、规章的规定，经协商一致订立本协议。

第二条 本企业为普通合伙企业，是根据协议自愿组成的共同经营体。全体合伙人愿意遵守国家有关的法律、法规、规章，依法纳税，守法经营。

第三条 本协议条款与法律、行政法规、规章不符的，以法律、行政法规、规章的规定为准。

第四条 本协议经全体合伙人签名、盖章后生效。合伙人按照合伙协议享有权利，履行义务。

第二章 合伙企业的名称和主要经营场所的地点

第五条 合伙企业名称：____

第六条 企业经营场所：____

第三章 合伙目的和合伙经营范围及合伙期限

第七条 合伙目的：保护全体合伙人的合伙权益，使本合伙企业获得最佳经济效益。（注：可根据实际情况，另行描述）

第八条 合伙经营范围：

（注：参照《国民经济行业分类》具体填写。合伙经营范围用语不规范的，以企业登记机关根据前款加以规范、核准登记的为准。合伙经营范围变更时依法向企业登记机关办理变更登记。）

合伙期限为____________年。

第四章 合伙人的姓名或者名称、住所

第九条 合伙人共________个，分别是：

1.

住所（址）：

证件名称：

证件号码：

2.

住所（址）：

---

① 来源：原上海市工商局。

证件名称：
证件号码：
（注：可续写）
以上合伙人为自然人的，都具有完全民事行为能力。

第五章　合伙人的出资方式、数额和缴付期限

第十条　合伙人的出资方式、数额和缴付期限：

1. 合伙人：

以货币出资____万元，以（实物、知识产权、土地使用权、劳务或其他非货币财产权利，根据实际情况选择）作价出资____万元，总认缴出资____万元，占注册资本的____%。

首期实缴出资____万元，在申请合伙企业设立登记前缴纳，其余认缴出资____在领取营业执照之日起____个月内缴足。

2. 合伙人：

以货币出资____万元，以（实物、知识产权、土地使用权、劳务或其他非货币财产权利，根据实际情况选择）作价出资____万元，总认缴出资____万元，占注册资本的____%。

首期实缴出资____万元，在申请合伙企业设立登记前缴纳，其余认缴出资在领取营业执照之日起____个月内缴足。

（注：可续写）

第六章　利润分配、亏损分担方式

第十一条　合伙企业的利润分配，按如下方式分配：

第十二条　合伙企业的亏损分担，按如下方式分担：

第七章　合伙事务的执行

第十三条　合伙人对执行合伙事务享有同等的权利。

经全体合伙人决定（注：也可以依据《合伙企业法》第二十六条的规定，在本条约定其他的决定方式，如“经三分之二以上合伙人决定”），委托（列出所委托合伙人）执行合伙事务；其中法人合伙人委派、其他组织合伙人委派（注：可根据实际续写，如无非自然人合伙人，此内容删去）代表其执行合伙事务，其他合伙人不再执行合伙事务。（注：如果全体合伙人都执行合伙事务，此内容应删除）执行合伙事务的合伙人对外代表企业。

第十四条　不执行合伙事务的合伙人有权监督执行事务合伙人执行合伙事务的情况。执行事务合伙人应当定期向其他合伙人报告事务执行情况以及合伙企业的经营和财务状况，其执行合伙事务所产生的收益归合伙企业，所产生的费用和亏损由合伙企业承担。

第十五条　合伙人分别执行合伙事务的，执行事务合伙人可以对其他合伙人执行的事务提出异议。提出异议时，暂停该事务的执行。如果发生争议，依照《合伙企业

法》第三十条的规定作出决定。受委托执行合伙事务的合伙人不按照合伙协议的决定执行事务的，其他合伙人可以决定撤销该委托。

第十六条 合伙人对合伙企业有关事项作出决议，实行合伙人一人一票并经全体合伙人过半数通过的表决办法。（注：也可依据《合伙企业法》第三十条的规定在本条约定其他的表决办法）

第十七条 合伙企业的下列事项应当经全体合伙人一致同意：（注：也可依据《合伙企业法》第三十一条的规定在本条约定其他同意方式，例如约定下列全部或某一事项“应当经三分之二以上合伙人同意”或“经全体合伙事务执行人一致同意”等）

（一）改变合伙企业的名称；

（二）改变合伙企业的经营范围、主要经营场所的地点；

（三）处分合伙企业的不动产；

（四）转让或者处分合伙企业的知识产权和其他财产权利；

（五）以合伙企业名义为他人提供担保；

（六）聘任合伙人以外的人担任合伙企业的经营管理人员。

第十八条 合伙人不得自营或者同他人合作经营与本合伙企业相竞争的业务。除经全体合伙人一致同意（注：也可依据《合伙企业法》第三十二条的规定在本条约定其他同意方式）外，合伙人不得同本合伙企业进行交易。合伙人不得从事损害本合伙企业利益的活动。

第十九条 合伙人经全体合伙人决定，可以增加或者减少对合伙企业的出资。（注：也可依据《合伙企业法》第三十四条的规定在本条约定合伙人是否可以增加或减少对合伙企业的出资；如果可以，也可约定其他决定方式）

第八章 入伙与退伙

第二十条 新合伙人入伙，经全体合伙人一致同意（注：也可依据《合伙企业法》第四十三条的规定在本条约定其他同意方式），依法订立书面入伙协议。订立入伙协议时，原合伙人应当向新合伙人如实告知原合伙企业的经营状况和财物状况。入伙的新合伙人与原合伙人享有同等权利，承担同等责任。（注：也可依据《合伙企业法》第四十四条的规定在本条约定新合伙人的其他权利和责任。）新合伙人对入伙前合伙企业的债务承担无限连带责任。

第二十一条 符合《合伙企业法》第四十五条规定的情形之一的，合伙人可以退伙。（注：合伙协议约定合伙期限的，保留该条；否则，删除该条）

合伙人在不给合伙企业事务执行造成不利影响的情况下，可以退伙，但应当提前30日通知其他合伙人。（注：合伙协议未约定合伙期限的，保留该条；否则，删除该条）

合伙人违反《合伙企业法》第四十五条或第四十六条规定退伙的，应当赔偿由此给合伙企业造成的损失。

第二十二条　合伙人有《合伙企业法》第四十八条规定的情形之一的，当然退伙。

合伙人被依法认定为无民事行为能力人或者限制民事行为能力人的，经其他合伙人一致同意，可以依法转为有限合伙人，普通合伙企业依法转为有限合伙企业。其他合伙人未能一致同意的，该无民事行为能力或者限制民事行为能力的合伙人退伙。

退伙事由实际发生之日为退伙生效日。

第二十三条　合伙人有《合伙企业法》第四十九条规定的情形之一的，经其他合伙人一致同意，可以决议将其除名。

对合伙人的除名决议应当书面通知被除名人。被除名人接到除名通知之日，除名生效，被除名人退伙。被除名人对除名决议有异议的，可以自接到除名通知之日起30日内，向人民法院起诉。

第二十四条　合伙人死亡或者被依法宣告死亡的，对该合伙人在合伙企业中的财产份额享有合法继承权的继承人，经全体合伙人一致同意（注：也可依据《合伙企业法》第五十条的规定在本条约定其他同意方式），从继承开始之日起，取得该合伙企业的合伙人资格。

有《合伙企业法》第五十条规定的情形之一，合伙企业应当向合伙人的继承人退还被继承合伙人的财产份额。

合伙人的继承人为无民事行为能力人或者限制民事行为能力人的，经全体合伙人一致同意，可以依法成为有限合伙人，普通合伙企业依法转为有限合伙企业。全体合伙人未能一致同意的，合伙企业应当将被继承合伙人的财产份额退还该继承人。

经全体合伙人决定，可以退还货币，也可以退还实物。

（注：也可依据《合伙企业法》第五十二条的规定在本条约定其他退还办法）

第二十五条　退伙人对基于其退伙前的原因发生的合伙企业债务，承担无限连带责任。合伙人退伙时，合伙企业财产少于合伙企业债务的，退伙人应当依照本协议第十一条的规定分担亏损。

第九章　合伙财产份额转让

第二十六条　合伙人向合伙人以外的人转让其在合伙企业中的全部或者部分财产份额时，须经其他合伙人一致同意（以上可自行约定）。合伙人之间转让在合伙企业中的全部或者部分财产份额时，应当通知其他合伙人。

第二十七条　合伙人向合伙人以外的人转让其在合伙企业中的财产份额的，在同等条件下，其他合伙人有优先购买权（以上可自行约定）。

第二十八条　合伙人以外的人依法受让合伙人在合伙企业中的财产份额的，经修改合伙协议即成为合伙企业的合伙人，依照本法和修改后的合伙协议享有权利，履行义务。

第十章　争议解决办法

第二十九条　合伙人履行合伙协议发生争议的，合伙人可以通过协商或者调解解决。不愿通过协商、调解解决或者协商、调解不成的，可以按照合伙协议约定的仲裁条款或者事后达成的书面仲裁协议，向仲裁机构申请仲裁。合伙协议中未订立仲裁条款，事后又没有达成书面仲裁协议的，可以向人民法院起诉。

第十一章　合伙企业的解散与清算

第三十条　合伙企业有下列情形之一的，应当解散：

（一）合伙期限届满，合伙人决定不再经营；

（二）合伙协议约定的解散事由出现；

（三）全体合伙人决定解散；

（四）合伙人已不具备法定人数满 30 天；

（五）合伙协议约定的合伙目的已经实现或者无法实现；

（六）依法被吊销营业执照、责令关闭或者被撤销；

（七）法律、行政法规规定的其他原因。

第三十一条　合伙企业清算办法应当按《合伙企业法》的规定进行清算。

清算期间，合伙企业存续，不得开展与清算无关的经营活动。

合伙企业财产在支付清算费用和职工工资、社会保险费用、法定补偿金以及缴纳所欠税款、清偿债务后的剩余财产，依照本协议第十一条的规定进行分配。

第三十二条　清算结束后，清算人应当编制清算报告，经全体合伙人签名、盖章后，在 15 日内向企业登记机关报送清算报告，申请办理合伙企业注销登记。

第十二章　违约责任

第三十三条　合伙人违反合伙协议的，应当依法承担违约责任。

第十三章　其他事项

第三十四条　经全体合伙人协商一致（注：也可根据《合伙企业法》第十九条第二款另行约定），可以修改或者补充合伙协议。

第三十五条　本协议一式____份，合伙人各持一份，并报合伙企业登记机关一份。（注：此条供合伙人参考。设立合伙企业必须依法向企业登记机关提交合伙协议）

本协议未尽事宜，按国家有关法律规定执行。

全体合伙人签名（或盖章）：（注：合伙人为自然人的应签名，为法人、其他组织的应加盖公章）

年　　月　　日

2. 特殊的普通合伙企业合伙协议①

合伙协议

第一章　总　则

第一条　根据《中华人民共和国合伙企业法》（以下简称《合伙企业法》）及有关

① 来源：原上海市工商局。

法律、行政法规、规章的规定，经协商一致订立本协议。

第二条　本企业为特殊的普通合伙企业，是根据协议自愿组成的共同经营体。全体合伙人愿意遵守国家有关的法律、法规、规章，依法纳税，守法经营。

第三条　本协议条款与法律、行政法规、规章不符的，以法律、行政法规、规章的规定为准。

第四条　本协议经全体合伙人签名、盖章后生效。合伙人按照合伙协议享有权利，履行义务。

第二章　合伙企业的名称和主要经营场所的地点

第五条　合伙企业名称：________________

第六条　企业经营场所：________________

第三章　合伙目的和合伙经营范围（及合伙期限）

第七条　合伙目的：保护全体合伙人的合伙权益，使本合伙企业获得最佳经济效益。（注：可根据实际情况，另行描述）

第八条　合伙经营范围：

（注：参照《国民经济行业分类》具体填写。合伙经营范围用语不规范的，以企业登记机关根据前款加以规范、核准登记的为准。合伙经营范围变更时依法向企业登记机关办理变更登记）

第××条　合伙期限为××年。

（注：合伙协议约定合伙期限的，增加本条）

第四章　合伙人的姓名或者名称、住所

第九条　合伙人共____个，分别是：

1.

住所（址）：

证件名称：

证件号码：

2.

住所（址）：

证件名称：

证件号码：

（注：可续写）

以上合伙人为自然人的，都具有完全民事行为能力。

第五章　合伙人的出资方式、数额和缴付期限

第十条　合伙人的出资方式、数额和缴付期限：

1. 合伙人：

以货币出资____万元，以（实物、知识产权、土地使用权、劳务或其他非货币财产权利，根据实际情况选择）作价出资____万元，总认缴出资____万元，占注册资本的____%。

首期实缴出资万元，在申请合伙企业设立登记前缴纳，其余认缴出资在领取营业执照之日起____个月内缴足。

2. 合伙人：

以货币出资____万元，以（实物、知识产权、土地使用权、劳务或其他非货币财产权利，根据实际情况选择）作价出资____万元，总认缴出资____万元，占注册资本的____%。

首期实缴出资____万元，在申请合伙企业设立登记前缴纳，其余认缴出资在领取营业执照之日起____个月内缴足。

（注：可续写，以非货币财产出资的，依照法律、行政法规的规定，需要办理财产权转移手续的，应当依法办理；合伙人以劳务出资的，其评估办法由全体合伙人协商确定，并在合伙协议中载明）

第六章　利润分配、亏损分担方式

第十一条　合伙企业的利润分配，按如下方式分配：

第十二条　合伙企业的亏损分担，按如下方式分担：

（注：不得约定将全部利润分配给部分合伙人或者由部分合伙人承担全部亏损。合伙协议未约定或者约定不明确的，由合伙人协商决定；协商不成立的，由合伙人按照实缴出资比例分配、分担；无法确定出资比例的，由合伙人平均分配、分担）

第七章　合伙人责任承担和追偿

第十三条　一个合伙人或者数个合伙人在执业活动中因故意或者重大过失造成合伙企业债务的，应当承担无限责任或者无限连带责任，其他合伙人以其在合伙企业中的财产份额为限承担责任。

合伙人在执业活动中非因故意或者重大过失造成的合伙企业债务以及合伙企业的其他债务，由全体合伙人承担无限连带责任。

第十四条　合伙人执业活动中因故意或者重大过失造成的合伙企业债务，以合伙企业财产对外承担责任后，该合伙人对给合伙企业造成的损失承担赔偿责任约定为：承担100%赔偿责任。（注：也可依据《合伙企业法》第五十八条的规定约定其他承担赔偿责任方式）

第八章　合伙事务的执行

第十五条　合伙人对执行合伙事务享有同等的权利。

经全体合伙人决定（注：也可依据《合伙企业法》第二十六条的规定，在本条约定其他的决定方式，例如“经三分之二以上合伙人决定”），委托（列出所委托合伙人）执行合伙事务；其中法人合伙人委派、其他组织合伙人委派（注：可根据实际续写，如无非自然人合伙人，此内容删去）代表其执行合伙事务，其他合伙人不再执行合伙事务（注：如果全体合伙人都执行合伙事务，此内容应删除）。执行合伙事务的合伙人对外代表企业。

第十六条　不执行合伙事务的合伙人有权监督执行事务合伙人执行合伙事务的情况。执行事务合伙人应当定期向其他合伙人报告事务执行情况以及合伙企业的经营和财务状况，其执行合伙事务所产生的收益归合伙企业，所产生的费用和亏损由合伙企业承担。

第十七条　合伙人分别执行合伙事务的，执行事务合伙人可以对其他合伙人执行的事务提出异议。提出异议时，暂停该事务的执行。如果发生争议，依照本协议第十六条的规定作出表决。受委托执行合伙事务的合伙人不按照合伙协议的决定执行事务的，其他合伙人可以决定撤销该委托。

第十八条　合伙人对合伙企业有关事项作出决议，实行合伙人一人一票并经全体合伙人过半数通过的表决办法。（注：也可依据《合伙企业法》第三十条的规定在本条约定其他的表决办法）

第十九条　合伙企业的下列事项应当经全体合伙人一致同意：（注：也可依据《合伙企业法》第三十一条的规定在本条约定其他同意方式，例如约定下列全部或某一事项“应当经三分之二以上合伙人同意”或“经全体合伙事务执行人一致同意”等）

（一）改变合伙企业的名称；

（二）改变合伙企业的经营范围、主要经营场所的地点；

（三）处分合伙企业的不动产；

（四）转让或者处分合伙企业的知识产权和其他财产权利；

（五）以合伙企业名义为他人提供担保；

（六）聘任合伙人以外的人担任合伙企业的经营管理人员。

第二十条　合伙人不得自营或者同他人合作经营与本合伙企业相竞争的业务。除经全体合伙人一致同意（注：也可依据《合伙企业法》第三十二条的规定在本条约定其他同意方式）外，合伙人不得同本合伙企业进行交易。合伙人不得从事损害本合伙企业利益的活动。

第二十一条　合伙人经全体合伙人决定，可以增加或者减少对合伙企业的出资。（注：也可依据《合伙企业法》第三十四条的规定在本条约定合伙人是否可以增加或减少对合伙企业的出资；如果可以，也可约定其他决定方式）

第九章　入伙与退伙

第二十二条　新合伙人入伙，经全体合伙人一致同意（注：也可依据《合伙企业法》第四十三条的规定在本条约定其他同意方式），依法订立书面入伙协议。订立入伙协议时，原合伙人应当向新合伙人如实告知原合伙企业的经营状况和财物状况。入伙的新合伙人与原合伙人享有同等权利，承担同等责任。（注：也可依据《合伙企业法》第四十四条的规定在本条约定新合伙人的其他权利和责任）新合伙人对入伙前合伙企业的债务承担无限连带责任。

第二十三条 有《合伙企业法》第四十五条规定的情形之一的，合伙人可以退伙。（注：合伙协议约定合伙期限的，保留该条；否则，删除该条）

合伙人在不给合伙企业事务执行造成不利影响的情况下，可以退伙，但应当提前30日通知其他合伙人。（注：合伙协议未约定合伙期限的，保留该条；否则，删除该条）

合伙人违反《合伙企业法》第四十五条或第四十六条规定退伙的，应当赔偿由此给合伙企业造成的损失。

第二十四条 合伙人有《合伙企业法》第四十八条规定的情形之一的，当然退伙。

合伙人被依法认定为无民事行为能力人或者限制民事行为能力人的，经其他合伙人一致同意，可以依法转为有限合伙人，普通合伙企业依法转为有限合伙企业。其他合伙人未能一致同意的，该无民事行为能力或者限制民事行为能力的合伙人退伙。

退伙事由实际发生之日为退伙生效日。

第二十五条 合伙人有《合伙企业法》第四十九条规定的情形之一的，经其他合伙人一致同意，可以决议将其除名。

对合伙人的除名决议应当书面通知被除名人。被除名人接到除名通知之日，除名生效，被除名人退伙。被除名人对除名决议有异议的，可以自接到除名通知之日起30日内，向人民法院起诉。

第二十六条 合伙人死亡或者被依法宣告死亡的，对该合伙人在合伙企业中的财产份额享有合法继承权的继承人，经全体合伙人一致同意（注：也可依据《合伙企业法》第五十条的规定在本条约定其他同意方式），从继承开始之日起，取得该合伙企业的合伙人资格。

有《合伙企业法》第五十条规定的情形之一，合伙企业应当向合伙人的继承人退还被继承合伙人的财产份额。

合伙人的继承人为无民事行为能力人或者限制民事行为能力人的，经全体合伙人一致同意，可以依法成为有限合伙人，普通合伙企业依法转为有限合伙企业。全体合伙人未能一致同意的，合伙企业应当将被继承合伙人的财产份额退还该继承人。

经全体合伙人决定，可以退还货币，也可以退还实物。

（注：也可依据《合伙企业法》第五十二条的规定在本条约定其他退还办法）

第二十七条 退伙人对基于其退伙前的原因发生的合伙企业债务，承担无限连带责任。合伙人退伙时，合伙企业财产少于合伙企业债务的，退伙人应当依照本协议第十一条的规定分担亏损。

第十章　合伙财产份额转让

第二十八条 合伙人向合伙人以外的人转让其在合伙企业中的全部或者部分财产份额时，须经其他合伙人一致同意（以上可自行约定）。合伙人之间转让在合伙企业中的全部或者部分财产份额时，应当通知其他合伙人。

第二十九条　合伙人向合伙人以外的人转让其在合伙企业中的财产份额的，在同等条件下，其他合伙人有优先购买权（以上可自行约定）。

第三十条　合伙人以外的人依法受让合伙人在合伙企业中的财产份额的，经修改合伙协议即成为合伙企业的合伙人，依照本法和修改后的合伙协议享有权利，履行义务。

第十一章　争议解决办法

第三十一条　合伙人履行合伙协议发生争议的，合伙人可以通过协商或者调解解决。不愿通过协商、调解解决或者协商、调解不成的，可以按照合伙协议约定的仲裁条款或者事后达成的书面仲裁协议，向仲裁机构申请仲裁。合伙协议中未订立仲裁条款，事后又没有达成书面仲裁协议的，可以向人民法院起诉。

第十二章　合伙企业的解散与清算

第三十二条　合伙企业有下列情形之一的，应当解散：

（一）合伙期限届满，合伙人决定不再经营；

（二）合伙协议约定的解散事由出现；

（三）全体合伙人决定解散；

（四）合伙人已不具备法定人数满 30 天；

（五）合伙协议约定的合伙目的已经实现或者无法实现；

（六）依法被吊销营业执照、责令关闭或者被撤销；

（七）法律、行政法规规定的其他原因。

第三十三条　合伙企业清算办法应当按《合伙企业法》的规定进行清算。

清算期间，合伙企业存续，不得开展与清算无关的经营活动。

合伙企业财产在支付清算费用和职工工资、社会保险费用、法定补偿金以及缴纳所欠税款、清偿债务后的剩余财产，依照本协议第十一条的规定进行分配。

第三十四条　清算结束后，清算人应当编制清算报告，经全体合伙人签名、盖章后，在 15 日内向企业登记机关报送清算报告，申请办理合伙企业注销登记。

第十三章　违约责任

第三十五条　合伙人违反合伙协议的，应当依法承担违约责任。

第十四章　其他事项

第三十六条　经全体合伙人协商一致（注：也可根据《合伙企业法》第十九条第二款另行约定），可以修改或者补充合伙协议。

第三十七条　本协议一式____份，合伙人各持一份，并报合伙企业登记机关一份。（注：此条供合伙人参考。设立合伙企业必须依法向企业登记机关提交合伙协议）

本协议未尽事宜，按国家有关法律规定执行。

全体合伙人签名（或盖章）：（注：合伙人为自然人的应签名，为法人、其他组织的应加盖公章）

年　　月　　日

3. 有限合伙企业合伙协议①

合伙协议

本协议由以下各方于____年____月____日签订：

1. 甲方：

2. 乙方：

3. 丙方：

各方本着诚实信用、公平互利、平等自愿的原则，经友好协商，就在中国共同投资设立有限合伙企业一事，签订本协议以资共同遵守。

第一章　总　　则

第一条　根据《中华人民共和国合伙企业法》（以下简称《合伙企业法》）及有关法律、行政法规、规章的规定，经协商一致订立本合同。

第二条　本企业为有限合伙企业，是根据合同自愿组成的共同经营体。全体合伙人愿意遵守国家有关的法律、法规、规章，依法纳税，守法经营。

第三条　本协议条款与法律、行政法规、规章不符的，以法律、行政法规、规章的规定为准。

第二章　合伙企业的名称和注册地址

第四条　企业名称

本企业名称为：

第五条　注册地址

本企业注册地址为：

第三章　合伙目的、经营范围和经营期限

第六条　合伙目的

保护全体合伙人的合伙权益，使本合伙企业获得最佳经济效益。（注：可根据实际情况，另行描述）

第七条　合伙经营范围

（注：参照《国民经济行业分类》具体填写。合伙经营范围用语不规范的，以企业登记机关根据前款加以规范、核准登记的为准。合伙经营范围变更时依法向企业登记机关办理变更登记）

第八条　经营期限

本合伙企业的经营期限为____年，自合伙企业成立之日起计算。合伙企业营业执照颁发之日，为合伙企业成立之日。合伙企业经营期限届满的，经全体合伙人同意，可以延长。（注：合伙协议约定合伙期限的，增加本条）

---

① 来源：原上海市工商局。

第四章　合伙人及合伙人出资方式、数额及出资期限

第九条　合伙人的名字、名称、住所和相关资料

第十条　合伙人出资方式、出资数额及缴付期限

10.1 合伙人出资方式、数额及缴付期限：

10.2 出资额的缴付期限：

10.2.1 首期缴付时间：____年____月____日，按认缴额的____%缴付；

10.2.2 第二次缴付时间：当首期缴付的资金已投资使用超过____%时，再缴付认缴额的____%；

10.2.3 第三次缴付时间：当缴付的资金余额再投资后不足____元时，再缴付认缴额的____%；

（注：可续写，以非货币财产出资的，依照法律、行政法规的规定，需要办理财产权转移手续的，应当依法办理；合伙人以劳务出资的，其评估办法由全体合伙人协商确定，并在合伙协议中载明）

10.2.4 上述各次缴付，由执行合伙事务合伙人向各合伙人发出缴资通知书，各合伙人应当自收到该通知书之日起____日内将当期出资足额缴付至本企业指定账户；

10.2.5 最晚缴付期限：各合伙人收到执行合伙人依第10.2.4条规定发出的缴资通知书后三个月的最后一天为最晚缴付期限。

10.3 认缴出资额的增加和减少：

10.3.1 本合伙企业设立的第____个财政年度后，如第10.2条约定的出资缴付条件未成就，本企业的所有合伙人将通过决议并修改本协议，减少全体合伙人认缴出资额，解除全体合伙人认缴但因缴付条件未成就而尚未实际缴付部分的出资责任。但，下列出资不得减少：（i）支付本企业的管理费；（ii）支付本企业的债务和责任；（iii）本企业已经完成或在约定期内的交易中的投资；（iiii）对现有投资组合中继续投资。

10.3.2 本合伙企业成立后的任何时候，如因经营所需，且全体合伙人一致同意，可以增加全体合伙人的认缴出资额。

第五章　收益分配和亏损分担以及合伙债务的承担

第十一条　收益分配的原则

11.1 各方同意按各自认缴的出资比例分配利润。但，

11.1.1 若有合伙人未在规定的期限内但在最晚缴付期限内缴足认缴的出资额，则按各方实缴的出资比例分配利润；

11.1.2 不履行出资义务（指在本协议第10.2.5条规定的最晚缴付期限日仍未缴付出资。下同）的合伙人，其享有收益分配的出资额为已出资额扣除本协议规定的管理费、违约赔偿金后的余额。

11.2 尽管有第11.1条的规定，本企业仍然应当按照本协议第15.3条规定的顺序派发收益和向普通合伙人支付奖励。

（注：不得约定将全部利润分配给部分合伙人或者由部分合伙人承担全部亏损。合伙协议未约定或者约定不明确的，由合伙人协商决定；协商不成立的，由合伙人按照实缴出资比例分配、分担；无法确定出资比例的，由合伙人平均分配、分担）

第十二条　税赋

本企业因向合伙人分配收益而预先缴纳的有关税项和所得税，被视同收益分配的一部分，从合伙人资本账户余额中扣减。

第十三条　收益分配的形式

13.1 本企业的收益分配以人民币或可流通的有价证券进行。分配任何有价证券的价值以派发当日有关部门公布的市场收盘价为计算依据。

13.2 合伙人共同认可的其他形式。

第十四条　收益分配的前提

14.1 在合伙企业存续期结束后，或经合伙人会议决定的更早时间，在扣除管理费后分配当期收益（包括红利和利息）。

14.2 在出售或以其他方式处置项目投资，收到出售收入后，尽快将回收的本金和收益派发给合伙人。

第十五条　收益派发

15.1 本企业的投资收益及本金须回到本企业指定银行账户，按本协议约定的方式进行分配。

15.2 投资收益应经独立审计机构审计确定。

15.3 经审计确定的投资收益按本协议约定比例、按以下顺序向合伙人派发：

15.3.1 首先，所有合伙人按照其实际出资额和出资时间，获取年10%的收益；

15.3.2 其次，提取不超过1年的管理费准备金；

15.3.3 扣除上述两项提取后的余额部分，其20%奖励给普通合伙人，80%按出资比例向所有合伙人派发。

第十六条　亏损的分担

16.1 所有合伙人按各自认缴的出资比例分担亏损。

16.2 当各方协商一致变更出资比例时，亏损的分担根据届时实际的出资比例确定。

16.3 所有合伙人不承担超过其出资额的亏损。

第十七条　本企业债务

未经全体合伙人一致同意，本企业不得对外举债。

合伙债务应先以合伙财产偿还。当合伙财产不足以清偿时，有限合伙人在认缴出资额内承担有限责任，普通合伙人承担无限责任。

第六章　合伙事务的执行、合伙人会议和投资委员会

第十八条　合伙事务的执行

18.1 执行合伙事务的合伙人

全体合伙人一致同意委托××××（普通合伙人）为本企业执行合伙事务的合伙人。

除本协议另有规定外，在该执行事务合伙人因故不再执行事务合伙人职责时，经占三分之二以上出资额的合伙人同意另行选定执行事务合伙人。

18.2 执行合伙人事务的合伙人对外代表企业并执行合伙事务，其他合伙人不再执行合伙企业事务。执行合伙企业事务的合伙人执行事务所产生的收益归全体合伙人，所产生的亏损和民事责任由全体合伙人按照本协议约定承担。

18.3 执行事务合伙人的权限和责任如下：

18.3.1 执行合伙人不能以本合伙企业的名义对外（包括其他合伙人，下同）举债及对外担保；

18.3.2 对于本企业投资项目的债务责任，执行事务合伙人在决定投资时必须有清晰的界定，并制定适当的财务安排予以规避；

18.3.3 执行事务合伙人可按照本合伙企业的经营目标和市场情况选择各类投资工具；

18.3.4 对于各类投资的风险控制，执行合伙人应该制定具体的方案，向年度合伙人会议报告，在获得合伙人会议批准后在本年度实施；

18.3.5 执行合伙人每季度应将本合伙企业的各类投资的状态以书面方式向其他合伙人报告；

18.3.6 任何单一项目的投资不超过本企业所有合伙人认缴出资总额的20%；

18.3.7 有限合伙人根据《合伙企业法》对合伙企业经营活动的监督权，应该由执行合伙人制定详细的管理规定予以保证；

18.3.8 除过桥贷款外，除非经全体合伙人一致同意，本企业的投资项目出售或以其他方式处置后，应按第14.2条规定分配净收入，不得以项目出售或处置的收入进行再次投资；

18.3.9 本协议约定的其他权限。

18.4 执行合伙人应在以下期限内，向所有有限合伙人提交以下文件：

a. 每一季度开始后10日内，提交上一季度本企业业务活动和财务状况的简明报告；

b. 每半年开始后的10日内，提交未经过审计的半年财务报告；

c. 每一财务年度结束后30日内，提交经审计的年度财务报表；

d. 在有限合伙人提出要求后5日内，提交申报所得税所需的信息；

e. 项目的评估报告或投资项目结算报告完成后5日内，向有限合伙人提交。

第十九条　执行合伙事务合伙人的费用和报酬

19.1 管理费

本企业按年度向执行事务合伙人支付管理费，管理费以合伙财产支付。

19.1.1 管理费标准

本企业管理费按年度支付。在实现分红前，按照本合伙企业全体合伙人应缴出资额的2%支付管理费；本企业实现分红后，按全体合伙人实际出资额减去分红项目投资额后余额的2%支付管理费。

19.1.2 未按第10.2.4条约定期限缴付出资的合伙人，仍须按其应缴出资额支付管理费。

19.1.3 管理费支付的时间：

a. 本企业设立第一个财政年度的管理费在本企业经营执照颁发后20个工作日内支付；

b. 从第二个财政年度开始，管理费在每个财政年度初的20个工作日内支付。

19.1.4 财政年度自1月1日始至12月31日止。

19.1.5 管理费的使用：

管理费用于执行合伙人的所有营运费用，包括工资、房租、通信费、差旅费，及调查、评估投资机会与项目投资清盘所需的费用。

19.2 其他费用

本企业除向执行合伙人支付管理费外，还将支付执行合伙人执行合伙事务所发生的所有其他费用，包括但不限于：

a. 筹备与组建本企业的开办费用；

b. 投资项目需要的专业律师、财务审计及其他专项服务费用；

c. 介绍投资项目的介绍人、中介机构的介绍费和佣金；

d. 资本利得税及其他税项，及收购、出售和项目投资其他处置过程中产生的成本；

e. 有限合伙人需要的专项报告的编制费用。

19.3 奖励

19.3.1 本合伙企业按本协议第16.3条规定向执行事务合伙人支付奖励；

19.3.2 对执行合伙人的奖励，不受全体合伙人对项目出售和处置后收入再投资的决定和约束。

第二十条 竞业禁止与豁免

20.1 本企业的投资达到认缴出资总额的70%时，执行合伙人可以以普通合伙人身份发起设立其他投资型有限合伙企业。

20.2 除第22.1条情形外，执行合伙人不得自营或与他人合作经营与本企业相竞争的业务。有限合伙人可以自营或者同他人合作经营与本有限合伙企业相竞争的业务。

20.3 除经全体合伙人一致同意外，执行合伙人不得与本企业进行交易，有限合伙人可以同本企业进行交易。

20.4 有限合伙人未经授权以本企业名义与他人进行交易，给本企业或者其他合伙人造成损失的，该有限合伙人应当承担赔偿责任。

第二十一条 合伙人会议

21.1 合伙人会议由全体合伙人组成。合伙人为企业或有限责任公司的，应以书面委托形式确定一名代表出席合伙人会议；合伙人为自然人的，应由自然人本人出席。

21.2 合伙人会议每年至少举行一次例会，经甲方或执行合伙人提议，可举行临时合伙人会议。

21.3 本企业合伙人会议的表决为一人一票制。

21.4 以下事项须经全体合伙人一致同意：

a. 修改合伙企业的合伙协议；

b. 普通合伙人的入伙和退伙；

c. 以合伙企业名义对外提供担保；

d. 合伙人增加或减少对本企业的出资；

e. 本企业合伙期限的延长；

f. 项目收益的分配方案；

g. 投资原则或投资范围有重大改变。

21.5 对前款事项全体合伙人以书面形式表示同意的，可以不召开合伙人会议，直接作出合伙人会议决议，并由全体合伙人签名、盖章。

21.6 以下事项，为简单多数通过事项：

a. 选择对本企业做审计的中介机构；

b. 批准对违约合伙人的处理；

c. 处理利益冲突；

d. 本合伙企业的风险控制方案。

第七章　合伙企业的财产及合伙人出资份额的转让

第二十二条　合伙财产

22.1 合伙人的出资、以合伙企业名义取得的收益和依法取得的其他财产，均为合伙企业的财产。

22.2 除非发生法律规定的情形和本协议约定的情形，且经本协议约定的程序，合伙人在本企业经营期限内，不得请求分割本企业的财产。

第二十三条　合伙人出资份额的转让

23.1 合伙人之间可以互相转让在合伙企业中的全部或者部分财产份额，但转让时应当通知所有其他合伙人。

23.2 合伙人向合伙人以外的人转让其在本企业中的财产份额的，须经其他合伙人一致同意，在同等条件下，其他合伙人有优先购买权。

第二十四条　合伙人财产份额的出质

本企业的有限合伙人可以将其在本企业中的财产份额出质。本企业的普通合伙人不允许将其在本企业中的财产份额出质。

第八章　入伙与退伙

第二十五条　入伙

25.1 本企业有新合伙人入伙时，须经全体合伙人同意，并依法订立书面协议。订立书面协议时，原合伙人应向新合伙人告知本企业的经营状况和财务状况。

25.2 入伙的新合伙人与原合伙人享有同等权利，承担同等责任。新入伙的普通合伙人对入伙前的合伙企业债务承担无限连带责任；新入伙的有限合伙人以其认缴的出资额为限对入伙前的合伙企业债务承担责任。

25.3 新合伙人入伙时，应按年____%的利率与原合伙人出资到位的实际时间差计算利差并向原合伙人支付。利差的支付体现为合伙人资本账户余额的增减。

第二十六条　退伙

有下列情形之一的，合伙人可以退伙：

26.1 经全体合伙人同意退伙；

26.2 发生合伙人难以继续参加合伙企业的事由；

26.3 其他合伙人严重违反合伙协议约定的义务。

第二十七条　有下列情形之一的，当然退伙：

27.1 作为合伙人的自然人死亡或者被依法宣布死亡；

27.2 个人丧失偿债能力；

27.3 作为合伙人的法人或者其他组织依法被吊销营业执照、责令关闭、撤销，或者被宣告破产；

27.4 合伙人在合伙企业中的全部财产份额被人民法院强制执行。

第二十八条　有限合伙人与普通合伙人的相互转变程序

按照合伙企业法有关规定办理。

第九章　合伙财产份额转让

第二十九条　合伙人向合伙人以外的人转让其在合伙企业中的全部或者部分财产份额时，须经其他合伙人一致同意（以上可自行约定）。合伙人之间转让在合伙企业中的全部或者部分财产份额时，应当通知其他合伙人。

第三十条　合伙人向合伙人以外的人转让其在合伙企业中的财产份额的，在同等条件下，其他合伙人有优先购买权（以上可自行约定）。

第三十一条　合伙人以外的人依法受让合伙人在合伙企业中的财产份额的，经修改合伙协议即成为合伙企业的合伙人，依照本法和修改后的合伙协议享有权利，履行义务。

第十章　企业解散并清算

第三十二条　有以下情形之一的，本企业解散：

32.1 合伙期限届满，合伙人决定不再经营；

32.2 全体合伙人决定解散；

32.3 合伙人已不具备法定人数满30天；

32.4 合伙协议约定的合伙目的已经实现或者无法实现；

32.5 依法被吊销营业执照、责令关闭或者被撤销；

32.6 法律、行政法规规定的其他原因。

第三十三条　清算

合伙企业应当按《合伙企业法》的规定进行清算。

清算期间，合伙企业存续，不得开展与清算无关的经营活动。

合伙企业财产在支付清算费用和职工工资、社会保险费用、法定补偿金以及缴纳所欠税款、清偿债务后的剩余财产，依照本协议第十一条的规定进行分配。

第三十四条　清算结束后，清算人应当编制清算报告，经全体合伙人签名、盖章后，在15日内向企业登记机关报送清算报告，申请办理合伙企业注销登记。

第十一章　违约责任

第三十五条　合伙人违反出资义务的违约责任

35.1 合伙人违反本协议第10.2条约定期限缴纳出资的，应向其他守约合伙人支付其已缴纳出资的金额10%的违约金。违约金由守约合伙人按各自实际出资占守约合伙人实际出资总额的比例分配。违约金由执行合伙人从违约合伙人已缴付的出资中提取。

35.2 不履行出资义务的合伙人除按规定支付违约金外，若其他合伙人不同意减少合伙财产总额，则该合伙人应将其在本企业的实际出资，以实际出资时货币价值的____%为交易价格，转让给其他合伙人，交易费用由违约方承担。

第三十六条　执行合伙人的违约责任

36.1 执行合伙人违反本协议给本企业或有限合伙人造成损失的，应当赔偿本企业或有限合伙人的全部损失。

36.2 执行合伙人违反本协议，从事与本合伙企业相竞争的业务或者与本合伙企业进行交易的，该收益归合伙企业所有；给合伙企业或者其他合伙人造成损失的，依法承担赔偿责任。

第三十七条　有限合伙人的违约责任

37.1 有限合伙人未经授权以有限合伙企业名义与他人进行交易，给本企业或者其他合伙人造成损失的，该有限合伙人应当承担赔偿责任。

37.2 有限合伙人违反《合伙企业法》及本协议执行合伙事务给本企业造成损失的，该有限合伙人应当承担赔偿责任。

第十二章　其他约定

第三十八条　不可抗力的处理

由于地震、台风、水灾、火灾、战争或其他不能预见并且对其发生和后果不能防止和避免的不可抗力事件，致使直接影响本协议的履行或者不能按约定的条件履行时，遇有上述不可抗力事件的一方，应立即将事件情况书面通知其他方，并应在15日内提供事件的详细情况及本协议不能履行，或者部分不能履行，或者需要延期履行的理由的有效证明文件。此项证明文件应由事件发生地区的公证机构出具。按照事件对履行本协议影响的程度，由签约各方协商决定是否解除本协议，或者部分免除履行本协议的责任，或者延期履行本协议。

第三十九条 争议的解决

39.1 任何因本协议而引起的争议，各方应通过友好协商解决。如争议发生后30日内未能通过协商解决争议，则任何一方可将争议向所在地仲裁机构提出仲裁申请，并按其仲裁程序和规则进行仲裁。仲裁结果为终局裁决，对签约各方均有约束力。

39.2 在争议仲裁期间，除提交争议事项所涉及的权利和义务外，各方应继续履行其在本协议内规定的义务和行使其权利。

第四十条 适用法律

本协议的订立、效力、解释、履行和争议的解决均受中华人民共和国法律的保护和管辖。

第四十一条 文本与效力

本协议一式____份，签约各方各执一份，本企业存档一份、报政府登记机关备案一份。

第四十二条 协议的生效

本协议自各方签字盖章之日起生效。

以下为签署：

（四）实例演示

天津市某区的张某、王某、赵某想合伙开一个电动车经销行，专卖某品牌的电动车，他们应该如何拟订合伙协议？

天津市××电动车经销合伙企业合伙协议

第一章 总　　则

第一条 根据《中华人民共和国合伙企业法》（以下简称《合伙企业法》）及有关法律、行政法规、规章的有关规定，经协商一致订立本协议。

第二条 本企业为普通合伙企业，是根据协议自愿组成的共同经营体。全体合伙人愿意遵守国家有关的法律、法规、规章，依法纳税，守法经营。

第三条 本协议条款与法律、行政法规、规章不符的，以法律、行政法规、规章的规定为准。

第四条 本协议经全体合伙人签名、盖章后生效。合伙人按照合伙协议享有权利，履行义务。

第二章　合伙企业的名称和主要经营场所的地点

第五条　合伙企业名称：天津市××电动车经销合伙企业。

第六条　企业经营场所：天津市和平区××路××号。

第三章　合伙目的和合伙经营范围及合伙期限

第七条　合伙目的：保护全体合伙人的合伙权益，使本合伙企业获得最佳经济效益。

第八条　合伙经营范围：专卖某品牌的电动车。

合伙期限为××年。

第四章　合伙人的姓名或者名称、住所

第九条　合伙人共三个，分别是：

1. 张某。

住所（址）：天津市××区××路××小区××号楼××单元××号，

证件名称：身份证，

证件号码：×××××××××××××××××。

2. 王某。

住所（址）：天津市××区××路××小区××号楼××单元××号，

证件名称：身份证，

证件号码：×××××××××××××××××。

3. 赵某。

住所（址）：天津市××区××路××小区××号楼××单元××号，

证件名称：身份证，

证件号码：×××××××××××××××××××。

以上合伙人为自然人的，都具有完全民事行为能力。

第五章　合伙人的出资方式、数额和缴付期限

第十条　合伙人的出资方式、数额和缴付期限：

1. 合伙人：张某。

以货币出资 10 万元，以土地使用权作价出资 10 万元，总认缴出资 20 万元，占注册资本的 50%。

首期实缴出资 15 万元，在申请合伙企业设立登记前缴纳，其余认缴出资在领取营业执照之日起 1 个月内缴足。

2. 合伙人：王某。

以货币出资 10 万元，认缴出资 10 万元，占注册资本的 25%。

首期实缴出资 8 万元，在申请合伙企业设立登记前缴纳，其余认缴出资在领取营业执照之日起 1 个月内缴足。

3. 合伙人：赵某。

以货币出资10万元，认缴出资10万元，占注册资本的25%。

首期实缴出资8万元，在申请合伙企业设立登记前缴纳，其余认缴出资在领取营业执照之日起1个月内缴足。

第六章　利润分配、亏损分担方式

第十一条　合伙企业的利润分配，按出资比例分担。

第十二条　合伙企业的亏损分担，按出资比例分担。

第七章　合伙事务的执行

第十三条　合伙人对执行合伙事务享有同等的权利。

执行合伙事务的合伙人对外代表企业。

第十四条　不执行合伙事务的合伙人有权监督执行事务合伙人执行合伙事务的情况。执行事务合伙人应当定期向其他合伙人报告事务执行情况以及合伙企业的经营和财务状况，其执行合伙事务所产生的收益归合伙企业，所产生的费用和亏损由合伙企业承担。

第十五条　合伙人对合伙企业有关事项作出决议，实行合伙人一人一票并经全体合伙人过半数通过的表决办法。

第十六条　合伙企业的下列事项应当经全体合伙人一致同意：

（一）改变合伙企业的名称；

（二）改变合伙企业的经营范围、主要经营场所的地点；

（三）处分合伙企业的不动产；

（四）转让或者处分合伙企业的知识产权和其他财产权利；

（五）以合伙企业名义为他人提供担保；

（六）聘任合伙人以外的人担任合伙企业的经营管理人员。

第十七条　合伙人不得自营或者同他人合作经营与本合伙企业相竞争的业务。除经全体合伙人一致同意外，合伙人不得同本合伙企业进行交易。合伙人不得从事损害本合伙企业利益的活动。

第十八条　合伙人经全体合伙人决定，可以增加或者减少对合伙企业的出资。

第八章　入伙与退伙

第十九条　新合伙人入伙，经全体合伙人一致同意，依法订立书面入伙协议。订立入伙协议时，原合伙人应当向新合伙人如实告知原合伙企业的经营状况和财物状况。入伙的新合伙人与原合伙人享有同等权利，承担同等责任。新合伙人对入伙前合伙企业的债务承担无限连带责任。

第二十条　有《合伙企业法》第四十五条规定的情形之一的，合伙人可以退伙。

合伙人违反《合伙企业法》第四十五条或第四十六条规定退伙的，应当赔偿由此给合伙企业造成的损失。

第二十一条　合伙人有《合伙企业法》第四十八条规定的情形之一的，当然退伙。

合伙人被依法认定为无民事行为能力人或者限制民事行为能力人的，经其他合伙人一致同意，可以依法转为有限合伙人，普通合伙企业依法转为有限合伙企业。其他合伙人未能一致同意的，该无民事行为能力或者限制民事行为能力的合伙人退伙。

退伙事由实际发生之日为退伙生效日。

第二十二条　合伙人有《合伙企业法》第四十九条规定的情形之一的，经其他合伙人一致同意，可以决议将其除名。

对合伙人的除名决议应当书面通知被除名人。被除名人接到除名通知之日，除名生效，被除名人退伙。被除名人对除名决议有异议的，可以自接到除名通知之日起30日内，向人民法院起诉。

第二十三条　合伙人死亡或者被依法宣告死亡的，对该合伙人在合伙企业中的财产份额享有合法继承权的继承人，经全体合伙人一致同意，从继承开始之日起，取得该合伙企业的合伙人资格。

有《合伙企业法》第五十条规定的情形之一，合伙企业应当向合伙人的继承人退还被继承合伙人的财产份额。

合伙人的继承人为无民事行为能力人或者限制民事行为能力人的，经全体合伙人一致同意，可以依法成为有限合伙人，普通合伙企业依法转为有限合伙企业。全体合伙人未能一致同意的，合伙企业应当将被继承合伙人的财产份额退还该继承人。

经全体合伙人决定，可以退还货币，也可以退还实物。

第二十四条　退伙人对基于其退伙前的原因发生的合伙企业债务，承担无限连带责任。合伙人退伙时，合伙企业财产少于合伙企业债务的，退伙人应当依照本协议第十一条的规定分担亏损。

第九章　合伙财产份额转让

第二十五条　合伙人向合伙人以外的人转让其在合伙企业中的全部或者部分财产份额时，须经其他合伙人一致同意。合伙人之间转让在合伙企业中的全部或者部分财产份额时，应当通知其他合伙人。

第二十六条　合伙人向合伙人以外的人转让其在合伙企业中的财产份额的，在同等条件下，其他合伙人有优先购买权。

第二十七条　合伙人以外的人依法受让合伙人在合伙企业中的财产份额的，经修改合伙协议即成为合伙企业的合伙人，依照本法和修改后的合伙协议享有权利，履行义务。

第十章　争议解决办法

第二十八条　合伙人履行合伙协议发生争议的，合伙人可以通过协商或者调解解决。不愿通过协商、调解解决或者协商、调解不成的，可以按照合伙协议约定的仲裁条款或者事后达成的书面仲裁协议，向仲裁机构申请仲裁。合伙协议中未订立仲裁条款，事后又没有达成书面仲裁协议的，可以向人民法院起诉。

第十一章　合伙企业的解散与清算

第二十九条　合伙企业有下列情形之一的，应当解散：

（一）合伙期限届满，合伙人决定不再经营；

（二）合伙协议约定的解散事由出现；

（三）全体合伙人决定解散；

（四）合伙人已不具备法定人数满30天；

（五）合伙协议约定的合伙目的已经实现或者无法实现；

（六）依法被吊销营业执照、责令关闭或者被撤销；

（七）法律、行政法规规定的其他原因。

第三十条 合伙企业清算办法应当按《合伙企业法》的规定进行清算。

清算期间，合伙企业存续，不得开展与清算无关的经营活动。

合伙企业财产在支付清算费用和职工工资、社会保险费用、法定补偿金以及缴纳所欠税款、清偿债务后的剩余财产，依照本协议第十一条的规定进行分配。

第三十一条 清算结束后，清算人应当编制清算报告，经全体合伙人签名、盖章后，在15日内向企业登记机关报送清算报告，申请办理合伙企业注销登记。

第十二章 违约责任

第三十二条 合伙人违反合伙协议的，应当依法承担违约责任。

第十三章 其他事项

第三十三条 经全体合伙人协商一致，可以修改或者补充合伙协议。

第三十四条 本协议一式四份，合伙人各持一份，并报合伙企业登记机关一份。

本协议未尽事宜，按国家有关法律规定执行。

全体合伙人签名：张某

王某

赵某

×年×月×日

（五）特别提醒

1. 设立合伙企业合伙人之间必须有明确的合伙协议，且协议必须采用书面形式。

2. 合伙协议的内容一般分为必备事项和选择事项两类。必备事项是指法律规定合伙企业必须在合伙协议中加以载明的事项，如缺少其中任何一项，则协议无效。选择事项是指合伙企业可以根据各自情况在合伙协议中规定的事项，这些事项是否记载法律不加限定。但一经记载，便发生法律效力。

3. 不得约定将全部利润分配给部分合伙人或者由部分合伙人承担全部亏损。合伙协议未约定或者约定不明确的，由合伙人协商决定；协商不成立的，由合伙人按照实缴出资比例分配、分担；无法确定出资比例的，由合伙人平均分配、分担。

4. 合伙人为自然人的应签名，为法人、其他组织的应加盖公章。